SOE REFORM

CONQUERING THE EIGHT CHALLENGES
IN THE TOUGH BATTLE

国企混改攻坚战

破解改革路上的八大难题

徐怀玉　宋　蕊　著

企业管理出版社
ENTERPRISE MANAGEMENT PUBLISHING HOUSE

图书在版编目（CIP）数据

国企混改攻坚战：破解改革路上的八大难题 / 徐怀玉，宋蕊著 . —北京：企业管理出版社，2023.4

ISBN 978-7-5164-2824-5

Ⅰ.①国… Ⅱ.①徐…②宋… Ⅲ.①国企改革—研究—中国 Ⅳ.① F279.241

中国国家版本馆 CIP 数据核字（2023）第 064871 号

书　　名	国企混改攻坚战：破解改革路上的八大难题
作　　者	徐怀玉　宋　蕊
责任编辑	尚元经　郑小希
书　　号	ISBN 978-7-5164-2824-5
出版发行	企业管理出版社
地　　址	北京市海淀区紫竹院南路17号　　邮编：100048
网　　址	http：//www.emph.cn
电　　话	编辑部（010）68414643　发行部（010）68701816
电子信箱	qiguan1961@163.com
印　　刷	三河市东方印刷有限公司
经　　销	新华书店
规　　格	170毫米×240毫米　16开本　22.5印张　320千字
版　　次	2023年4月第1版　2023年4月第1次印刷
定　　价	138.00元

版权所有　翻印必究·印装错误　负责调换

宋志平序

西姆国有经济研究院徐怀玉院长邀请我为本书作序。看完初稿之后，我欣然应允。

西姆国有经济研究院是我们中国企业改革与发展研究会的会员单位，徐怀玉院长本人也担任中企研的研究员。我与徐院长初识，是在2019年的第十九届中国国有经济发展论坛上，我当时发言的题目是"向着深度和广度开展国企改革"，其中就提到，要给混改企业一个身份证，要放开员工持股，要弘扬企业家精神。而徐院长作为圆桌会议嘉宾，对于国企改革新阶段新目标新路径这个话题也提出了非常独到的见解。

从2013年《中共中央关于全面深化改革若干重大问题的决定》发布至今，已经整整十年。《决定》中指出，要积极发展混合所有制经济。国有资本、集体资本、非公有资本等交叉持股、相互融合的混合所有制经济是基本经济制度的重要表现形式，其有利于国有资本放大功能、保值增值、提高竞争力，有利于各种所有制资本取长补短、相互促进、共同发展。党的十八届三中全会通过这份《决定》，把混合所有制作为我国基本经济制度的重要实现形式，第一次充分肯定了其制度创新的重要意义。

到今天,国企混改已经整整十年,这十年间,我们一直秉承着积极稳妥的态度逐步深化混合所有制改革。"积极"就是要充分认识混合所有制对改革的重大意义,对做好混合所有制要有一个积极的态度和心态;"稳妥"就是按照"三因三宜三不"扎扎实实做好混合所有制改革,不刮风,不搞一刀切,按照"三高三同"的标准选择战略投资人,"三高"就是在选择合作伙伴过程中,一定要有高匹配度、高认同感、高协同性,"三同"就是在混改过程中,与战略投资人一定要同心、同向、同力;"深化"就是突出混合所有制的改革功能,要在"改"字上下功夫,最终体现在做强做优做大国有企业上。

据统计,2013年以来,国有企业改制重组引入各类社会资本超过2.5万亿元,中央企业和地方国有企业混合所有制企业户数占比分别超过70%和54%;70%的混合所有制企业中有外部投资者派出的董事;混改企业基本实现了经理层成员任期制和契约化管理的全覆盖,上百家上市公司实施了股权激励。应该说,这十年国企混改取得了非常显著的成绩,接下来,需要我们进一步完成以"混"促"改",推动混改企业落实中国特色现代企业制度,深度转换经营机制;同时,混合所有制改革还应进一步积极稳妥深化,比如,通过上市来实现"二次混改"。

在党的二十大报告和2022年中央经济工作会议上,都对于接下来国企改革的方向提出了进一步的要求,提升企业核心竞争力会成为衡量国资国企改革成效的新标准。过去疫情中的三年,我们的经济和国有企业抵御了非常大的压力,也经受住了磨难和考验。相信在接下来的五到十年，我国国有企业改革和发展必将迎来新的辉煌。

我国的基本经济制度是以公有制为主体，多种所有制经济共同发展，必须毫不动摇巩固和发展公有制经济，毫不动摇鼓励、支持、引导非公有制经济发展。"两个毫不动摇"为我们坚持国有经济为主导、支持和发展民营经济提供了根本遵循。这些年来，我们坚定不移地贯彻这一点，我们既没搞民进国退，也没搞国进民退，而是国民携手实现了国民共进，国有经济和民营经济都得到了健康、长足的发展。结合党的二十大精神和中央经济工作会议精神，国有经济与民营经济需要分工协作，齐头并进。国有经济主要推动国有资本向关系国家安全、国民经济命脉、国计民生的重要行业和关键领域集中，向前瞻性、战略性新兴产业集中，有所为有所不为，既要瘦身健体，也要快速发展；民营经济应大力开展服务业、制造业、互联网和创新经济，充分展现活力。而混合所有制改革就是其中一个非常好的抓手和载体。

对于混合所有制企业，除了有效结合国有资本与民营资本的优势之外，还可以探索有别于国有独资、全资公司的治理机制和监管制度；对国有资本不再绝对控股的混合所有制企业，探索实施更加灵活高效的监管制度，这也是完善中国特色现代企业制度的关键措施。比如国企改革三年行动中提出的支持国有企业集团公司对国有股权比例低于50%、其他所有制股东能够有效参与公司治理的国有相对控股混合所有制企业，实施更加市场化的差异化管控。应该说，混合所有制的差异化管控，是推动混改相关政策落地、具体化、可操作的关键一步。做好差异化管控，不搞"一刀切"，充分释放混改企业的活力和市场竞争力，对于企业而言至关重要。

徐院长在本书中多次提到中国建材的案例，中国建材能够实现做强做优做大，与做好"混"、做透"改"是分不开的。在改革实践中，我们有着共同的困惑，我们遇到共同的困难，重要的是我们有着共同的追求和梦想，共同的执着和韧性。这正是改革者所必备的精神和勇气。

比如中国建材当年基础薄弱，我们通过一场战略研讨会，集思广益，最终确定以水泥行业作为公司未来的战略方向。然而，当时公司并没有水泥，没有怎么办？缺什么就找什么。缺水泥，去并购；缺资金，去香港上市；缺规模，搞联合重组；缺人才，与民企混改将人才引进来、用起来，推行职业经理人制度，这样就把企业发展起来了。中国建材从不生产一吨水泥，一跃成为全球水泥领域的领跑者，就是依靠混改而发展壮大的。我们在与民营企业混改的过程中，尤其强调的是"三盘牛肉"：一是公平定价，不欺负民营企业，和民营企业合作；二是为民营企业保留一定股权；三是把民营企业的领导人留下，一起做管理层。

徐院长在书中提到的混改八个层面的问题，正是很多企业在改革中实实在在面临的困境，关于改革，我们除了理论之外，还需要解决问题的手段和实际操作的经验。而这本书不但提出问题，更给出了应对问题所应该采取的措施与手段。书里引用了大量实操案例，尤其是西姆国有经济研究院这些年积累的案例，作者亲自操刀的改革案例，是最真实最落地，也是最能给我们启迪的案例。

也正是因为经典案例对于混改的指引作用，中企研每年都会举办中国企业改革发展优秀成果的评选，希望通过这些改革案例的发布，让大家接触到这些优秀的企业是如何操作的，对于具体的实践工作又有什么借鉴意义，而西姆国有经济研究院的论文《破解国企混改难题的要素研究与实践》也获得了2022年中国企业改革发展优秀成果的二等奖。

除此之外，中企研还系统组织举办中国企业改革发展峰会、中国企业改革50人论坛、中国企业信用发展论坛、中国企业大讲堂、总裁读书会等品牌活动，按年度定期推出的《中国企业改革发展优秀成果》《中国企业改革发展蓝皮书》《中国企业信用发展报告》及主管主办的全国发行的财经管理类大型报纸及杂志，力争立足当前，着眼未来，持续做好为政府部门和广大企业的服务工作，为加快建设世界一流企业不断做出新的贡献。

我们是改革者，我们任重道远；我们是前行者，我们戮力同心。为改革发声，为改革助威，为改革身体力行，我们责无旁贷。

希望在未来的改革道路上，我们国有企业都能挺立潮头，在做强做优做大的指导思想鼓舞下，不断实现新的跨越。也希望西姆团队不仅是改革的践行者，还能为改革者奉献更多的精神食粮。

是为序，共勉之。

2023年2月

朱方伟序

刚刚过去的 2022 年，是国企改革三年行动的收官之年。三年来，国企改革取得了巨大成就，特别是在混合所有制改革领域，更取得了长足的进步。但是，"国企改革仍然在路上"，混合所有制改革更是任重道远。

2023 年 2 月 23 日国新办举行的"权威部门话开局"系列主题新闻发布会上，国资委主任张玉卓介绍了国务院国资委和中央企业将突出高质量发展这个首要任务，提出坚持"一个目标"，用好"两个途径"。其中，坚持"一个目标"，就是要做强做优做大国有资本和国有企业；"两个途径"则指的是一要提高核心竞争力，二要通过优化布局、调整结构来增强核心功能。特别在围绕"一个目标"上，如何交出"做强做优做大国有资本和国有企业"这个答卷，对于国资和国企来说又是一个大考。

现实世界里，"如何混，和谁混，混什么"，始终是摆在国有企业面前的三大难题。

西姆国有经济研究院院长、大连理工大学经济管理学院客座教授徐怀玉领导的团队，始终致力于改革一线，深入企业实际，了解企业需求，切实解决企业遇到的具体问题。为此，他们也积累了丰富的改革经验和大量的实操案例。

大连理工大学拥有全国最大管理案例库——"中国管理案例共享中心"，坚持"扎根实践、产教融合"的办学理念，积极鼓励各管理学科的教师基于中国制度与文化背景，联系本地区实际，开展高质量的管理案例采编、研究和教学；我们与中国大连高级经理学院联合成立了中国国有企业研究院，共同探讨中国国有企业改革与发展问题，打造国有企业研究的高水平平台；我们和西姆国有经济研究院、和徐怀玉院长有深度合作，特别是对混合所有制改革，我们进行了广泛而深入的探讨。

徐教授的一书，正是基于这样的背景下撰写的。

本书在分析混改实践中遇到的"八个难题"的基础上，提出解决问题的"八个路径"，直面问题，提供方案，逻辑谨严。它既是一本国有企业混合所有制改革的理论指导，又是一把解决混改实际问题的钥匙；既是国企改革研究人员的案例库，又为一线人员提供了方法论。

期待本书付梓之后，徐教授能有更多成果面世，为国企改革作出更大的贡献。

大连理工大学 朱方伟
2023年3月于大连

目 录
Contents

前 言

第一章 引 言

一、22号文的三个层面 ………………………………………… 3

二、提出问题，解决问题 ………………………………………… 8

第二章 方案审批的关键

问题一：先写方案还是先找战投 ………………………………… 13

 （一）现有混改流程的政策规定 ……………………………… 14

 （二）国企混改应当先做方案 ………………………………… 16

问题二：混改方案应该如何写 …………………………………… 19

 （一）可行性报告如何写 ……………………………………… 20

 （二）混合所有制方案如何写 ………………………………… 22

问题三：方案审批如何沟通···25

关键一：把握分类推进改革的基本要求·····························27
　　（一）分类改革的基本逻辑··29
　　（二）分类改革的具体模式分析···································32
　　（三）分类改革下的国资监管模式·······························36

关键二：混改企业股权架构设计··39
　　（一）股权的意义···40
　　（二）股东的意义···44
　　（三）表决权与分红权能否分离···································47

关键三：做好员工持股的设计···52
　　（一）员工持股的基本政策···52
　　（二）员工持股十要素模型···56
　　（三）员工持股方案的突破点······································65

关键四：落实"三个区分开来"···73
　　（一）容错纠错"容什么"··74
　　（二）"如何容"制度设计··75
　　（三）把握三个设计原则··78

第三章　确定战略的逻辑

要点一：战略方案一定要落地 ……………………………… 89

要点二：业务一定要简明 ……………………………………… 92

要点三：战略一定要具有延续性 …………………………… 96

逻辑一：确定战略的逻辑 ……………………………………… 100

　　（一）什么叫战略 ……………………………………… 104

　　（二）好战略的特质 …………………………………… 111

　　（三）强化核心竞争力的关键因素 …………………… 115

逻辑二：公司商业模式的逻辑 ………………………………… 119

　　（一）商业模式的静态分析 …………………………… 119

　　（二）商业模式的动态分析 …………………………… 125

第四章　选择战投的方向

方向一：引入产业链上下游的大型集团企业 ……………… 140

方向二：引入行业内的技术领先企业 ……………………… 142

方向三：引入知名投资机构……………………………………… 143

方向四：做好引战后的资本运作方案……………………………… 145

  （一）上海及深圳主板IPO要求…………………………… 146

  （二）科创板和北交所的要求差异………………………… 148

  （三）资本运作方案设计…………………………………… 151

第五章　公司治理的权衡

问题一：股东之间如何权衡……………………………………… 158

问题二：党委会和董事会孰轻孰重……………………………… 163

问题三：经理层如何打造职业经理人…………………………… 169

权衡一：党委会前置研究讨论清单……………………………… 173

权衡二：国有股东权利清单……………………………………… 177

权衡三：董事会决策事项清单…………………………………… 182

权衡四：经理层经营权限负面清单……………………………… 186

第六章　资产定价的方法

方法一：价值评估基本理念·················191

方法二：可比公司法·····················194

方法三：可比交易法·····················199

方法四：现金流贴现法···················201

原则一：遵循国有资产评估的要求···········205

原则二：明确战略，事前规划···············209

原则三：用好中介，事中控制···············213

原则四：关注治理，事后保障···············215

第七章　信息对接的路径

问题一：没有正确的方向··················218

问题二：路演渠道不熟悉··················223

问题三：地方保护主义严重·················226

路径一："一对一"定向路演··············228

路径二：集中项目路演····················231

路径三：自发组织路演····················236

产权交易所的挂牌流程及相关问题·········238

 （一）产权交易所挂牌流程···············239

 （二）需要关注的相关问题···············242

第八章　市场化激励的抓手

问题一：转变理念，协助员工转换"人设"·······246

问题二：正向激励，重塑薪酬绩效体系··········248

问题三：市场导向，强化中长期激励···········253

抓手一：任期制契约化与职业经理人···········260

 （一）任期制契约化的基本要求·············260

 （二）职业经理人和任期制契约化的差异·······267

（三）如何打造具有企业家精神的职业经理人 ………………271

抓手二：中长期激励 …………………………………279

（一）中长期激励全景图 ……………………………279

（二）科技成果转化 …………………………………281

（三）超额利润分享 …………………………………289

（四）跟投机制 ………………………………………292

第九章　差异化管控的案例

问题一：知其然，未知其所以然 ………………………299

问题二：管资产，还是管资本 …………………………302

问题三：怕放权，还是怕担责 …………………………306

案例一：中国建材的差异化管控设计 …………………310

案例二：差异化管控的"四个有别" ……………………317

（一）决策方式有别 …………………………………317

（二）授权体系有别 …………………………………318

（三）激励模式有别 …………………………………319

（四）监督管理有别 …………………………………320

案例三：差异化管控的三个步骤····································· 321

（一）以明确董事会权责界面为基石，压实S公司治理主体责任 ··· 323

（二）以建立股权董事履职制度为核心，提高S公司决策效率 ··· 327

（三）以完善市场化经营机制为支点，撬动S公司员工内生动力 ··· 331

前言
preface

2022年，是充满不确定性的一年。

不确定的战争，不确定的疫情，不确定的国际冲突，不确定的能源危机。这一年我们都在不确定中度过。不确定所在的城市会不会爆发疫情，不确定飞机上会不会被密接，不确定落地后会不会就地隔离。

人类所有追求是为了确定。只有"确定"才能让我们感到安全，所有的不确定都会让我们惶恐、纠结、寝食难安。我们不喜欢模棱两可的结局，不喜欢天马行空的答案，不喜欢不确定的未来。这似乎是一种与生俱来的本能。

所以，哲学家罗素说："对确定性的追求是人类的本性，也是一种思维的恶习。如果你要在某天带你的小孩去野餐，他们会想确切地知道那一天是天晴还是下雨，如果你不能肯定，他们就会对你失望……"

可是，不管你多不喜欢，我们的人生，永远都是由不确定组成，犹如我们的国企改革永远都是"摸着石头过河"一样。河是必须过的，改革是必须进行的，正如人生不会停顿。在河边逡巡，回避问题是不行的，站在河中停滞不前不行，倒退回岸边更是不行的。我们唯一的选择，就是过河。

面对不确定的前方，我们没有桥，没有现成的经验办法可照搬照用；也许河水还很深，还有各种漩涡，各种浅滩，各种深渊；但是，我们总要摸索着过河，找稳每一个支点，找准每一块石头，一步一步向前走。

2022年4月，上海封城。我枯坐家中，靠邻居"救济"的面包咖啡度日，却也刚好有了大把的时间，来整理一下这些年做国企改革咨询的心得与经验。

写写停停，竟写了整整一年。

此书完稿时，正值《公司法》修订草案二审稿公布，在公司治理相关部分，二审稿进一步厘清股东会和董事会的职权划分，恢复现行公司法关于董事会职权的列举规定，明确股东会可以对其职权范围内的部分事项（如发行公司债券）授权董事会作出决议等一系列内容。

在2021年底，《公司法》修订草案面向社会公开征求意见时，就热议如潮，我所在的一些公司治理相关微信群内更是讨论得人声鼎沸。这些意见在二审稿内是否被采纳并不重要，重要的是，大家越来越能够敏锐地感受到现行公司法律制度与改革发展的不适应、不协调，越来越积极地建议、呼吁修改完善公司法，越来越感受到法律在公司运行中不可或缺的地位。

我从事法律工作二十余年，当过法官，做过律师，也担任过国企高管，现在从事国企改革教学、研究和相关咨询工作。我深切地感受到，在这个巨变的时代，独立意志和专业判断何其重要，法律思维和经营管理的结合对企业而言又何其宝贵。

尽管我们已经为社会主义法治建设努力了七十余年，但毕竟这块土地曾有两千余年皇权帝制的传统，现代法治根基仍嫌不足。如果没有公共理性的基础，没有人权理念的价值，没有法律与管理的融合理念，没有竞合但不附和的基本操守，企业法治建设终将是一句空谈。

法律是我们坚守的底线。改革是我们前行的方向。

法律对企业的作用，并不仅仅体现在混改过程的审核把关上，并不仅仅体现在制度合同的细枝末节上，而应该结合企业管理贯穿改革的始终。只有在法律的底层逻辑上搭建管理的体系，才能获得改革的最终胜利。比如，国企改革的重点难点之一就是建立中国特色的现代企业制度，推进国有企业治理体系和治理能力的现代化。公司治理乃公司命运所系，完善的公司治理体制有助于提升国家股东的投资价值，增强国企的核心竞争力和民族经济的竞争力。公司治理不仅仅是理念，而是制度，更是实践。比如董事会如何才能不被虚设和架空，比如"党委会前置"应如何理解与实操，既是法律问题，也是管理问题，而这些问题在我们的改革实践案例中，都是触手可及的难题。

再比如，混合所有制企业除了股权变更之外，深入转换经营机制应该如何体现？国资监管机构和国有大股东对混合所有制企业，特别是相对控股混合所有制企业的管理方式，应如何随时调整？如果没有对法律和管理深刻的理解，就很难因地制宜地做出一份符合国有企业监管要求的差异化管控方案。

如果把法律比作钢筋，管理就是砂石，如此的结合才能铸就改革这项伟大的工程。我们应当知道坚守法律这道底线的重要。作为一名有着法律背景的改革者，也是上一轮国企改革的参与者，我对此坚定不移。

坚守的意义，不是有希望去坚守，而是坚守才会有希望。

从事咨询的这些年，我一直在努力参与到改革的实践中去，把理论运用到改革的第一线。我担任了多家国有企业的外部董事，因为只有这样，才能更有力地推动我所出具的改革方案的落地，而不仅仅是出具一份纸面文章。我希望用我微薄的力量，推动国企改革务求实效、行稳致远。

"与企业共进退，让改革促效益"，这是西姆的愿景，也是我们的方向。

改革从来都不是容易的事情，不可能一蹴而就，也不会一劳永逸。只有知难而进，只有志在必成，不回避矛盾，敢面对挑战，我们才能啃下那些最坚硬的骨头，才能探索出适合国有企业的改革之路。

而在这个不确定的时代，在这个信息爆炸的时代，在这个难辨真伪的时代，我们周围充斥着大量同质化、碎片化、浅表性的信息，真的或者假的，良莠杂陈。我们踏遍千山，却未总结任何经验；我们纵览万物，却未形成任何洞见；我们堆积信息和数据，却未获得任何知识。我们最终选择相信什么，又选择不相信什么？

2022年的最后一个月，我又连续跑了南昌、广州、深圳等数个城市，给江铜集团、广东和深圳国资委等讲了几堂解读二十大后国企改革趋势的课程。二十大释放出来的一个信号，其实就是提振信心。

"高质量发展是全面建设社会主义现代化国家的首要任务"，要坚持和完善社会主义基本经济制度，毫不动摇巩固和发展公有制经济，毫不动摇鼓励、支持、引导非公有制经济发展，充分发挥市场在资源配置中的决定性作用，更好发挥政府作用。

给国企以信心，给民企以信心，给市场以信心，给百姓以信心。

要从体制和机制建设入手，从扶持民营经济发展入手，从发挥市场化经济入手，从提升科技实力入手；从"大水漫灌"向"集中突破"转变，从"把控过程"向"追求结果"转变，从"依赖资源"向"增强核心竞争力"转变。

国企改革这条滔滔洪流，唯有奔流不息，不断寻求"突破口"，才能造福于民。也正如我在解读二十大报告的文章里面提到的："对人才的中长期激励会成为国企改革的突破口，两类公司改革会成为国资监管体制改革的突破口，而混改则是国有经济布局优化和结构调整的突破口。"

而这，也是我们对改革的信心，对企业的信心，对中国未来的信心。

在本书成稿之际，国务院新闻办公室举行了"深入学习贯彻党的二十大精神 全面推进中央企业高质量发展"发布会，张玉卓和国资委副主任翁杰明、赵世堂三人就国企改革下一步发展重点、此前的改革成效等进行了相关说明，表示"发展无止境，改革不停步"。下一步，国资委将以提高国有企业核心竞争力和增强核心功能为重点，乘势而上，深入实施新一轮国企改革深化提升行动。

我们十分感谢中国企业改革与发展研究会在平时国企改革工作中给予的支持，以及宋志平会长的倾情赐序；感谢大连理工大学与我们在国企改革案例研究中的合作，以及朱方伟副校长的热忱推荐；还要感谢企业管理出版社的编辑朋友，作为我们在企业管理出版社出版的第三部国企改革著作，他们为本书的撰写和修改提供了诸多建设性的意见。与此同时，也必须感谢我们在研究、培训和咨询过程中幸遇的国有企业干部和员工，正是他们对改革的热情与动力，坚定了我们改革的信心，也为我们提供了翔实生动的实操案例。

相信我们的国有企业在改革的路上，正向着新目标，奋楫再出发。

徐怀玉

2023年3月于上海

第一章

引 言

一、22号文的三个层面

二、提出问题，解决问题

2015年8月24日，中共中央、国务院印发了《关于深化国有企业改革的指导意见》（中发[2015]22号，以下简称"22号文"），这被认为是指导和推进中国新一轮国企改革的纲领性文件。

国企改革是个长期、艰难的探索过程，自从改革开放以来，对于国企改革的探索就从未停止过。

其间，一般分四个阶段。

第一个阶段是1978年到1992年。这个阶段的主题是"放权让利，政企分开"，本质上是企业内部管理体制的改革。国有企业逐步探索从完全计划经济模式向自主经营、自负盈亏模式的转变之路。尤其在十一届三中全会之后，确定了改革开放基调，扩大自主权、利润留成、利改税等多项改革措施逐步实施，有效地扭转了企业效率低下、缺乏活力等问题。

第二个阶段是1993年到2002年。这个阶段的主题是"股份制改造，抓大放小"。国企通过兼并重组、下岗分流和债转股等措施，大幅提高盈利能力，把中小国有企业转化为民营企业，同时选了100家国有中大型企业进行公司制改革的试点。在这十年，大中型国有企业基本上完成了公司化改造。但这个时期，下岗分流给国企工人带来的阵痛也是显而易见的。

第三个阶段是从2003年到2015年。这个阶段的标志性事件就是2003年国资委的成立,基于"归属清晰、权责明确、保护严格、流转顺畅"的现代产权制度改革,明确了国资委的职能,把"九龙治水"变成"一龙治水",在股份制公司和上市公司建立以董事会为核心的现代内部治理机制。

而以22号文为起点的就是国企改革的第四阶段。

一、22号文的三个层面

从22号文发布以来,有关机构发布过一连串的改革文件,包括双百行动和科改示范行动,对标一流管理提升行动,国企改革三年行动方案等等,所有的行动,都紧紧围绕着22号文的大纲在开展。

22号文中提到,国有企业改革的主要目标是,到2020年形成更加符合我国基本经济制度和社会主义市场经济发展要求的国有资产管理体制、现代企业制度、市场化经营机制,国有资本布局结构更趋合理,造就一大批德才兼备、善于经营、充满活力的优秀企业家,培育一大批具有创新能力和国际竞争力的国有骨干企业,国有经济活力、控制力、影响力、抗风险能力明显增强。

围绕国有企业改革的目标,要抓好六项重点任务。一是分类推进国有企业改革。二是完善现代企业制度。推进公司制股份制改革，健全公司法人治理结构，建立企业领导人员分类分层管理制度，实行与社会主义市场经济相适应的企业薪酬分配制度，深化企业内部用人制度改革。三是完善国有资产管理体制。四是发展混合所有制经济。五是强化监督防止国有资产流失。六是加强和改进党对国有企业的领导。

所以，22号文是国企改革负责人必须通读并深刻理解的首要文件。在理解22号文的基础上，再去看其他的相关文件，方能知其然，也知其所以然。

而在22号文中，关于混改，我们主要关注三个层面的问题。

第一，分类改革。

22号文除总体要求之外，最先提到的就是分类推进国有企业改革。对于处于充分竞争行业和领域的商业类国有企业，原则上都要实行公司制股份制改革，要积极引入其他国有资本或各类非国有资本实现股权多元化，国有资本可以绝对控股、相对控股，也可以参股，并着力推进整体上市。

类似的观点，在混合所有制改革部分也再次强调过，就是我们耳熟能详的三因三宜三不，坚持因地施策，因业施策，因企施策；宜独则独，宜控则控，宜参则参；不搞拉郎配，不搞全覆盖，不设时间表。

从这里也能看出，22号文是非常接地气、非常具有实操性的一份文件，如果真能逐条落实，相信国有企业会发生质的飞跃。

而在国企改革三年行动方案中，也再次强调了分类推进的概念，提出要分层分类地推动混合所有制改革。对于商业一类、商业二类和公益类的企业分别提出不同的改革要求。比如，商业一类企业要求积极推进混合所有制改革，支持引进战投比例超过1/3。

分层分类改革对国企改革具有非常重要的意义。不少地方国企在分类上都存在或多或少的问题。最常见的是地方国企的子公司在完成自身市场化业务的同时，也承担着地方政府交办的其他功能性任务，有些出资或投资并不一定追求回报，这也恰恰是地方国有企业在经济运行中需要承担的特殊功能。但如果要推行混合所有制改革，要让企业引入民营资本作为股东，那么，不可能让民营股东也像国有企业一样，去不计回报地承担这些功能性任务。因此，在混改之前，企业内部先按照分类要求进行梳理是非常重要的。

另外，从2020年出台的国企改革三年行动方案中也可以看到分类分层的更深层次应用，就是分类考核。比如，某个地方国企A明确归类于竞争性行业，自然接受考核的第一指标就是营利性指标。但是它依然需要承担功能性任务，那么这部分任务如果仍纳入考核管理的话，对A企业便不公平。因此，在明确划定分类的情况下，对部分业务进行进一步的分类考核，而不纳入总体考核内容，可以说是分类分层管理更细化的一大进步。

第二，公司治理。

公司治理对于很多国有企业来说，往往是被忽略的问题。这和国有企业的管理体制是分不开的。尤其是国有独资企业，出资人一般就是国资委或者国有资产投资机构，董事会与监事会成员由国资委委派，职工董事和监事由职工代表大会选举产生。因此，董事会在重大经营事项决策上往往存在感不强。

22号文提出，要重点推进董事会建设，建立健全权责对等、运转协调、有效制衡的决策执行监督机制，规范董事长、总经理行权行为，充分发挥董事会的决策作用、监事会的监督作用、经理层的经营管理作用、党组织的政治核心作用。在国企改革三年行动方案中，进一步将其各自简化成了九个字，即党委要"把方向、管大局、促落实"；董事会要"定战略、做决策、防风险"；经理层要"谋经营、抓落实、强管理"。

对于混改企业，公司治理的落实到位尤为重要。国有资本不再是企业的唯一股东，而是要和民营资本共同落实股东会、董事会、经理层的权责边界。那么，之前存在的一些国有企业董事会形同虚设、"一把手"说了算等问题，就必须通过规范的公司治理予以纠正与解决。不然，就会影响混改企业后续的经营效率与经营效果。

对于国有企业而言，公司治理是一项艰难而长远的工作，尤其对于习惯了集团管控的国有企业而言，一方面，是自身公司治理的完善，三会一层权责的划分；另一方面，则是对子企业的授权放权，为子企业公司治理运作决策留足空间，支持子企业董事会依法依规行权履职，维护子企业自主经营权。尤其是对于混改企业来说，大多数都是地方国企的二级或者三级子公司，那么，对于这些不同行业、不同层级、不同股权结构、不同发展阶段的子企业，实施差异化的管控模式，精准化的授权放权，完善个性化的公司治理体系就显得尤为重要。而三年行动方案中，也针对性地提出了混合所有制企业差异化管控的问题，这很值得关注和重视。

第三，混合所有制改革。

22号文一直被认为是新一轮国企改革的纲领性文件，而新一轮国企改革的重头戏，就是发展混合所有制经济，一是引入非国有资本参与国企改革，也就是常说的"混改"；二是鼓励国有资本以多种方式入股非国有企业，也就是常说的"反向混改"；三是探索实行混合所有制企业员工持股。

从22号文出台之后，我们就一直关注混合所有制改革的政策变动与落实案例。比如，每年的政府工作报告中，对于混合所有制改革都一如既往地表示支持。尤其是2021年的政府工作报告，关于国企改革的部分仅有两句话，但在这两句话40个字中，依然强调了混合所有制改革，即"深入实施国企改革三年行动，做强做优做大国有资本和国有企业。深化国有企业混合所有制改革。"

表1-1　历年政府工作报告中对混合所有制改革的表述

2014年	优化国有经济布局和结构，加快发展混合所有制经济
2015年	有序实施国有企业混合所有制改革，鼓励和规范投资项目引入非国有资本参股
2016年	推进股权多元化改革，开展落实企业董事会职权、市场化选聘经营者、职业经理人制度、混合所有制、员工持股等试点
2017年	深化混合所有制改革，在电力、石油、天然气、铁路、民航、电信、军工等领域迈出实质性步伐
2018年	积极稳妥推进混合所有制改革
2019年	积极稳妥推进混合所有制改革
2020年	深化混合所有制改革
2021年	深化国有企业混合所有制改革

2021年10月份，国家发改委体改司司长徐善长在推广地方支持民营企业改革发展典型做法专业新闻发布会上表示，混改试点方面，2016年至今，国家发展改革委、国务院国资委牵头开展国企混改试点，先后推出了4批共208家试点。目前，近100家试点已经完成了引入战略投资者、调整股权结构、优化公司治理、深度转换经营机制

等主体任务，共引入外部资本 2000 多亿元，外部资本平均持股比例达到 35.9%。近 60 家试点企业已经开展或计划同步开展骨干员工持股、限制性股权激励、科技型企业股权和分红激励等中长期激励计划，员工持股占总股本的比例平均为 8.6%。从整体来看，2018—2020 年，中央企业新增混合所有制企业超过 3000 户，引入社会资本共计 5000 多亿元。中央企业所有者权益中，引入社会资本形成的少数股东权益由 2012 年的 3.1 万亿元增加到 2019 年的 8.4 万亿元，少数股东权益占比提高 10 多个百分点。

但是，具体到实操环节，不少企业在推行混合所有制改革时，还是遇到各种各样的问题，不知道如何才能恰当的解决。这也正是我们撰写本书的原因之一。

二、提出问题，解决问题

根据我们对混改企业的了解，我们把国有企业进行混合所有制改革容易遇到的难题分成了八类，分别是方案审批、战略确定、选择战投、信息对接、资产定价、公司治理、市场化激励、差异化管控。但提出问题只是一个方面，更重要的是要解决问题。因此，针对这八类问题，我们分别给出了解决的方案与路径。

在实践中，我们经常遇到类似的情况，一个方案拿出来，让挑毛病时七嘴八舌，各种意见多得很，但让针对问题提解决方案，却立马鸦雀无声。比如2021年12月24日，《中华人民共和国公司法（修订草案）》向社会公开征求意见。一时间，热议如潮。很多人对于修订草案提出了各种各样的意见，比如弱化监事会之后，党委会、股东会、董事会和经理层这"新三会一层"如何制衡；新一轮国企深化改革成果在草案中的体现程度还不尽人意等等。但是我相信，这些热议的人中，只有极少一部分真正登录中国人大网，将自己的意见反馈回去。因为如果你登录网站反馈意见的时候就会发现，它是需要你在具体的法律条目下提出修订意见，也就是说，你认为该条的"解决方案"。

我之所以很关注公司法修订草案的出台，是因为我从事法律工作二十余年，当过法官，做过律师，也担任过国企高管，现在从事国企改革教学、研究和相关咨询工作。我深切地感受到，现行公司法在实操过程中存在与现实脱节的问题，而我也非常欣喜地看到有这么多人在讨论修订草案，即使只是讨论；我欣喜地看到大家越来越敏锐感受到现行公司法律制度与改革发展的不适应、不协调，越来越积极地建议、呼吁修改完善公司法，越来越感受到法律在公司运行中不可或缺的地位。我希望大家能更进一步意识到，在这个巨变的时代，独立意志和专业判断有多么重要，法律思维和经营管理的结合对企业而言有多么宝贵。

2021年11月，国务院国资委印发了《关于进一步深化法治央企建设的意见》，其中明确提出，"混合所有制改革、投资并购等重大项目必须有法务人员的全程参与，要加强法律审核把关，坚持依法依规操作，严控法律合规风险。"

法律对企业的作用，不仅仅体现在混改过程的审核把关上，更不仅仅体现在制度合同的细枝末节上，而应该结合企业管理贯穿改革的始终。只有在法律的底层逻辑上搭建管理的体系，才能获得改革的最终胜利。比如本书提到的八个难题，国企改革的重点难点之一就是建立中国特色的现代企业制度，推进国有企业治理体系和治理能力的现代化。公司治理乃公司命运所系，完善的公司治理体制有助于提升国家股东的投资价值，增强国企的核心竞争力和民族经济的竞争力。公司治理不仅仅是理念，而是制度，更是实践。比如董事会如何才能不被虚设和架空，比如"党委会前置"应如何理解与实操，既是法律问题，也是管理问题，而这些问题在我们的改革实践案例中，都是触手可及的难题。

再比如，混合所有制企业除了股权变更之外，深入转换经营机制应该如何体现？国资监管机构和国有大股东对混合所有制企业，特别是相对控股混合所有制企业的管理方式，应如何随时调整？如果没有对法律和管理深刻的理解，就很难因地制宜地制订出一份符合国有企业监管要求的差异化管控方案。

综上，在本书中，我们希望通过多年的实操经验及案例解读，为正在或准备进行混合所有制改革的企业提供一点有益的思路。

第二章

方案审批的关键

问题一：先写方案还是先找战投

问题二：混改方案应该如何写

问题三：方案审批如何沟通

关键一：把握分类推进改革的基本要求

关键二：混改企业股权架构设计

关键三：做好员工持股的设计

关键四：落实"三个区分开来"

2019年10月31日，国务院国资委发布了《中央企业混合所有制改革操作指引》，中央企业所属各级子企业通过产权转让、增资扩股、首发上市（IPO）、上市公司资产重组等方式，引入非公有资本、集体资本实施混合所有制改革，相关工作均参考该操作指引。

《操作指引》中，明确表明了中央企业所属各级子企业实施混合所有制改革，一般应履行以下基本操作流程：可行性研究，制定混合所有制改革方案，履行决策审批程序，开展审计评估，引进非公有资本投资者，推进企业运营机制改革。以新设企业、对外投资并购、投资入股等方式实施混合所有制改革的，履行中央企业投资管理有关程序。

从这里可以看到，撰写可行性研究报告和制定混合所有制改革方案，是完成混合所有制改革最先应进行的流程。但在实际操作过程中，到底需不需要撰写可行性报告和混合所有制改革方案，又应该如何撰写可行性报告和混合所有制方案，却成为让大多数企业挠头的事情。

因此，本章主要聚焦于方案审批过程中常见的三个问题，以及在方案撰写过程中需要把握的四个关键。

问题一：先写方案还是先找战投

笔者曾担任一家科改示范企业的混改咨询顾问。这家公司是一家省属国有二级公司，主要经营某类化工产品的研发、生产和销售。公司有员工400人，科技人员占比达36%。该公司在2021年实现销售收入4亿元，利润1500万元，资产总额为15亿元。公司具备足够的研发实力，但是在销售渠道和市场推广上相对较弱，所以希望通过混改推进营销能力的提升，从而全面促进企业市场竞争能力提升，促使业绩进一步增长，以落实上市计划预期。

然而到了讨论如何启动混改程序的阶段，我们团队与该公司有关领导及其职能部门之间出现了观点分歧。该公司的部分部门认为，现在就开始写混改方案的话，根本不知道从何入手，尤其是在编制混合所有制改革方案细项时，涉及到战略投资人的选择、计划的股权架构、是否引入员工持股、混改后的公司治理等等，很难落到实处。还不如先去寻找战略投资者，待找到有意向的战略投资者后，和对方把这些细节问题商谈得差不多了，再补写一份混合所有制方案向上级报批走流程，效率又高，又简便。

而我们基于对国有企业的长期服务经验以及对相关国资管理政策的理解，明确提出，国有企业应基于混合所有制改革的标准工作流程，将制定混合所有制方案作为前期率先开展的重点工作。虽然我们在多个案例中看到并承认，国有企业在混改实操中，这种"程序倒置"的现象有其存在的合理性。比如，一家国企对混改工作事项的认识可能尚不充分，仅有一些初步的、不甚明确的混合所有制改革需求与方向，相应的企业混改的完整方案也就没有及时跟上产生。但同时企业在实际经营过程中，又已经通过产业上下游等渠道接触到了可考虑的外部合作方，且后续沟通推进较为顺利，于是就容易出现前述的"程序倒置"的情形。

也正因如此，在我们列的国企混改诸多问题中，首先列出的就是方案审批的问题。方案审批的问题有几个层面，第一是确定流程的问题，第二是方案撰写的问题，第三是方案过会的问题。因此，在关于国企混改流程的争论中，正反两方观点都有不同程度的现实存在意义，可谓仁者见仁智者见智，一时间争论不休。那么我们就需要进一步讨论，其中某一观点的"存在"，是否真的"合理"。而要认识这一问题，我们就需要借助现行政策相关规定入手。

（一）现有混改流程的政策规定

当前国资国企相关政策对混合所有制改革的原则和操作流程有了明确说明。《中共中央、国务院关于深化国有企业改革的指导意见》（中发[2015]22号文）首先指出，国有企业应基于自身情况，在混合所有制改革中坚持"三因三宜三不"的基本原则，即"因地施策、因业施策、因企施策，宜独则独、宜控则控、宜参则参，不搞拉郎配，不搞全覆盖，不设时间表"，在具体工作中应依法依规，严格程序，公开公正，"切实保护混合所有制企业各类出资人的产权权益，杜绝国有资产流失"。

基于上述原则，国务院国资委在中央企业混改的事项规定和操作指引两项文件中，对国有企业混改的标准操作流程进行具体阐述。《中央企业实施混合所有制改革有关事项的规定》（国资发产权[2016]295号文）要求，中央企业实施混合所有制改革，应当遵守《中华人民共和国公司法》《中华人民共和国企业国有资产法》等法律、行政法规及公司章程的有关规定，履行"可行性研究—方案制定—内部决策—方案审批—组织实施"的操作流程。文件要求中央企业进行混合所有制改革，必须严格履行相应的审核批准程序；明确要求混合所有制改革方案在内容上应列出改革基本原则和思路，引进非国有资本的条件要求、方式、定价办法等方面内容。《中央企业混合所有制改革操作指引》（国资产权[2019]653号文）则将中央企业所属各级子企业的混改基本操作流程进一步归纳为"可行性研究—制定混改方案—履行决策审批程序—开展审计评估—引进非公有资本投资者—推进企业运营机制改革"，同时对可行性研究、混改方案的内容设置提出了更为细致明确的要求。

参照上述关于混改标准操作流程的叙述，可以看到，如果国有企业在混合所有制改革工作中出现战投对接在前、改革方案制定在后的"倒置"情形，对企业混改工作的明显影响会体现在以下三点。

一是"量体裁衣"的定制方式，必然虚化了混合所有制改革方案制定的目的和意义。一份围绕已确定的战投方情况来制定的混改方案，很难确保方案内容的科学性，即无法充分认知本企业对混合所有制改革的内生需求，对后续大量的混改实操工作也就难以起到指导支撑作用。

二是"先入为主"的决策流程，必然会给后续具体交易框架的制定带来被动。正是因为"倒置"流程下的混改方案容易从战投方的诉求立场及思维惯性开展设计论证，那么在混改进入实操阶段后，国有企业在利益分配等具体事项上就很难开展并落实有利于国资的优化。

三是"本末倒置"的操作顺序，必然给具体决策和参与人员带来道德风险。由于"倒置"程序下的混改方案无法保证内容上的科学性，不利于国有企业的领导干部充分认知混改过程中的各项潜在风险，即不利于决策人员有效履行对混改工作的审核责任，从而为国资内部监管带来隐患。

基于上述认识，我们向前文提到的那家科改示范企业及其所属集团公司有关领导建议，遵循国有企业混改标准操作流程，协助该公司快速推进混合所有制改革方案制定，并推动混改方案在集团公司审议，从而为企业后续开展战投方洽谈引资做好充分准备。

（二）国企混改应当先做方案

从上述三点出发，我们进一步论述关于国有企业混合所有制改革流程执行的观点。

第一，先做方案是实现混改目的意义的需要。

混合所有制改革方案本身所应起到的作用是，通过科学严谨的方案设计,在前期尽可能规避混改具体操作过程中的各类改革失误。我们认为,一份完整的混改方案应通过系统而严密的设计安排,有效保障国企混合所有制改革工作的可操作、可落地。在方案制定基于国企自身情况出发,"以我为主"的前提下,一份内容构成详尽的混改方案,可以将本企业的混改工作思路与国资运作诉求贯彻到引资细节设计、债权债务处置、职工安置等各方面细节内容,并有效协助方案的决策层理解此次混改工作的经济意义、社会意义与潜在风险,是国有企业混合所有制改革"三因三宜三不"原则及相关各项政策规定在本企业的具体体现。因此,既然是立足于本方立场去制定一份有支撑意义的混合所有制改革方案,那就无需,也不应待接触具体的外部战投之后再行动笔了。

第二,先做方案是实现混改决策科学的需要。

需要注意的一点是,当前国资管理政策对国有企业混改方案的审核责任方提出了明确而具体的要求。以中央企业混改操作指引为参考,现行政策要求,上级主管的企业或部门在审核批准企业混合所有制改革方案时,应重点审核对拟引进合作方的条件要求是否公平、合理,引进方式、定价办法是否符合规定。中介机构选聘程序是否合规,相关机构从业资质是否符合要求;涉及上市公司的是否履行了信息披露义务;涉及员工持股的是否符合国有控股混合所有制企业开展员工持股试点的有关工作要求。这里就需要一份不因工作流程倒置而虚化,自我认知清晰准确的混改方案,来协助方案审核部门及个人有效履行审核责任。

同时,国有企业混合所有制改革还需要借助程序正当的力量来起到谨慎内部监管的作用，这也是混改方案对于国企决策者另一方面的意义。即使国有企业的现代法人治理核心制度建设仍在路上，但混改工作流程规范，仍可在一定程度上帮助国资内部监管在混改工作全过程中发挥作用。如果是在先接触战投这一"倒置流程"中，除负责与意向合作方对接的国企人员外，企业上下级管理条线之间就难以确保做到充分知情、有效参与和实质监管。反之，在规范流程下，混改企业所在的上下级管理条线之间可以在可研方案与混改方案的制定阶段，通过反复的细节内容讨论，就改革的整体方向和重点细节达成相当程度的共识，从而在企业混合所有制改革过程中建立起一定程度的内部监督。

第三，先做方案是实现混改过程公正的需要。

公开公平公正是国有企业混合所有制改革的"生命线"，并与前述混改方案审核工作中的勤勉忠实义务一起，构成了国企混改审批责任部门及个体所应规避的道德风险的内涵。从《企业国有资产交易监督管理办法》（国资委令 财政部令第32号文）到《中央企业混合所有制改革操作指引》，国资管理政策多次强调，包括引进非公有资本投资者在内的企业国有资产交易行为一般应遵循公开公平公正的原则。具体在混合所有制改革工作中，这一原则就要求将国有企业在引进非公有资本的条件要求、方式、定价办法等细节明确的情况下再与战投方开展实质接触，即混改方案制定程序前置，从而为符合国企混改相关工作原则的所有战投意向提供一个平等参与的环境。

问题二：混改方案应该如何写

根据《中央企业混合所有制改革操作指引》的要求，企业在进行混改之前，首先要撰写可行性研究报告和制定混合所有制改革方案。

该操作指引要求，拟实施混合所有制改革的企业要按照"完善治理、强化激励、突出主业、提高效率"的总体要求，坚持"因地施策、因业施策、因企施策，宜独则独、宜控则控、宜参则参，不搞拉郎配，不搞全覆盖，不设时间表"的原则，依据相关政策规定对混合所有制改革的必要性和可行性进行充分研究，一企一策，成熟一个推进一个。

可行性研究报告的框架一般包括如下几个模块：项目背景情况，混改的必要性分析，混改的可行性分析，实施路径建议和混改工作推进计划。混合所有制改革方案则一般包括以下13项内容：企业基本情况，混合所有制改革必要性和可行性分析，改革基本原则和思路，改革后企业股权结构设置，转变运营机制的主要举措，引进非公有资本的条件要求、方式、定价办法，员工激励计划，债权债务处置方案，职工安置方案，历史遗留问题解决方案，改革风险评估与防范措施，违反相关规定的追责措施，改革组织保障和进度安排等。

虽然方案的模块都按部就班地列好了，但关键是所写的可行性报告和混合所有制改革方案能否得到审批通过。曾经有一家拟混改企业找到我们，就是因为他们写的可行性报告和混合所有制方案迟迟无法通过集团的审批，希望我们从更加落地的角度帮他们修改这份可行性报告和混合所有制方案。

在撰写混改方案时，最重要的就是突出改革的亮点，突出企业混改需要解决的问题，并给出行之有效的解决方案。这就需要在撰写方案之前一定要有深入的思考，并不仅仅是把13项内容填满就好，而是要通过这13项内容的撰写，把改革的思路、方针都体现出来。正因为审批程序复杂，才更需要解放思想，更需要领导有决心，给予重视和支持，更需要充分考虑所有制资本、经营管理团队、员工等各方利益，征求意见，完善改革方案，发挥第三方机构作用，规范改制改革程序，进行公开、公平、公正定价。

（一）可行性报告如何写

首先，需要对企业所处的行业有深刻的了解，我们花了大量的时间研究上述这家企业的产品和商业模式，应该说，他们的技术实力还是非常领先的，但是在他们原有的报告中，仅对于技术本身做了定性的描述，并未就该技术在行业中的地位进行横向对比。集团领导往往很难对于旗下每一家企业的情况都了如指掌，也未必都是该行业的技术专家，因此，如果没有对企业情况进行全面到位的描述，就会影响到领导对企业是否需要进行混改的意见判断。当然，这个全面到位并不是说面面俱到,而是要把企业的特点、亮点、优点有体系有逻辑地充分表达出来,才更有利于混改方案的报批。

第二,在了解企业的基础上,对企业进行混改必要性进行分析。每个企业进行混改的必要性各不相同,一定要从中分析出最迫切的重点。比如在"先写方案还是先找战投"部分提到的那家科改示范企业,他们最希望通过混改解决的是市场拓展的问题,引入具有良好市场渠道的下游公司,形成发展合力。而上文提到的这家公司,他们最希望通过混改达成的则是治理体系的变化,也就是说,希望引入战投之后,通过差异化管控的落地,从体制层面解决国有资本运行效率不高与增强国有企业活力之间的矛盾。

不少企业觉得混改的必要性分析都差不多,写方案的时候也就东抄抄西抄抄,结果抄来一份大众化的报告,公司名字用 AB 公司还是 CD 公司,感觉都很合适,没有任何违和感。这万万要不得。前期写可行性报告时花的精力越少,后期审批时带来的麻烦就会越多。

第三,混改的可行性分析要格外关注企业潜在问题。一般我们写可行性分析报告,惯用的套路就是从国家层面、地方层面、企业层面来分别阐述可行性,比如企业所处行业刚好是国家支持混改的新兴产业;地方积极推动国企改革,树立混改典型标杆;企业自身混改动力强劲,多方战投均有意向等等。但制约混改能否成功的因素,往往是企业自身的细节问题,这也是在审批流程中最耽误时间的。上文提到的这家混改企业,最终方案审批时就在一个细节问题上被卡了很久。当时这家拟混改企业的母公司曾经为他们担保了一笔数额不小的贷款,母公司提出,混改之后你们不再是我们的全资子公司,这笔贷款我们就不能再为你们提供担保。但企业本身又无力立刻偿还这笔贷款。因此，在这笔贷款是否还应该继续担保的问题上，我们和集团做了大量的沟通工作，耗时几个月，才最终拿到了审批文件。由此可见，在可行性报告上，依然是"细节决定成败"。

（二）混合所有制方案如何写

根据我们的经验，企业在撰写混合所有制方案时，常遇到的难题主要集中在以下几个方面。

第一，股权结构设置。

企业在撰写混改方案时，一般很难确定的就是到底应该让民营企业占有多少比例的股份。尤其是不少企业对混改的认识不到位，要么混改只是为了完成任务，那就随便拿出一点股份来，比如5%，甚至1%，给到民营企业，就算是完成混改的目标了；要么担心丧失控股权，或者担心国有资产流失，不愿或者不敢释放过多股份给民营企业，一定要保证国有企业的绝对控股地位。

但这样的股权设置，其实也就把对混改感兴趣的民营企业拒之门外了。民营企业希望与国有企业混改，是希望双方站在平等的地位上，充分发挥各自的优势，比如国有企业在技术和规范性上的优势，民营企业在市场营销和灵活性上的优势，共同把企业经营好。但如果国有股东占据绝对控股地位，其余股东的股份加在一起都不超过10%甚至更少，那基本仍然是国有股东唱"独角戏"，民营企业自然也担心自己被"大鱼吃小鱼"，即使发生了大股东侵害小股东利益等事件，小股东也没有足够的话语权来维护自己的合法利益。

因此，大量的混改失败案例都是由股份设置不合理而导致的。大股东不愿意出让股份，小股东担心自己利益被吞噬，彼此防备，很难达成愉快的合作关系。我们认为，这也是为什么在国企改革三年行动方案中，专门强调了商业一类子企业在进行混改时，支持引入战投比例超过1/3。毕竟，民营企业至少要占有1/3以上的股份，才能在企业重大决策时具有一票否决权，也可以正常地行使自己的权利。

第二，转变经营机制。

不少混改企业最终成效不如预期的原因之一，就是没能做到"以混促改"，仅仅是"混资本"，而没能做到"改机制"。因此，这也是在混改方案中要求混改企业说明转换经营机制的主要原因。

不少国企意识不到转换经营机制的重要性，在混改之后依然还是按照国企原有的经营模式运行。比如某省一家做中药材种植的民营企业，其主要的产品刚好是当地一家国企的生产原料之一，因此，该国企主动伸出了橄榄枝，希望与民营企业进行混改。混改之后，国企占据了60%的股份，民营企业占40%。由于国企取得了控股权，因此在经营管理上，一切都按照国企的管控模式来管理，动辄层层上报，严重影响了企业正常的生产销售秩序，让原有民营股东叫苦不迭，也使得原本盈利的企业迅速走向了亏损的境地。

但是，对于国有企业而言，并不是"恶意"地一定要把混改企业做垮，甚至很希望能够成为改革路上的标杆和典型。只是，大多数国有企业都已经习惯了国企的一套管控体制，不知道应该如何转换经营机制，才能够更符合混合所有制企业的要求。

第三，员工激励办法。

人才是第一生产力，对于混改企业而言，更需要拥有一支业务能力突出的骨干团队。这也是大多数国有企业在实施混改的同时，都会同步实施员工持股或股权激励的原因。2016年，国资委、财政部分别下发国有混合所有制企业和国有科技型企业员工激励相关文件，为国有企业进行员工激励提供了途径。企业可根据自身实际情况和需求，探索实施员工持股及股权激励的方法与路径。

但是在实操过程中，员工持股及股权激励同样是混改方案撰写的一大难点。授予哪些员工股份，是全员持股还是骨干员工持股？如果只骨干员工持股，其他员工会不会有意见？会不会上访？上访也是国有企业所特有的文化。我们走访过一家老牌的国有企业，技术不错，市场也很有潜力，就是员工活力不足，特别适合用员工持股等中长期激励手段，但是领导断然拒绝这样做，说我们十年前搞过员工持股，有些员工拿到的股份少，或者没拿到股份，就开始上访闹事，你看我们到现在还没解决完呢，再来一次我可受不了。

因此，在撰写混改方案时，员工持股或股权激励方案也要仔细制定，要充分区分和利用好试点企业2016年133号文件、高新技术企业股权与分红激励办法、科技成果转化法、跟投制度等政策，做好方案设计与执行工作。

第四，历史遗留问题。

改革开放以来，国有企业历经多轮改革，也经过了多轮次的重组、并购，积累了很多历史遗留问题，包括产权归属不清、土地房产性质用途复杂、僵尸企业清理难、离退休人员补贴及社会化管理复杂、表外资产大量存在等等各种问题。这些遗留问题解决的确需要时间,有些问题需要很多部门协调配合。尤其是在推行混改时,这些都是需要先行解决的难点问题。而且这些问题都非常个性化,只能"一事一议"地去解决,很难有模板化的解决方案。

也正是因为混改工作政策繁多、战略需求点多、涉及利益主体多,因此平衡各方利益难、周期长,监管要求越来越高、越来越细,在推动过程中也面临着越来越多的压力、困难与挑战。这就更要求拟混改企业要有充分的思想准备,理性面对难点,提前谋划精心布局,做好各种预案,抓住混改工作的重点,积极沟通,群策群力,必要时可以积极依靠第三方专业机构的力量,借助他们的经验,争取少走弯路。

问题三:方案审批如何沟通

混改过程中的方案审批难,主要还是源于上下思想认识不统一。很多时候子企业想混改,但是为什么要混改,与谁混,怎么混,什么方式混,混后怎么改等等问题,却没能完全想明白。这样向上级集团汇报的时候,往往就无法顺利获得审批通过。

所以，在混改方案的审批过程中，方案难写是一方面，方案难批又是一方面。在混改工作的推动过程中，沟通成本往往很高，方案审批的变数很大，决策过程甚至经常出现反复现象。某些项目已经完成国有产权交易和工商变更半年之久，但上级单位不同意改革，又让所有新进股东退出；也有方案基本没问题，但审批迟迟下不来，事后了解得知，主要是混改企业开展员工持股，而上级单位审批承担责任的人并没有股权，就不愿意额外承担责任，导致方案批不下来；也有的混改企业寻找战略投资人时，因为上级单位态度反复不定，审批时间过长，导致意向投资人部分甚至全部退出等等情形。

之所以产生这些问题，主要还是因为各级企业及主管领导、分管领导、经办审批人员在关键问题上没有统一认识，大家对混合所有制改革的理解、认识和推动难以不协调一致。比如没有专属负责混改的领导班子，主要领导意见摇摆不定，员工持股宣贯不足等等。

因此，我们一直强调，在混合所有制改革方案推进的过程中，最重要的就是沟通，不但和战略投资人沟通，和员工沟通，更要和上级主管单位及部门做好沟通。企业在启动混改工作之前，主要领导需要及时与上级单位、集团的关键领导沟通混改的思路与想法，获得上级单位的支持；混改工作启动时，一定要先组织一次混改工作相关的培训，让参与混改的相关部门及员工了解国家混改政策，学习借鉴其他企业混改成功的案例，明晰混改的步骤及难点。如果有意向在混改的同时进行员工持股的话，更要及时做好宣贯，让员工了解员工持股相关政策，员工享有的权利和义务。在方案启动前，沟通得越充分，方案实施时的阻力就越小，落地就会越顺畅。

关键一：把握分类推进改革的基本要求

2019年底，中国企业改革与发展研究会会长宋志平在参加"2019中国企业改革发展峰会暨成果发布会"时提到，国企改革主要是要做好三个方面的工作：一是突出重点，深化改革；二是以点带面，加快改革；三是国民共进，全面改革。

第一个方面，突出重点，深化改革。从党的十八届三中全会以来，国企改革已经进入了一个新的阶段。在这个阶段，国资委要从"管资产"向"管资本"转变，做好国有资本投资公司和运营公司，同时大力推进国有企业混合所有制改革，以"混资本"促"转机制"，把机制作为激活整个企业微观主体的关键切入点。我们认为，此轮国企改革需要突出的重点，主要集中在两个方面，一是授权放权机制的确认，进一步加大授权力度，建立授权调整机制，探索将部分出资人权利授予试点企业。推动国有资本投资公司和运营公司进行组织架构调整、管控模式改革，进一步打造市场化运作专业平台，在国有经济战略性重组和布局结构优化中发挥更大作用。二是探索员工中长期激励。包括存量激励和增量激励，设置严格的考核评价标准，体现市场化的要求，实现刚性约束和收入能升能降；综合运用国有控股上市公司股权激励、国有科技型企业股权和分红激励、国有控股混合所有制企业员工持股等不同的激励路径及相关激励工具，建立起风险共担、利益共享的中长期激励机制。

第二个方面，以点带面，加快改革。2022年6月，国企改革三年行动方案收官，按照官方的说法，台账完成率达到了98%，基本上解决了国企改革的重点任务。接下来，就是要以点带面，总结经验，强化重点，全面铺开比如之前推行的"双百行动""科改示范行动"。此举涉及的企业不过千余家，于国有企业整体而言，还是"一鳞半爪"。因此，在"双百行动""科改示范行动"取得良好成效的基础上，应当将改革的经验与措施逐步向全部国有企业渗透，既要做好顶层设计，又要发挥企业的首创精神，将两者有机结合起来。既要自上而下，也要自下而上，要调动企业内广大干部员工改革的积极性和热情。改革不是几个人在小屋子里去设计的事，应该是企业里千百万人共同的行动。

第三个方面，国民共进，全面改革。在改革初期，有不少声音说此次国企改革，又要展开一次"国进民退"的浪潮。毕竟在之前的改革中，的确出现过类似的情况。但在此次改革过程中，中央多次强调，要坚持"两个毫不动摇"，要毫不动摇巩固和发展公有制经济，毫不动摇鼓励、支持、引导非公有制经济发展。不管是"国进民退"，还是"国退民进"，从逻辑和实践上都是行不通的。民营经济与国有经济并不对立，并非发展民营经济就会动摇国有经济的根基，也并非做强做优做大国有企业就会伤害民营经济的生存环境。我们应该构建一个"国民共进"的社会主义市场经济体制的微观基础，让国有经济与民营经济在不同的领域发挥各自优势，相互促进，共同发展。所以，在22

号文中，首先就提到要"分类推进国有企业改革"，在不同的领域内采取适应的改革方式，宜独则独，宜控则控，宜参则参，中国经济的发展既要依靠国有企业，又不能脱离民营经济，双方结合起来，国民共进，才是改革最终要实现的宏伟目标。

国企改革三年行动方案非常明确地提出，要分层分类深化混合所有制改革。对于中央企业集团公司层面，原则上保持国有独资或全资，具备条件的可以引入其他国有资本实现股权多元化；对于地方国有企业集团公司层面，结合实际探索推进混合所有制改革；对于商业一类子企业，混合所有制改革要积极推进，宜改则改，国有资本可以绝对控股、相对控股或者参股；对于商业二类子企业，混合所有制改革要稳妥推进，保持国有资本控股地位，支持非国有资本参股；对于具备条件的公益类企业要有序推进投资主体多元化。

（一）分类改革的基本逻辑

其实，在发达资本主义国家，也存在国有企业，还曾经掀起过国有化浪潮。二战之后，为了迅速恢复经济，不少资本主义国家建立了大批国有企业，遍布国民经济的各个领域。2008年国际金融危机爆发后，西方国家将大量企业国有化，以应对金融危机带来的经济萧条。在欧洲许多国家，国民经济的基础部门依然以国有企业为主，比如电信、邮政、航空、铁路、供水、供电等基础设施和公有事业，或者钢铁、煤炭、石油以及国防部门。这主要是因为，国有企业有助于弥补市场失灵。在某些资源领域，当发生市场失灵导致的价格畸变时，国有企业更有利于保持价格的稳定，这也是为什么西方国家的基础部门依然有着国有企业身影的主要原因。

以法国和新加坡为例，其按照企业市场地位或者竞争程度分类。法国将企业分为垄断性国有企业和竞争性国有企业两类，电力、铁路、航空、邮政和电信等都属于垄断性国有企业，加工业、建筑业和服务业中的国有企业则被认为是竞争性国有企业。新加坡将国有企业分为垄断性法定机构和竞争性政府联系公司，经济发展局、电信局、港口、公用事业局等都属于垄断性法定机构，而淡马锡、新科技等四大控股公司及其投资控股的子公司等属于竞争性政府联系公司。

而以芬兰和挪威为代表的是另一种分类方法，按照利益属性和赋予目标进行分类。芬兰将国有企业划分为承担特定任务的国有企业、有战略利益的商业性国有企业和投资者利益为主的纯粹商业性国有企业三类，芬兰电网、芬兰产业投资公司属于承担特定任务的国企，芬兰铁路、航空属于有战略利益的商业性国企，养老金信息服务公司则属于纯粹商业性国企。挪威将国有企业分为执行特殊产业政策的国企、兼有商业化和其他特定目标的国企、商业化但总部须在挪威的国企、完全商业化国企四类。机场公司、能源管理公司、国家电网、林业集团等被认为是第一类企业，挪威邮政、国家铁路、国家电力、铁路服务公司被划分为第二类企业，国家石油、海德鲁、挪威电信被划分为第三类企业，北欧航空、国家摇滚乐博物馆等属于完全商业化公司。

由此可见，国有企业并不是中国独有，关系到国计民生的基础行业，譬如铁路、邮政、水电、公交等很难盈利、主要依赖国家补贴的行业理应由国家来经营。但我们的国有企业往往不仅仅只涉足这类行业，还有大量的处于充分市场竞争中的行业，比如白酒、家电等消费类企业，而这类企业如果由国有企业独资或全资控股，意义并不重大。这也是我们在改革之初，就定下了"分类改革"大原则的原因之一。

2015年12月7日，根据《中共中央国务院关于深化国有企业改革的指导意见》(中发[2015]22号)有关要求，为了准确界定不同国有企业功能，有针对性地推进国有企业改革，国务院国资委印发了《关于国有企业功能界定与分类的指导意见》，其中提出，"立足国有资本的战略定位和发展目标，结合不同国有企业在经济社会发展中的作用、现状和需要，根据主营业务和核心业务范围，将国有企业界定为商业类和公益类。"同时，将划定分类的权利按照"谁出资谁分类"的原则分配下去。"按照谁出资谁分类的原则，履行出资人职责机构负责制定所出资企业的功能界定与分类方案，报本级人民政府批准；履行出资人职责机构直接监管的企业，根据需要对所出资企业进行功能界定和分类。"

随之，各地政府都根据自身实际情况出台了自己的分类管理办法，比如，四川省国资委在2016年6月出台了《关于省属企业功能界定与分类监管的指导意见(试行)》，将省属企业总体界定为商业类，具体划分为功能性企业和竞争性企业，其中，功能性企业细分为功能Ⅰ型、功能Ⅱ型；竞争性企业细分为竞争Ⅰ型、竞争Ⅱ型。分类时按照定性分析与定量测算相结合、反映共性与突出个性相结合、相对稳定和动态调整相结合的原则进行。定性分析主要从政府对企业的定位、企业职责、行业特性、业务性质等方面进行，是确定企业属性的主要因素；定量测算以企业近三年财务决算数据为基础，对企业业务板块中功能性业务和竞争性业务的资产总额、营业收入、净利润、从业人员等四项指标占企业对应指标总值的比例进行定量测算，作为确定企业属性的参考因素。

重庆市则是将市属国有重点企业分为商业一类、商业二类和公益类，并根据企业改革发展情况实施动态调整。其中，商业一类市属国有重点企业以增强国有经济活力、放大国有资本功能、实现国有资产保值增值为主要目标，按照市场化要求实行商业化运作，实现优胜劣汰、有序进退。商业二类市属国有重点企业以保障国民经济运行、承担重大专项任务为主要目标，实现经济效益、社会效益与生态效益的有机统一。公益类市属国有重点企业以保障民生、服务社会、提供公共产品和服务为主要目标，着力提高公共服务效率和能力。

（二）分类改革的具体模式分析

我们以重庆市的分法为例，解读商业一类、商业二类及公益类国有企业各自应采取的混改模式。

1. 商业一类

商业一类国有重点企业以增强国有经济活力、放大国有资本功能、实现国有资产保值增值为主要目标，按照市场化要求实行商业化运作，实现优胜劣汰、有序进退。

商业一类的企业也可以理解为竞争类企业，这类企业所提供的产品是完全竞争性的产品，原则上这类企业应该完全走向市场。但是，只要这类企业不存在行政性垄断，也不存在恶意扰乱市场秩序、地方保护主义之类的行为，国有资本没有必要"一刀切"地完全退出。此次国企改革的任务之一，就是要通过产权明晰、政企分开、科学管理后逐渐使企业成为充分参与市场经营的主体，根据实际情况有选择性地逐渐退出。比如格力的混改，就是珠海市国资委选择性退出的一个非常好的案例。

另外，对于那些效率低下、规模较小、市场竞争度高、市场需求变化快、产业重要性和关联度小，生存很困难，基本靠国家担保和为其埋单的企业，就可以直接通过民营化实现国有资本的退出，比如通过国有股东让出控股地位、股权转让、债转股、兼并重组等多种手段改变国有企业股权结构，优化资产质量，提升企业运营效率。但在国有资本退出的过程中一定要防止低价贱卖，导致国有资产流失，要坚持公开出售原则，避免暗箱操作。

对于商业一类国企进行混合所有制改革的主要目的就是增强国有经济活力，实现国有资本的保值增值。尤其是其中优质的成熟企业，应大力支持通过交叉持股、共同投资、整体上市、兼并收购等方式，借助资本市场力量，迅速做大做强国有资本。对商业一类企业绝不是"一卖了之"，也不是死守着国有股的控制地位，而是要以盈利最大化的方式进行实际的"混改"。

2. 商业二类

商业二类市属国有重点企业以保障国民经济运行、承担重大专项任务为主要目标，实现经济效益、社会效益与生态效益的有机统一，比如电力、电信、铁路、民航、邮政、石油和天然气等。这些行业具有自然垄断特征，一方面是由生产技术的高门槛性质所决定的，另一方面是由行政管制造成的壁垒所决定的。比如，在一定区域同时重复建设网线或管路，显然是不经济的。

商业二类的企业基本是我国的基础产业，或者是处于产业链上游的企业，比如水利、环境和公共设施管理业、交通运输、仓储和邮政业和电力、热力、燃气及水行业等。这类企业一方面要追求利润，另一方面也承担了一定的社会义务。要同时实现这两个目标，就要在通过股份制改革引入多元化投资主体的同时，确保国有资本的控股地位，明晰产权关系，确立法人财产权，尤其需要排除行政性垄断，规范政府与企业之间的关系，完善公司治理结构，优化激励机制，强化市场对公司的约束与激励，提高其经营效率。需要注意的是，虽然国有资本占明显的控制地位，但政府在其中所起到的作用只是产权的代理人，而不是企业的直接经营者，也就是我们反复强调的"政企分开"。

很多央企或地方集团性国企在划分企业类别时，都属于商业二类，都是既要完成利润指标，又承担着部分政府任务。因此我们可以发现，过去央企或地方集团性国企的股份制改造大多在子公司层面，公司总部仍然保留着政府干预度很强的国有独资模式。在此次混改中提出的股权多元化与混合所有制改革，就是不仅对子公司进行改造，对集团总部同样需要进行改革。对于这类企业，我们更需要对其进行进一步细化的分类，对于集团中处于国计民生领域的主业，在混改时依然保持国有资本的控股地位；但对于处在完全竞争领域的辅业，我们可以采取更积极的混改方式，并不强调国有资本的控股地位，由市场决定产权结构，最终实现从辅业中逐步退出，产业向主业集中，更好地发挥其在国家产业布局中的作用。

另外，要积极引入员工持股制度。在目前国有企业对经营者及员工的激励政策尚不健全的情况下，员工持股对于提高经营者的经营效率及员工的积极性有非常显著的作用。而此次改革中，也反复强调，要加强包括存量激励和增量激励的多种激励手段，设置严格的考核评价标准，体现市场化的要求，实现刚性约束和收入能升能降，建立起风险共担、利益共享的中长期激励机制。

3. 公益类

公益类市属国有重点企业以保障民生、服务社会、提供公共产品和服务为主要目标，着力提高公共服务效率和能力。这类企业提供的产品可分为纯公共产品（如国防、城市道路、街头绿地等不具有竞争性及排他性，社会共同消费的物品），准公共产品（如供水、供电、广播电视、公共交通等需要收费的产品），公益产品（如医疗、教育、社保等）。对于提供纯公共产品的企业而言，由于是社会共同消费的物品，不以盈利为导向，更多的是以完成自身所承载的社会责任为目标，所以对于这类企业，原则上应保持国有独资地位，但在细分环节上，仍有进行混改的空间，比如国防领域的军工产品中，部分中下游产品和服务，可以通过外包的方式引入非国有资本参与生产。对于准公共产品和公益产品而言，可以在保持国有资本控股地位的前提下，引入社会资本，通常应以"加大增量，保持存量"的方式，选择多元化的混改模式。但需要注意的是，公益类企业具有实现社会目标的任务，这类任务往往都是长期的，比如供水、交通等，投资回报期基本在十年甚至更长时间，因此在混改过程中，国有资本与民营资本间一定是长期的战略合作关系，而不是短期套利的财务投资人，这对于民营资本也提出了更高的要求。

从功能改革的角度总体来看，十八大以来国企改革有以下三大趋势：其一，推进国有企业向国家安全和国民经济命脉的重要行业及关键领域转移；其二，推进国有企业从竞争行业向公共产品与公共服务领域转移；其三，推进国有企业从传统产业向具有前瞻性、战略性的产业转移。

2019年，我们在四川省某市做国企改革调研时，就针对于该市的具体情况，提出"四个坚持"，其中一条就是坚持分类分级推进，要针对市属各级次企业各自的功能定位和基础条件，按照问题导向，一企一策推进混改，"成熟一家，推进一家"，逐步提升混改水平和成果。

在具体操作过程中，我们建议：一是对于市场前景好、技术含量高、经济效益好的竞争类国企，可优先采取引进战投、员工持股等方式，尽快实现整体上市或核心业务资产上市。二是对于功能类和公益类企业，其中功能类业务可通过资产证券化等金融工具实现市场化运作，竞争性业务可采取员工持股等方式，尽快做大做强，实现上市发展。三是对于效益差的短时间无望盈利的充分竞争类企业及低效无效资产，建议放开政策限制，通过挂牌交易等多种方式，尽量减少国有持股比例直至退出国有股份。

（三）分类改革下的国资监管模式

国资委作为国有企业的监管机构，对其职能的表述一般都是从

"管资产"为主向"管资本"为主转变，也即国资委今后不再具体干预企业具体的经营活动，而是聚焦于国有资产的保值增值。而对于不同类别的企业，国资监管机构也应当采取不同的监管模式。

比如，对于商业一类国有企业，要与其他非国有资本一样，以提高企业的经济效益为根本宗旨，在市场竞争中不断发展壮大。这类国有企业进行混合所有制改革后，内部要进行公司化改组，建立现代企业制度，将国有企业的所有权和经营权分开，有效解决以前国有企业运行中权利主体不明确的问题。此时，这类混合所有制企业的性质就是真正的市场主体，国资和非国有资本在这个市场主体里的身份就是股东，因此以股东身份享受权利和履行职责，而股东之间的连接就是资本纽带，比如控股、参股等形式形成的股权关系，从而股东成员之间利益共享、风险共担，平等地行使股权，不能厚此薄彼、有所偏爱。此时国资委对于这类混合所有制企业只履行"管资本"的职能，即只追求利润最大化。

对于商业二类国有企业，政府的作用是进行合理的价格管制，使其价格定在能够弥补平均总费用的水平上，允许企业获得正常和相对稳定的利润。政府加强监管，保证服务质量。因此国资委通常对垄断性国有企业在"管资本"的同时，兼顾"管资产"。通过管资本来实现国有资本的增值保值，同时，通过管资产来实现超越利润目标的社会目标。

对于公益类国有企业，其公益性是通过政府提供的公共服务来实现的，追求的主要是社会目标，因此国资委对这类企业通常以"管企业"为主，兼顾"管资产"的职能。国资委对公共产品类的国有企业首要目标是满足社会需要，保证必要的公共产品供给，所以原则上来说要"管企业",但同时也要控制成本和产品质量,尽可能提高公共产品供给的效率,既保证公益类产品的必要供应量,也能保护消费者的利益。比如控制价格和确定财政补贴数额,价格的控制主要是避免企业利用其垄断地位和定价权损害社会福利。

分类监管可以具体到以下多个方面。

分类推进国有资本布局调整。对商业二类企业,要合理确定主业范围,根据不同行业特点,加大国有资本投入,支持其在服务政府宏观调控、承担政府战略任务和重大专项任务等方面发挥更大作用。对商业一类企业,要支持和鼓励其发展具有竞争优势的产业,优化资源配置和资本投向,加大重组整合力度和研发投入,加快科技和管理创新步伐,培育一批在同行业中具有较强竞争力和影响力的企业;对于没有竞争优势、长期亏损的企业,要推动国有产权流转,实现国有资本有序退出。

分类调整国有企业股权结构。商业二类企业,要保持国有资本控股地位,支持股权多元化。商业一类企业,原则上都要实行股份制改革,积极引入其他国有资本或各类非国有资本,实现股权多元化。国有资本可以绝对控股、相对控股或参股,加大改制上市力度,着力推进整体上市。

分类实施企业经营业绩考核。公益类企业,重点考核其管理效能、服务质量和安全保障水平,引入社会评价。商业二类企业,在考核经济效益指标的同时,重点考核企业承担的战略任务和重大专项任务完成情况。商业一类企业,重点考核投资回报、价值创造和国有资本保值增值能力。

分类核定企业负责人薪酬水平。对组织任命和推荐的企业负责人，薪酬结构由基本年薪、绩效年薪和任期激励收入三部分构成。公益类企业以基本年薪和绩效年薪为主。对于商业一类企业，应当以绩效年薪和任期激励收入为主，尤其是中长期激励。

分类加强国资监管重点工作。对商业一类企业要坚持以管资本为主加强国有资产监管，重点管好国有资本布局、提高国有资本回报、规范国有资本运作、维护国有资本安全。建立健全监督体制机制，依法依规实施信息公开，严格责任追究，在改革发展中防止国有资产流失。重点加强对集团公司层面的监管，落实和维护董事会依法行使重大决策、选人用人、薪酬分配等权利，保障经理层经营自主权，积极推行职业经理人制度。对商业二类企业，则重点加强对国有资本布局的监管，引导企业突出主业，更好地服务于政府重大战略和宏观调控政策。

关键二：混改企业股权架构设计

在混改方案的撰写中，首先遇到的问题就是混改企业的股权架构应该怎么设计，这也是让很多领导最为头疼的一部分。混改企业是要保持绝对控股地位，还是要保持相对控股地位？还是真的迈出一大步，按照"宜参则参"的规则，直接由控股变成参股？

虽然大多数混改企业选择的都是保持绝对控股地位，但同样，持股90%是绝对控股，持股55%也是绝对控股，那么，这个比例到底应该怎么确定？给多了，怕民营企业会"乱来"；给少了，又怕民营企业"不来"。

因此，在设计股权架构的时候，我们首先需要厘清以下几个方面的问题。

（一）股权的意义

首先讲一个混改的经典案例——东航物流在引战时关于股份做出的安排。

东航物流原本是上市公司中国东方航空股份有限公司旗下的子公司，在启动混改之前，东航集团首先对于内部资产结构做了一个较大的调整，将东航物流从上市公司转移到自身名下。

东航物流旗下拥有中国货运航空、东航快递、东航运输、东航货站等子公司，作为东航集团打造"天地合一"现代物流服务集成商的目标，东航物流可以调用的资源包括东航系所有航空公司的客机腹舱、9架全货机以及与天合货运联盟成员共同搭建的全球性货运网络，并且拥有上海两大机场包括近机坪货站以及货物组装、分解、仓储、驳运、配送、集装器管理等一系列标准服务和特种货物运输在内的全谱系服务项目。

而此次剥离，一方面，对于中国东航来说，可以更加专注于航空客运业务的经营管理，高效利用中国最好的航空枢纽港这一优势，全力打造国内以及国际航空客运市场的竞争力。另一方面，对于东航物流而言，则是希望通过混改，完成对国内航空货运资源的市场化整合，对标全球几大跨国快递企业，将自身打造成"航空物流国家队"。

因此，2016年11月，中国东航将东航物流全部股权转让给控股股东中国东方航空集团公司下属全资子公司东方航空产业投资有限公司，转让价格为24.32亿元。

2017年6月，东航物流通过产权交易所成功引入联想控股、珠海普东物流、德邦股份、绿地金控、君联资本五家非国有资本，分别持股20%、10%、5%、5%、5%，并同步实施核心员工持股，其余则由东方航空集团持有，最终形成了国有持股45%，社会资本持股45%，核心员工持股10%的股权结构，东航物流成为央企混改中第一家放弃绝对控股权的国有企业。

东航物流虽然放弃了绝对控股权，但是通过混改实现了三方面的突破。

第一，是财务杠杆的突破。混改前，东航物流的资产负债率为85.88%，混改后的2017年12月底，东航物流资产负债率为61.44%，已优于世界一流航空物流企业资产负债率75%的平均水平，有利于东航物流轻装上阵。

第二，是战略资源的突破。混改完成后，东航物流与联想、普洛斯、德邦物流实现了战略资源的有效对接。与联想投资的跨境物流、生鲜冷链、物流金融等企业实现全方位对接，通过"资本+业务"的双重纽带,实现双方的合作共赢。先后与燕文物流、佳沃鑫荣懋、正奇金融等开展战略合作；与普洛斯联合成立了航空物流仓储项目组,围绕机场构建航空物流仓储网,进一步提升了航空物流一体化服务的竞争能力；与德邦物流就"空运零担"与"跨境电商物流"成立项目组,按照"成本共担,利益共享"的方式,打造新型战略合作关系；与各方股东联合发掘各类航空物流高度相关的投资机会,并就跨境电商物流、生鲜冷链物流、空运零担进行了合作,提前布局企业未来发展的生态圈。

第三,是员工积极性的突破。此次混改中,共有169名东航物流员工通过员工持股平台天津睿远持有东航物流10%股份,出资额为4.1亿元,其中,东航物流四位董事、高级管理人员部分资金是通过向独立第三方融资机构贷款借款方式出资,贷款期限为9年,最高贷款金额为3078万元,还有三人以自有房产进行抵押担保。当大家把"身家性命"都押在了这上面时,混改才变成了真正意义上的、由下至上贯穿全体员工内心的"只许成功,不许失败"。

前几年有个很火的电视剧叫《那年花开月正圆》,其中有一段剧情,是主角周莹被慈禧太后和光绪皇帝召见。慈禧问她,挣下这份家业靠的是什么？周莹回答,只靠一个字,"变"。天下已变成世界,我们做生意的如果还固守成规,只有破败一条路可以走,唯有顺应时势,求新求变才能立足。

慈禧又问："除了求新求变之外,你打理生意还有什么诀窍？"周莹答,放权。这话掷地有声,却让慈禧脸色大变。

慈禧怒道："放权,你不怕家不成家了？"周莹坦然答道："家不是一人之家，是大家之家。在吴家，丫鬟、小厮、掌柜都持有股权，只要他们愿意，都可以为生意献言献策，而我身为家长，只要他们的话对大家有利，那我就采用。"

慈禧问："你还把股份分给下人，你不怕背负败家的罪名？"

周莹答："众人持股，心往一处想，劲往一处使，事半功倍；千两银子之家，我就算全部拥有，也不过是千两银子，而现在，众人持股，我就算只占三成，那也是万两银子计算，何来败家一说。"

从上述对话可以看出，周莹成功的关键主要就是求变、放权、员工持股；而这也是新一轮国企改革一直在倡导的改革方向，战略上要求变，公司治理上要差异化放权，中长期激励上要推行员工持股。

很多国有企业在混改时对于股权比例的设计总是顾虑重重，担心丧失绝对控股权，担心涉及国有资产流失，但是对于国有企业而言，不发展才是国有资产最大的流失。

2021年6月，东航物流正式登陆上交所，一年后，股价基本维持在22元/股左右，与混改时2.87元/股的价格相比，涨幅超过7倍，联想控股浮盈超过55亿元，珠海普东物流浮盈也超过27亿元。虽然民营企业参与此次混改获得了巨大的收益，但是，一方面，民营企业为东航物流的发展做出了不可磨灭的贡献，东航物流混改后的迅猛发展与民营企业的助力是分不开的；另一方面，最大的赢家依然是国有股东，也就是东方航空集团，混改前东航物流的估值不过40亿出头，但混改六年后，东航物流的估值已经超过了300亿元。

千两银子之家，不过是千两银子；让出了20亿的股份，东航物流获得的是 150 亿的增值。

因此，这就是我们在进行股权架构设计时第一步要厘清的，也就是在混改政策中反复被强调的，"宜独则独，宜控则控，宜参则参"。

股权只有在有价值时，持有它才有意义。

（二）股东的意义

什么是股东？股东是指对股份公司债务负有限责任，并凭持有股票享受股息和红利的个人或单位。向股份公司出资认购股票的股东，既拥有一定权利，也承担一定义务。

股东的主要权利是：参加股东会议对公司重大事项具有表决权；公司董事、监事的选举权；分配公司盈利和享受股息权；发给股票请求权；股票过户请求权；无记名股票改为记名股票请求权；公司经营失败宣告歇业和破产时的剩余财产处理权。股东权利的大小，取决于股东所掌握的股票的种类和数量。

股东与公司的关系上，根据《公司法》，股东依法享有资产收益、参与重大决策和选择管理者等权利。股东之间关系上，股东地位一律平等，原则上同股同权、同股同利，但公司章程可作其他约定。

但是，按照《公司法》第六十六条的规定，国有独资公司不设股东会，由国有资产监督管理机构行使股东会职权。国有资产监督管理机构可以授权公司董事会行使股东会的部分职权，决定公司的重大事项，但公司的合并、分立、解散、增加或者减少注册资本和发行公司债券，必须由国有资产监督管理机构决定。从这里可以看到，国有独资企业，按照公司法的要求并不需要设股东会，同时还由董事会行使了部分股东会的职权。

因此，国有独资企业对于股东会的权责、董事会与股东会的权责划分等相关概念是天然缺失的，因为在之前公司运营过程中一直涉及到这类概念，就使得国有企业尤其是国有独资企业在进行混改时，一定要明确股东和股东会的概念及意义。

股东的意义有两个层面，一个是表象，一个是内涵。所谓表象，就是按照公司法以及相应的法律法规，国有企业股东应享有的权利和义务。比如公司重要投融资计划的批准、公司年度预算的批准、领导班子的调整等等。所谓内涵，则是作为股东可以为公司赋予的能量，从品牌效应、资本助力、市场推广等等多方面与公司的协同发展。

我们可以从下面这个案例，来感受一下股东的意义。

1999年8月，中南大学何清华教授以自己的发明专利为基础，带领学校几位教师，租赁厂房，白手起家创办了山河智能装备股份有限公司。20余年来，山河智能已在地下工程装备等十多个领域，研发出200多个具有自主知识产权和核心竞争力的高端装备产品，在工程机械行业树立了自己独特的差异化竞争优势。

2019年，受现金流压力的影响，山河智能决定引入新的资金方，并让渡控股权。由于公司本身质地不错，且整个工程机械行业处于复苏期，引战信息一出，吸引了包括湖南国资在内的众多投资者，其中就包括广州国发。广州国发作为广州市属国有资本运营公司，于2019年联合18家广州大型国企牵头组建了广州国资产业发展并购基金，成为集合广州最强国企力量的"旗舰级"并购基金。基金的投向主要包括三个方面，一是广州市战略性重大并购项目；二是具有原创性技术、稀缺资源的企业；三是市场价值低估的资产或上市公司。

在项目谈判过程中，广州国发项目团队以产业协同和粤港澳大湾区发展前景吸引上市公司实控人，以效率和诚意打动实控人。最终山河智能选择了广州国发。一方面，是考虑到山河智能在研发实力上突出，但在营销和整合外部资源上是短板，广州国发能有效弥补公司上述弱项；但另一方面，也是因为广州国发无意改变公司经营架构及战略方向，更多指向协同与发展，也明确表示了三个"不变"，"主业不变，团队不变，注册地不变"。

在交易方案的设计上，并购基金团队创新地以"并购基金＋产业投资"的方式进行。本次并购山河智能总共耗资20.4亿元，其中广州国资并购基金出资5亿元，产业投资机构广州工控集团出资15.4亿元。国资并购基金采取"母基金＋子基金"并举的策略，在基金出资方引入产业投资机构，更好地提升产业协同作用。

广州国发入主山河智能之后，一方面，在"表象"上，按照股东权利派驻了4位董事，包括董事兼总经理付向东、董事熊道广、江志强和吕爱武，与董事长何清华以及独立董事共同成立了新一届董事会，尤其值得注意的是，广州国发并没有按照惯例，由控股股东派驻董事长，而是由山河智能的创始人何清华继续担任董事长一职，这表达了广州国发对山河智能的充分授权。另一方面，在"内涵"上，广州国发充分展现了作为股东对企业的赋能。收购之后，山河智能便明确了"一体两翼"的发展战略。其中，一体是指山河智能公司本体；两翼是指湖南与广东两大战略要地：湖南是山河智能的"大本营"，而广东则是股东的所在地。在粤港澳大湾区的建设过程中，广州市属国有企业在地铁建设、工程施工等新型基础建设领域占据一定的高地，也一直扮演着重要角色，由此看，广州国发在广东市场为山河智能提供的优势与支持是不言而喻的。未来山河智能也可以以湾区为踏板，进一步进击国际市场。

因此，广州国发与山河智能的携手，既是资本层面的合作，更是市场和战略层面的合作。山河智能财报显示，2020年上半年，公司实现营业总收入43.8亿元，同比上升20.68%；营业利润为4.7亿元，同比上升25.77%；归属于上市公司股东的净利润为3.9亿元，同比上升26.07%。

从山河智能的案例可以看出，我们在做混改股权架构设计的时候，股份数字的大小只是"表象"，在遵从国资监管及相关规定的基础上，国资到底是持有35%还是40%，并没有本质的差异，而作为混改企业的股东，国资更应该思考的是如何凸显股东的价值。在做好管控的前提下，更多地考虑如何赋能。毕竟，公司只有做大了，股权才有价值；股权有价值了，股东才有意义。

（三）表决权与分红权能否分离

讲到股权，就一定要提到股权的两重价值体现，一重是表决权，一重是分红权。我们所有的股权架构设计，其实都是在围绕表决权和分红权来展开。

表决权，是指股东按照所持有的股份，在股东大会上的意思表示。股东行使表决权的方式，就是通过参加股东大会并亲自进行投票，或者委托他人出席股东大会以及代理投票来完成的。表决权的背后，意味着公司的控制权。为什么这么说呢？因为根据公司法的规定，股东大会做出决议，必须经出席会议的股东所持表决权过半数通过。对修改公司章程、增加或减少注册资本，以及公司合并、分立、解散或者变更公司形式等重大事项做出决议，必须经过出席会议的股东所持表决权的2/3以上通过。也就是说，持有股份越多，在公司决策上就越有话语权。如果你持有67%以上的表决权，公司基本上就是你说了算，如果你持有50%以上的表决权，那就是公司大部分事情你说了算，如果你只有不到33%的表决权，那么，基本上公司的重大决策，你都不可能说了就算。

而分红权就是公司股东根据自己所持有的公司股份，享受公司一定的分红。分红权的背后，就是企业利润的分配机制。

提到如何灵活运用表决权和分红权，就不得不提到华为。虽然华为不是国有企业，但是它在表决权和分红权的设计上，具有很多可借鉴的经验。

任正非只持有华为0.84%的股份，剩下的99.16%都是员工持股。但是，我们为什么都认为是任正非掌控华为公司，而不是员工掌控呢？

因为华为给员工分配的股份，不是普通的股份，专业的描述叫虚拟受限股。这里有两层意思，第一，虚拟。第二，受限。什么叫虚拟？虚拟的意思就是并非真实持股，华为员工的股份是不在工商局登记的。这 99.16% 的股份是登记在"华为工会委员会"的名下，委员会代替员工持股，每个员工有多少股份，都是通过和华为工会之间的合同来约定的。什么叫受限？受限的意思是员工享受的股份权利是有限制的，他只享受分红权，而不享受表决权。表决权在谁那里呢？在任正非那里。

也就是说，华为通过虚拟受限股的设定，将股份的表决权和分红权分割开来。员工可以享受分红权，2021 年，华为公布的分红报告显示，虚拟受限股每股现金分红为 1.58 元，光分红就分了 614 亿元。其中按照股份比例，99.16% 都分给了员工，华为 20 级以上的老员工光股份分红就能拿到将近 400 万元。

也就是这种设定，将企业的控制权牢牢掌握在了任正非手里，可以不用担心各路资本大鳄通过资本运作，将华为的控制权夺走。同时，又将利益最大程度地让给了员工，充分调动了员工的积极性，保证了华为"狼性文化"的文化根基。可以说，虚拟受限股是成就华为的关键一环。

当然，华为的股权架构设计有其自身的时代特点，不能完全照搬复制。但对于国有企业而言，可以尝试探索表决权与分红权分离的股权架构设计。比如虚拟股、优先股、黄金股等等。

以优先股为例，优先股是享有优先权的股票。优先股股东在利润分配及剩余财产分配的权利方面，优先于普通股，但优先股股东没有选举及被选举权，即对公司的经营没有参与权。在《关于国有企业发展混合所有制经济的意见》中就提出："探索完善优先股和国家特殊管理股方式。国有资本参股非国有企业或国有企业引入非国有资本时，允许将部分国有资本转化为优先股。"由此可见，优先股作为混改的一种新模式是有政策支持的。

那么在具体的实操过程中，优先股又应该如何使用呢？

我们曾经做过一个案例，就是通过优先股的设计，来协调混改过程中国企与民企表决权和分红权的关系。

该公司是国家重点生产装载机、挖掘机等工程机械产品的大型一类企业，因为受外部经济环境和内部经营管理问题双重影响，其营业收入出现大幅度下滑。2018年营业收入不足2011年营业收入的四分之一，全年亏损7亿元，战略性进入重组阶段。而重振计划的核心思路是集团公司只保留核心业务，聚焦发展，其余亏损业务尽量剥离。其中一块核心业务的细节部分，我们就是通过优先股来完成的。

从战略设计上来看，该核心业务迫切需要的是引进外部资源来提升技术实力，优化管理体系，提高产品质量，进而提升经营业绩。由于是集团核心业务中的一部分，所以集团公司需要保留控股权。但对引进的外部团队而言，又希望国有股东能充分放权，不要让他们被国有企业那一套管理制度和流程所束缚。

基于此，我们建议，该项目整体从集团公司剥离，资产、业务和人员（部分）进入新设公司，集团公司将资产以及部分现金注入新设公司，同时外部团队以及原有核心骨干与集团公司一起出资，成为新设公司的股东，参与运营。在新设公司中，集团公司是第一大股东，但其持有的股份分为普通股和优先股两部分，其中现金出资部分为普通股，资产出资部分为优先股。也就是说，集团公司资产出资部分的股份，在企业盈利后有优先分红权，但在企业运营中没有表决权。这样，一方面，虽然管理团队的实际持股不足50%，但表决权超过了50%，在公司运营中就有了足够的话语权，充分表达自身诉求；另一方面，又保证了集团公司在该项目盈利后的优先收益。

更重要的是，优先股除了享有优先表决权外，还享有优先清算权。如果在约定经营期（该项目为三年）后，项目没有如期盈利，大股东可以发起清算。在清算时，优先偿还优先股东的资产，进一步确保了国有资产的安全，避免国有资产流失。对于管理团队而言，由于将运营权充分释放给了管理团队，其也愿意以出资金额承担更多损失。而约定经营期满后，如果项目如期盈利，则大股东可将部分优先股转为普通股，也可以回购管理团队的股份，重新获得该项目公司的控股权。

该方案从某种意义上说，其实是完成了一个优质项目的"体外孵化"。国有股东持有优先股，一方面，优先享有利润分配权，可以通过约定，优先享有股息，保证了国有资产的保值增值。另一方面，将运营权更多地交给了民营股东，借助民营股东的管理和运营优势，有助于企业更贴近市场，更能体现混改的活力。孵化成功后，则纳入集团公司进一步发展。这对于国企混改，尤其是以技术创新为主的混改企业，是条非常值得借鉴的路径。

在具体实践过程中，不同的混改企业，由于实际状况不同，国企与民企本身的情况差异，不同的企业需要根据自身特性设计不同的方案，来平衡其中不同利益群体之间的关系，既保证国有资产的保值增值，也保证各个参与主体能够得到期望的符合市场要求的回报。

关键三：做好员工持股的设计

在混改方案的设计中，还有一部分很重要的内容，就是员工持股。

不少国有企业在混改的时候，对于要不要同时进行员工持股十分纠结。总担心各种问题，比如政策是否支持，会不会涉及到国有资产流失问题，会不会处理不好导致某些"后遗症"，等等。

其实，我们要做的就是吃透政策，按部就班即可。

（一）员工持股的基本政策

2018年8月，国资委主任在开展国企改革"双百行动"动员部署视频会议上讲话指出：以健全激励约束机制为动力源泉，充分调动国有企业广大干部职工的积极性、主动性和创造性。要支持"双百企业"针对高管人员、科研人员、技术骨干等不同群体，建立起风险共担、利益共享的中长期激励机制。希望各地国资委、各中央企业集团公司指导"双百企业"全面系统学习现行中长期激励政策，综合运用好国有控股上市公司股权激励、国有科技型企业股权和分红激励、国有控股混合所有制企业员工持股等不同的激励路径及相关激励工具。

而在此之前，国务院及国资委也陆续出台了相关政策，鼓励国有企业探索建立各类长期激励机制。

在推行国有企业员工持股的时候，最常用到两个文件，一个是国资发改革[2016]133号文，即《关于国有控股混合所有制企业开展员工持股试点的通知》，其中讲道："建立健全激励约束长效机制，符合条件的员工自愿入股，入股员工与企业共享改革发展成果，共担市场竞争风险。持股员工可以个人名义直接持股，也可通过公司制企业、合伙制企业、资产管理计划等持股平台持股股权。"

另一个就是财资[2014]4号文，即《关于印发国有科技型企业股权和分红激励暂行办法的通知》，其中讲道："本办法所称股权激励，是指国有科技型企业以本企业股权为标的，采取股权出售、股权奖励、股权期权等方式，对企业重要技术人员和经营管理人员实施激励的行为。"

从表述中可以看出，133号文主要针对的是国有控股混合所有制企业，只有进行混改，才可以使用133号文来设计员工持股方案；而4号文主要针对的是国有科技型企业，也就是高新技术企业及科研院所转制而来的企业，可以是国有独资、国有全资，也可以是混改企业。

2019年8月，国务院国有企业改革领导小组办公室印发了《关于支持鼓励"双百企业"进一步加大改革创新力度有关事项的通知》（以下简称"双百九条"），就"双百企业"推进综合性改革过程中遇到的一些共性问题，明确提出了九条有针对性、操作性的政策措施。其中，关于中长期激励问题，明确提出以下措施：

①"双百九条"要求各中央企业和地方国资委要指导推动"双百企业"综合运用好各种正向激励政策和工具,坚持短期与中长期相结合,坚持结合实际、能用尽用,建立健全多层次、系统化的正向激励体系。

②"双百企业"可以综合运用国有控股上市公司股权激励、国有科技型企业股权和分红激励、国有控股混合所有制企业员工持股等中长期激励政策,不受试点名额限制。

③实施各种形式股权激励的实际收益水平,不与员工个人薪酬总水平挂钩,不纳入本企业工资总额基数。

④实施国有控股上市公司股权激励的,可以结合企业改革发展情况合理设置授予业绩条件和有挑战性的行权(解锁)业绩条件。

⑤非上市"双百企业"可以结合本企业实际,借鉴国内外成熟有效的中长期激励实践经验,在本企业大胆探索创新,实施不同方式的中长期激励。

⑥科研、设计和高新技术类"双百企业"的科技人员确因特殊情况需要持有子企业股权的,可以报经集团公司或地方国资委批准后实施,并要求有关"双百企业"应当在相关持股方案中明确关于加强对实施、运营过程监督的具体措施,坚决防止利益输送和国有资产流失。

2020年4月,国务院国有企业改革领导小组办公室召开"科改示范行动"动员部署视频会议,部署开展百户科技型企业深化市场化改革提升自主创新能力专项行动。"科改示范行动"是继国企改革"双百行动""区域性综改试验"后的又一国企改革专项工程,共选取了200

余户改革创新紧迫性较强的国有科技型企业，在切实加强党对国有企业的全面领导、坚决防止国有资产流失前提下，按照高质量发展要求，进一步推动深化市场化改革，重点在完善公司治理、市场化选人用人、强化激励约束等方面探索创新、取得突破，打造一批国有科技型企业改革样板和自主创新尖兵，在此基础上复制推广成功经验。

其中提出，对科技型企业实施更加灵活高效的工资总额管理方式，可以实行单列管理，不列入集团公司工资总额预算基数，不与集团公司经济效益指标挂钩。支持鼓励科技型企业按照风险共担、利益共享原则，建立健全中长期激励机制，用足用好《国有科技型企业股权和分红激励暂行办法》（财资 [2016]4 号）、《关于进一步做好中央企业控股上市公司股权激励工作有关事项的通知》（国资发考分规 [2019]102 号）和国资委支持中央企业加快关键核心技术攻关若干激励政策等，大力推行股权激励、分红激励、员工持股、超额利润分享、虚拟股权、骨干员工跟投等中长期激励方式，不受相关试点的限制。科技型企业的科技人员，确因特殊情况需要持有子企业股权的，可以报经集团公司批准后实施，并报同级国有资产监管机构事后备案。

2022 年，国务院国有企业改革领导小组办公室再次发布了《关于支持鼓励"科改示范企业"进一步加大改革创新力度有关事项的通知》，其中提出：创新主体要做到"搭好平台＋建好机制＋用好人才"，充分激发科技创新的"内生动力"。一是要实施精准化的分类考核和分配，研发周期长的项目，对重要节点、阶段性成果及时考核和激励，将增量资源向稀缺、关键岗位和作出突出贡献的科研人员倾斜。

二是要建立具有市场竞争优势的核心关键人才薪酬制度，要打破科技人员薪酬待遇"天花板"，提供具有市场竞争力的"薪酬包"，提供住房、子女教育等各种保障性激励。三是多途径加强科研人才培养，要健全多渠道晋升的岗位序列体系，强化对青年科研人才的培养。对贡献特别突出的优秀科技人才，可以打破学历、任职年限、岗位职级等资格限制，优先破格任用或提拔。

创新激励政策要做到"学深吃透＋集成运用＋务实落地"，持续增强科技创新的"政策引力"。一是要增强政策穿透力。各中央企业、各地国资委要进一步加强政策学习和培训宣贯，让基层一线的每个科研人员都感受到政策的温暖。二是要打好政策应用"组合拳"。发挥不同激励方式对不同人员的差异化激励效果，提升短期与中长期激励、物质与非物质激励相结合的综合效应。三是要持续推动政策创新。鼓励各地国资委和国有企业集团公司结合本地区、本行业、本企业实际，推行更为灵活、更具创新性、更接地气的激励政策措施。

另外对于科改示范企业在具体改革的措施上，都做出了不同程度的放宽与突破。应该说，从政策面上，已经给予了国有企业非常大的支持。所以现在的问题已经不是政策没给足，而是企业对于政策没有用足。

（二）员工持股十要素模型

关于员工持股的具体操作方面，我们经过多年实践，结合国企改革的相关政策要求，总结了一套员工持股十要素共生模型。

第二章 方案审批的关键

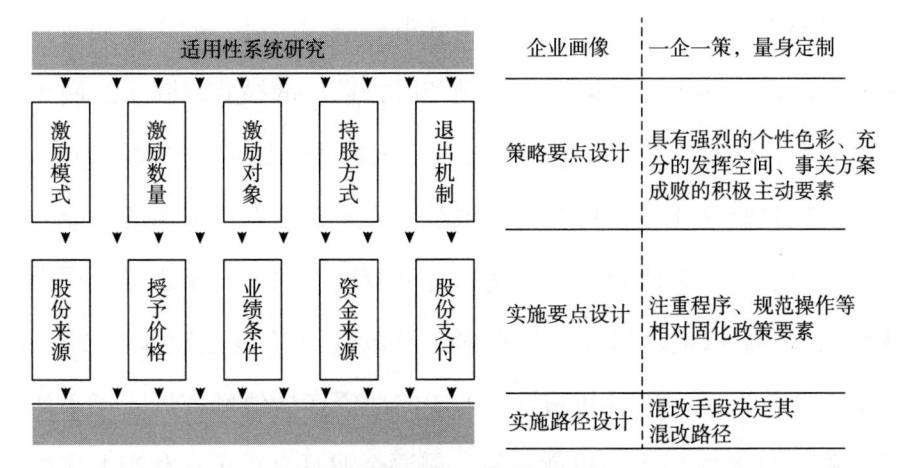

适用性系统研究		
激励模式 / 激励数量 / 激励对象 / 持股方式 / 退出机制	企业画像	一企一策，量身定制
	策略要点设计	具有强烈的个性色彩、充分的发挥空间、事关方案成败的积极主动要素
股份来源 / 授予价格 / 业绩条件 / 资金来源 / 股份支付	实施要点设计	注重程序、规范操作等相对固化政策要素
	实施路径设计	混改手段决定其混改路径

图 2-1 员工持股十要素共生模型

在这个十要素模型中，我们可以看到，除了十要素核心之外，还有两个小部分，上面是适用性系统研究，下面是实施路径。也就是说，首先要对企业进行具体的分析判断，一企一策，量身定制。只有对企业进行系统的尽职调查和详尽访谈之后，才知道十要素当中的每一项应该如何确立。

明确了十要素之后，还有一步，也是最重要的一步，就是实施路径。员工持股方案最终都是要落地的，这也是员工持股能否成功实施的最后一个关卡。

在十要素中，细分了两个大类。第一类是策略要点设计，包括激励模式、激励对象、激励数量、持股方式和退出机制，这是员工持股方案中最核心的部分；第二类是实施要点设计，包括股份来源、授予价格、业绩条件、资金来源和股份支付，主要是涉及实施过程中的一些细节问题。

第一，策略要点中的激励模式。一般最常用的激励模式就是133

号文指导下的员工持股和4号文指导下的股权激励，如果按照4号文来操作的话，还可以采取股权奖励和股权期权的模式。除了这两种之外，也有其他的模式值得借鉴和尝试，比如虚拟股、优先股等等。

股权奖励是4号文特有的一种激励模式，但真正采用的企业并不多，主要还是因为股权奖励的使用标准较高，除了满足研发费用占营业收入在3%以上、研发人员占职工总数占10%以上等基本要求外，还要求企业近三年税后利润累计形成的净资产增值额占近三年年初净资产总额的20%以上。也就是说，需要企业真真正正在利润上实现了足额的增长，才可以采取股权奖励的模式来激励员工。

在4号文中，除了股权激励和股权奖励，还提到另一种激励模式，就是股票期权。股票期权是指公司授予激励对象在未来一定期限内以预先确定的价格和条件购买公司一定数量股份的权利。股票期权对员工来说，最大的优点就在于授予时不需要出资，等到行权时才需要出资，对于支付能力有限的员工而言比较合适。对于企业而言，最大的优点是没有现金支出，也不需要股份支付，有利于企业降低激励成本。

国有控股上市公司往往采用限制性股票的模式。限制性股票指上市公司按照预先确定的条件授予激励对象一定数量的本公司股票，激励对象只有在工作年限或业绩目标符合股权激励计划规定条件的，才可出售限制性股票并从中获益。限制性股票的优点就在于可以设定业绩条件，比如净利润、净利润增长率、ROE、EBIT等等。可以根据企业的情况选择适合的一个或几个指标，满足指标要求后，员工才能获得相应的股东权益。这就使得对激励对象有着较强的激励和约束作用，必须努力完成业绩目标才能获得股票。限制性股票也是上市公司最常用的股权激励模式。

还有一种不太常用的模式是虚拟股。虚拟股，顾名思义，授予员工的是一种虚拟的股份收益权，而非真实的股票。因此，员工可以享受虚拟股份带来的分红权，但没有投票权和表决权。虚拟股的优点就在于将表决权与分红权分离，不影响公司的股本结构，也不影响大股东的控股权。员工可以获得分红，激励力度较大。但弱点在于需要现金分红来激励员工，兑现时现金支出压力会比较大。国有企业采用虚拟股的案例并不多，但采用者的效果都比较突出。很典型的一个案例就是中铁18局的模拟股份制，在首个试点项目中，通过建立利益激励和绩效考核机制，让入股职工参与项目管理，兑现考核分红，有效激发了职工的工作积极性，4个月即完成产值2.1亿元，企业和员工获得了双赢。

第二，策略要点中的持股数量。这部分也是设计员工持股方案中颇具难点的部分。在133号文中，规定员工持股总量原则上不高于公司总股本的30%，单一员工持股比例原则上不高于公司总股本的1%。企业可采取适当方式预留部分股权，用于新引进人才。而在4号文中，按照国家统计局《关于印发统计上大中小微型企业划分办法的通知》的企业划分标准，大型企业的股权激励总额不超过企业总股本的5%，中型企业的股权激励总额不超过企业总股本的10%，小微型企业的股权激励总额不超过企业总股本的30%，且单个激励对象获得的激励股权不得超过企业总股本的3%。

在设计持股数量的时候，应主要关注两个方面，一个是定总量，一个是定个量。定总量，一方面要考虑按照企业的实际情况，确定释放给员工的总股份；另一方面，也要考虑到和国有股东及引进的民营股东之间的平衡关系。定个量，则是要根据每个员工的实际情况来确定。其一，要注重激励计划的公平性；其二，要考虑激励对象的职位和岗位价值；其三，要考虑激励对象的自身价值；其四，要考虑激励对象的业绩表现及历史贡献；其五，要考虑激励对象的工作年限；其六，要考虑激励对象的接受程度。另外还需要注意的是，公司应注重完善自身的薪酬体系和绩效考核体系，以便于股权激励的实施和定量的确定。

第三，激励对象的选择。国企混改，大多数员工都可以参与到员工持股中，但是，上级委派领导因为岗位职责的特殊性，是不能参与员工持股的。同时我们也要注意，员工持股是具有激励性质的方案，不要把员工持股做成新模式下的"大锅饭"。

我们给一家央企的三级子公司做股权激励方案的时候，对方最初设定的方案就是全员持股，他们总部加上子公司的管理层有四百多人。我们表示，"全都有"就等于"全都没有"，四百多人分5%，每人不痛不痒地分一点点，很难起到预期的激励作用；而且，4号文本身就强调要针对技术骨干持股，并不鼓励全员持股。在沟通了多次之后，对方终于认可了我们的方案，最终持股人数从四百多人降到126人。然后，再通过岗位价值评估模型来确定不同级别不同岗位员工的持股上限，通过定性指标进行相对量化评估。这份方案实施之后，获得了非常好的效果，并入选了国务院国资委当年出版的《改革样本》案例库。

第四，持股方式。133号文提到，持股员工可以个人名义直接持股，也可通过公司制企业、合伙制企业、资产管理计划等持股平台持有股权。4号文中也说明，激励对象可以采用直接或间接方式持有激励股权，采用间接方式的，持股单位不得与企业存在同业竞争关系或发生关联交易。

在实际操作中，大多数企业都采用间接持股。毕竟员工持股往往人数众多，直接持股不利于后续的股份管理。比如处理某些需要全体股东签字的事项时，大大增加了复杂度和工作量。再比如，遇到员工离职等需要退出的事项时，需要在公司层面频繁进行股份变更，也不利于后续的管理。而采用间接持股，最常用的是有限合伙企业。采用有限合伙企业方式主要的优势是由普通合伙人（GP）承担管理职能，大多数的决议只需要GP同意即可，不需要征求有限合伙人（LP）的意见，就相当于所有LP的表决权只在GP一个人手里，这样无论是股东签字或是持股员工的进出，或者其他情况，在操作层面都比较简单。持股平台的GP，一般建议由公司管理层成立一个有限责任公司来担任。

第五，退出机制。这是我们在方案设计时最重要也是最困难的一个部分。曾经有一家企业找到我们，要求专门针对退出机制进行设计，退出机制设计的困难由此可见一斑。很多人觉得股份在分配的时候难，但再难，也是静态的。你只要设计好模型，定好参与人员，定好分配比例，然后实施就可以，它只是一个时间点上的问题。但退出机制是动态的，它是从实施开始，一直延续下去的一条时间线。在这条时间线上，可能发生各种情况，出现不同的意外，因此在退出机制的设计上，必须考虑得非常周全，否则很容易"一招不慎，满盘皆输"。

也许很多人觉得，退出机制有什么难设计的，约定好退出的价格不就可以吗？但是在实操过程中，会有很多细节的问题。比如，什么样的情形需要退出，这些情形是否需要再做区分？员工离职和国企内部的调动是否一视同仁？如果是违法违规被开除又要如何处理？再比如，退出时的价格如何确定？毕竟员工随时都可以离职，但企业不能随时都去做评估。是按上一年的评估价格，还是下一年的评估价格，还是两者的加权平均？员工又是否能够接受过长的支付周期？再比如，退出的股份由谁来接？是GP？还是其他的LP？或者引入新的持股员工？引入新的持股员工还要不要重新审批？所以，探究下去，会发现细节的问题比比皆是，如果考虑不周全，后期矛盾逐步暴露出来，就会应接不暇。因此，在设计方案时，也要秉承"磨刀不误砍柴工"的原则，多研究，多探讨，多咨询，方案未必是尽善尽美的，但至少从逻辑上应该是自洽的。

在确定员工持股退出机制时，要把握好三个维度。第一是退出情形，要全面考虑各种退出情况，保障未来员工退股的各种情形都有制度可依；第二是退出方式，对于员工退股，（可以）退给"谁"的问题必须在退出保障和退出可能上说清楚，讲明白；第三是退出节奏，体现操作便利和员工管控要求，选择合适的退出时间和节奏。上述三个要素都会影响退出价格，未溢价按净资产评估的价格相对容易操作，而有溢价的退出价格，非常必要事前约定相关机制。

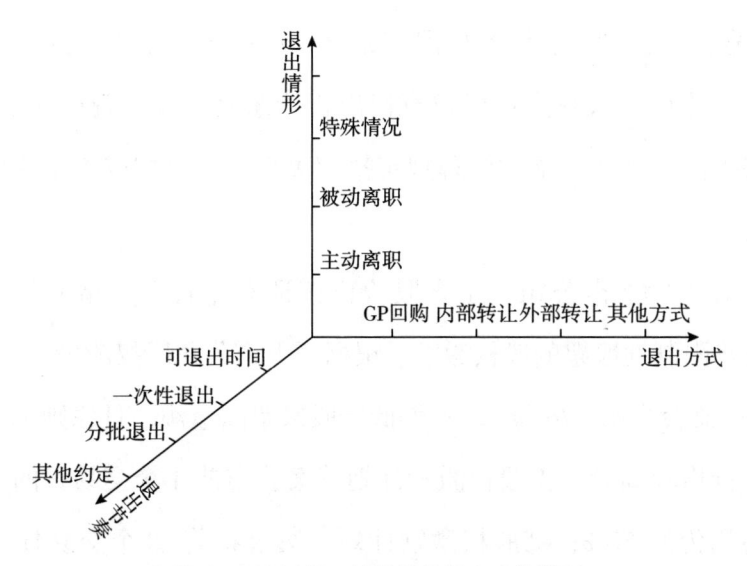

图 2-2　西姆员工持股股份退出三维模型

定好上述五个策略要点之后，下一步就是实施要点部分。

第一个实施要点是股份来源。按照133号文的要求，要坚持增量引入，主要采取增资扩股、出资新设方式开展员工持股，并保证国有资本处于控股地位。建立健全激励约束长效机制，符合条件的员工自愿入股。而在4号文中，则表示企业可以通过三种方式解决激励标的股权来源，分别是向激励对象增发股份，向现有股东回购股份和现有股东依法向激励对象转让其持有的股权。但是在实施的过程中，一般还是采取增资扩股的形式。

第二个实施要点是授予价格。133号文中提到，在员工入股前，应按照有关规定对试点企业进行财务审计和资产评估。员工入股价格不得低于经核准或备案的每股净资产评估值（涉及到应收账款、土地性质、行政性投资无效资产、其他等）。对于和引入战略投资者一起实施员工持股的，员工持股的价格一般不得低于战略投资者入股的价格。4号文则提到，企业实施股权出售，应按不低于资产评估结果的价格，以协议方式将企业股权有偿出售给激励对象。资产评估结果，应当根据国有资产评估的管理规定报相关部门、机构或者企业核准或者备案。

国有控股上市公司员工入股价格按证券监管有严格的规定，比如：对于限制性股票的股权激励，根据《上市公司股权激励管理办法》（2016证监会令第126号），不得低于股票票面金额，且原则上不得低于下列价格较高者：①股权激励计划草案公布前1个交易日的公司股票交易均价的50%；②股权激励计划草案公布前20个交易日、60个交易日或者120个交易日的公司股票交易均价之一的50%。对于上市公司采用期权激励和员工持股，也需要遵循相应的规定。

第三个实施要点是业绩条件。133号文中要求"员工持股要体现爱岗敬业的导向，与岗位和业绩紧密挂钩"，因此，业绩条件一般应该包含两个方面，一个是整体的业绩条件，由企业与上级单位进行协商确定；一个是持股员工个人的业绩条件，主要由企业对员工的考核决定。无论是整体业绩考核还是个人业绩考核，业绩条件不能太高，也不能太低，都需要"一企一策"，根据企业的特点确定。

第四个实施要点是资金来源。133号文中提到，员工入股应主要以货币出资，并按约定及时足额缴纳。按照国家有关法律法规，员工以科技成果出资入股的，应提供所有权属证明并依法评估作价，及时办理财产权转移手续。上市公司回购本公司股票实施员工持股，须执行有关规定。133号文中尤其要注意的，是提到"试点企业、国有股东不得向员工无偿赠予股份，不得向持股员工提供垫资、担保、借贷等财务资助。持股员工不得接受与试点企业有生产经营业务往来的其他企业的借款或融资帮助"，也就是说，员工持股的资金来源只能是来自于员工自身。

同样，4号文也提到，企业不得为激励对象购买股权提供贷款以及其他形式的财务资助，包括为激励对象向其他单位或者个人贷款提供担保。企业要坚持同股同权，不得向激励对象承诺年度分红回报或设置托底回购条款。

最后一个实施要点是股份支付。股份支付是指企业为获取职工和其他方提供服务而授予权益工具或者承担以权益工具为基础确定的负债的交易。股份支付是企业与职工或其他方之间发生的交易；是以获取职工或其他方服务为目的的交易；交易的对价或其定价与企业自身权益工具的价值密切相关。权益工具公允价值的确定涉及到股份公允价值的确定，股票期权公允价值的确定等，还会影响上市进程和市值，因此，如果混改企业本身有上市规划，则需要重点关注这一部分。

（三）员工持股方案的突破点

在具体的实操过程中，往往会发生各种各样的问题。虽然133号文和4号文针对员工持股与股权激励都尽量详尽地做出了描述和规定，但是，企业的情况多种多样，面临的问题也各不相同，往往在设计十要素模型的时候，需要根据企业的具体情况做出一定的突破。

突破一：员工持股进出价格的突破

在133号文中规定，在员工入股前，应按照有关规定对试点企业进行财务审计和资产评估。员工入股价格不得低于经核准或备案的每股净资产评估值。对于和引入战略投资者一起实施员工持股的，员工持股的价格一般不得低于战略投资者入股的价格。

另外，133号文对于股份退出的价格也做出了规定，要求实施员工持股，应设定不少于36个月的锁定期。锁定期满后，公司董事、高级管理人员每年可转让股份不得高于所持股份总数的25%。持股员工因辞职、调离、退休、死亡或被解雇等原因离开本公司的，应在12个月内将所持股份进行内部转让。转让给持股平台、符合条件的员工或非公有资本股东的，转让价格由双方协商确定；转让给国有股东的，转让价格不得高于上一年度经审计的每股净资产值。

这里的问题就在于，如果某些特殊的情况，比如做完员工持股当年，员工即发生调离或者死亡等非主观可控的事件，同时又无人接盘，需要转让给国有股东时，那么，员工就需要以不低于每股净资产评估值的价格买入股份，再以不高于经审计每股净资产的价格卖出。而一般我们的净资产评估值都要高于净资产审计值，也就是说，对于这类非主观可控的离职，员工可能需要承受一定的损失。

同样，在4号文中也有类似的规定。

4号文规定企业实施股权出售，应按不低于资产评估结果的价格，以协议方式将企业股权有偿出售给激励对象。资产评估结果，应当根据国有资产评估的管理规定，报相关部门、机构或者企业核准或者备案。

股权激励的对象，自取得股权之日起，5年内不得转让、捐赠，特殊情形按以下规定处理：因本人提出离职或者个人原因被解聘、解除劳动合同，取得的股权应当在半年内全部退回企业，其个人出资部分由企业按上一年度审计后净资产计算退还本人；因公调离本企业的，取得的股权应当在半年内全部退回企业，其个人出资部分由企业按照上一年度审计后净资产计算与实际出资成本孰高的原则返还本人。

按照4号文的规定，如果员工是因为主观原因离职，比如辞职或者个人原因被解聘的，那么就按照审计后的净资产价格退还；如果是因公调离的，那么就按照审计后的净资产与实际出资成本孰高来返还。也就是说，因公调离，就给你保本的机会。否则，员工很可能会承担损失。

正如我们前文所说，生活中有太多的意外，如果按照4号文，那退休如何处理呢？生病丧失劳动能力呢？工伤死亡，非工伤死亡，意外死亡呢？离婚需要分割夫妻共同财产呢？且不论这些意外情况，就算是正常的辞职，那么，员工就需要承受损失的机制，这合理吗？

股权激励机制设计的初心，应该是为了强化员工激励，强调有付出就有收获，而不是让员工因辞职而承受损失；是为了主动地留住人才，而不是为了防止人才外逃。

因此在设计员工持股方案时，首先，应当确保逻辑上的一致性，即"评估值进、评估值退；净资产进、净资产退"，在确保国有资产不流失的前提之下，原则上应该以员工的利益为重。其次，确保退出规定的合理性，可以在普遍情况下设置例外，比如当员工违法违纪时，需要退出股份并扣除部分资金作为赔偿等等。最后，确保退出方案的完整性，退出价格是退出方案不可分割的一部分，需要通盘考虑。

我们在为一家央企子公司设计股权激励方案时，就在进出价格上与对方发生了分歧，对方认为应当按照4号文执行，而我们认为，4号文有其不尽合理的地方，也有其设计不完整的地方，应当根据企业的实际情况，适当地做出一些突破，比如在退出价格上，应当采取"评估值进、评估值退"的模式；在退出情形上，应当考虑得更为详尽；在退出方式上，锁定期满后，应当给予员工可交易的平台与空间。当我们汇报完整个思考过程之后，对方也被我们说服了，认为新的方案的确更合理，更完整。在获得了股东的认可和审批之后，最终采纳了这份带有突破性质的股权激励方案。

突破二：员工持股比例的突破

133号文规定，员工持股比例应结合企业规模、行业特点、企业发展阶段等因素确定，员工持股总量原则上不高于公司总股本的30%，单一员工持股比例原则上不高于公司总股本的1%。

但在实际操作中，每家企业规模不一样，行业特点不一样，发展阶段不一样，对于股权比例，包括总量和个量也不应该一样，这也是"一企一策"原则的具体体现。对于普通的大型国企，30%的总量和1%的个量已经足够分配，比如前文提到的东航物流，1%已经是4000万的额度。但是，对于某些新产业、新业态、新商业模式类企业，企业可能正处于初创期或者成长期，规模不大，估值也不高，也许就是几百万或者一两千万的估值，在这种情况下，董事长或者总经理个人持股不超过 1%，也就是几万或者十几万的额度，显然起不到很好的激励作用。比如我们在甘肃某研究院调研的时候，该院院长就明确指出，虽然他很想做员工持股，但是对于这个关于 1% 最高比例个量分配，实在提不起什么兴趣，相信他的团队也不会认为会起到激励的作用。

那么，如何在这个方面能有所突破呢，又如何运用好这个政策规定呢？我们在给某市政设计院设计员工持股方案时，对方也提出同样的疑问，感觉 1% 的个量太少，没有激励作用，希望能够向上争取更多个量份额。首先，我们认为，虽然 133 号文中规定，"员工持股总量原则上不高于公司总股本的 30%，单一员工持股比例原则上不高于公司总股本的 1%"，但是，该文件在总量和个量比例的前面用了一个"原则上"，"原则上"可以理解为既不提倡也不追究，最理想的状态就是基本符合这个比例规定就可以了。因此，适当突破这个规定，还是属于在"原则上"的。其次，自新一轮国企改革以来，一系列的政策、会议精神，都是在提倡在国企改革上有所突破，有所创新。比如 2018 年 9 月八部委的《混改九条》中关于员工持股的规定指出，混改试点企业数量可以不受 133 号文规定的数量限制。再比如 2022 年 6 月国企改办发 7 号文《关于支持鼓励"科改示范企业"进一步加大改革创新力度有关事项的通知》提出，根据 133 号文开展员工持股时，在严格控制范围的基础上，对企业发展有突出贡献或重大影响的技术、市场和管理骨干，可适当提高单一员工持股比例至不超过公司总股本的 3%。

现实中的诸多案例，在总量和个量的突破上，都已经为后来的改革者提供了范本。比如江苏高投在毅达资本员工持股的股份设置上，就做出了非常大的突破。江苏高投是一家国内设立的省级专业化创业风险投资机构，是江苏省委省政府着力打造的以股权和创业投资方式支持科技创新创业、助推战略性新兴产业发展的专业化平台。为了充分发挥国资 PE 优势，规避国企投资决策干涉制度与 PE 高效率决策之间运作、国有资产保值增值的业绩考核与风险投资 J 型收益曲线之间的矛盾，江苏高投在旗下的基金管理平台毅达资本推行混合所有制改革，尤其是员工持股，高管持股的比例甚至高达 65%。

从江苏高投混改中的员工持股方案来看，算是一次非常有效的尝试。首先，完善了内部激励机制，尤劲柏、史云中等原江苏高投的一批业务骨干从"体制内"身份中"解放"出来，获得市场化收益激励的同时拥有一定股权，更增加了员工的积极性；其次，确保内部治理结构有效，集团虽不控股但占主导地位，既突破了国有创投机构不能做有限合伙制基金的障碍，同时在需要三分之二以上持股权表决的重大事项上，集团具有一票否决权，保证了国有资本的控制力；最后，从成效来看改革效果非常出色，混改三年后，毅达资本的资管规模增长了 10 倍，实现了国有资本的保值增值。

另外，深圳市国资委对深圳市属企业的个量批复上，也实现了一定的突破。比如深圳市综合交通与市政工程设计研究总院有限公司是深圳市建立较早的集交通规划研究、工程设计、招标代理、工程咨询及有关技术服务于一体的国有综合交通设计研究机构。伴随着深圳特区的成长，综交院取得了较快的发展，目前已建立了一支专业涉及交通运输规划与管理、交通工程、土木工程、给排水工程、工程经济等领域，多学科、高素质、技术力量雄厚的专业人员团队，其中高级工程师近百人、工程师 200 多人、助理工程师 50 多人，占员工比例

70%。2017年，响应国企改革的号召，综交院成功引进深圳市天健（集团）股份有限公司、深圳市创新投资集团有限公司等两家战略投资者和员工持股平台，顺利完成混合所有制改革和员工持股。其中，公司管理层和核心骨干纳入员工持股范围，共有66人参与员工持股计划，占全体员工比例为26.4%，五位核心高管分别持有2.496%、1.779%、1.287%、1.287%、1.287%，也突破了1%的限制。

因此，我们理解，"原则上不高于"应当属于授权性规范，而不是禁止性规范，因此员工持股比例的个量分配应该结合所处职级、岗位权重、工龄长短、价值贡献等因素综合确定，特别是应该拉开不同职级之间的持股差距，使持股比例和权责相对应。

突破三：员工持股模式的突破

在进行员工持股方案设计的时候，很多人都会问到一个问题，就是到底能不能"上持下"。虽然133号文和4号文都把持股员工范围框定在了本公司范围内，但还是有一些其他的政策开了一些可突破的空间。比如在《关于支持鼓励"双百企业"进一步加大改革创新力度有关事项的通知》里就提到，科研、设计和高新技术类"双百企业"的科技人员确因特殊情况需要持有子企业股权的，可以报经集团公司或地方国资委批准后实施。在2022年出台的《关于支持鼓励"科改示范企业"进一步加大改革创新力度有关事项的通知》中也提到，对"科改示范企业"的科技骨干，如确有必要持有子公司股权的，可以报经中央企业或地方一级企业集团公司批准后实施，并报同级国有资产监管机构备案。因此，在员工持股"上持下"的问题上，根据具体情况，也可以做出一定的探索与突破。

另外，133号文提到，企业可采取适当方式预留部分股权用于新引进人才。但是对于预留股究竟如何设置、由谁持有、是否需要实缴等问题，133号文均未予以明确规定。

预留股份的设置，目的是用于未来的激励，因此，在员工持股开展时只能以代持方式进行。在当下的国有企业员工持股实践中，通常采取持股平台的管理公司代持的方式持有预留股。理想的方式是由国企或国企上一级的集团公司，或是国资委下辖的基金公司作为"国企混改员工持股基金"持有预留股。这样既防止了持股成为特定一批人的固化利益，又保证了预留股代持的"国有属性"。

突破四：员工持股审批程序的突破

关于审批程序方面，133号文的规定是：试点企业应通过职工代表大会等形式充分听取本企业职工对员工持股方案的意见，并由董事会提交股东（大）会进行审议。地方试点企业的员工持股方案经股东（大）会审议通过后，报履行出资人职责的机构备案，同时抄报省级人民政府国有资产监督管理机构；中央试点企业的员工持股方案经股东（大）会审议通过后，报履行出资人职责的机构备案。

而4号文则更加严格，中央企业集团公司相关材料报履行出资人职责的部门或机构批准；中央企业集团公司所属子企业，相关材料报中央企业集团公司批准。履行出资人职责的国有资本投资、运营公司所属子企业，相关材料报国有资本投资、运营公司批准。中央部门及事业单位所属企业，按国有资产管理权属，相关材料报中央主管部门或机构批准。地方国有企业相关材料，按现行国有资产管理体制，报同级履行国有资产监管职责的部门或机构批准。

可见，133号文是要求股东（大）会审议通过后，报国资委备案，而4号文则是要求报国资委批准。而我们认为，在审批程序上，应当坚持上一级"只管"下一级的管理原则。目前，对于"双百企业"，已经实现了上一级"只管"下一级。比如，中央企业所属的主业处于充分竞争行业和领域的"双百企业"，其混合所有制改革方案由中央企业审批；中央企业所属的主业处于关系国家安全、国民经济命脉的重要行业和关键领域、主要承担重大专项任务的"双百企业"，其混合所有制改革方案由中央企业审核报国资委批准。

关键四：落实"三个区分开来"

当国企改革进入攻坚期和深水区的时候，处在改革第一线的国企干部和国资管理部门的干部要把改革的顶层设计落到实处，除了严格遵守各项政策和法律之外，必须要有壮士断腕的气魄和"大胆务实往前走"的勇气，冲破各种利益梗阻，把改革不断引向深入。但现实中，一些干部顾虑重重、动力不足，甚至明显表现出"懒政"和"不作为"。

针对这种情况，2018年9月，中共中央办公厅印发了《关于进一步激励广大干部新时代新担当新作为的意见》，提出建立健全容错纠错机制，宽容干部在改革创新中的失误错误，强调切实为敢于担当的干部撑腰鼓劲。

但是，如何落实容错机制，寻求容错机制的设计路径，是一个非常现实的问题。我们根据自身的国企改革实践，针对上述精神的理解，总结出以下设立容错机制的方法。

（一）容错纠错"容什么"

要建立"三个区分开来"的容错纠错机制，首先需要建立一套判断标准，然后对照这些准则核定某些行为或事件是否属于容错范畴，才能真正启动容错机制。其中，行为条件、行为方式和行为目的是判定某一行为是否属于容错范畴的三大核心要素。而"三个区分开来"是最好的诠释。

第一，是行为条件。把干部在推进改革中因缺乏经验、先行先试出现的失误，同明知故犯的违纪违法行为区分开来，这是对行为条件的界定。即是否有规则可依，是否有类似的案例可以参照。如果有明确的规章制度和相关标准，国资、国企管理干部不执行，依然我行我素，则属于"故意"行为，不符合容错标准；如果没有成功经验可循，完全是"摸着石头过河"，过错属于"无心之举"，则可能属于容错范畴。

第二，是行为方式。把尚无明确限制的探索性试验中的失误，同明令禁止后依然我行我素的违纪违法行为区分开来，这是行为方式的说明。国家管理部门针对国企改革设计了很多限定性的条件，在满足条件的情况下，可以进行相应的改革行为。如果为达到目的，不择手段，违反了相关制度要求，则不属于容错范畴；行为可能比较偏激，但仍在规则范围之内，并没有违犯任何法律法规，则应该属于容错范畴。

第三，是行为目的。把为推动发展的无意过失，同为谋取私利的违纪违法行为区分开来，这就界定了行为目的。即区分开该行为是为个人谋私利还是为了国资、国企的发展。如果是为了满足个人私利而采取偏差行为，则不属于容错范畴；如果是为了国资、国企的发展，服务于国有资产保值增值，存在过失或错误，则可能属于容错范畴。

建立容错纠错机制不能"以文件落实文件，以政策落实政策"。落实"三个区分开来"需要明确具体"容"什么，泛泛而谈并不能消除领导干部对改革创新的思想包袱。通过"容什么"内容设计，最终需要完成的是企业风险管理体系和容错纠错机制清单。

企业风险管理体系包括企业制度体系、企业信息与档案管理体系和企业运营（目标与计划）管理体系三大模块，而这三大模块下，又可以细分为《组织管理手册》《权责手册》《流程管理手册》《部门信息档案管理》《企业目标和任务管理》等等一系列文件。

（二）"如何容"制度设计

"如何容"制度设计包含两个方面，一个是相应的组织，二是相应的程序。容错纠错机制组织主要是设立非常设的专业委员会以便对可能属于容错范畴的行为进行管理，体现集体决策。容错纠错专业委员会可由国企管理干部、监事会成员、员工代表和外聘专家组成。容错纠错专业委员会对容错行为进行研究，并据此做出决策。容错纠错专业委员会做出的决策还需要上级党委、纪检监察机关的审定。

容错纠错程序主要包括行为识别、评估和处理三个步骤。

第一步是识别，识别国企改革、创新行为是否符合容错范畴。"三个区分开来"提供了对改革创新中出现错误或失误的性质进行客观公正地辨别与区分的标准，明确了哪些错误和失误是可以纳入容错机制的，哪些错误和失误是要接受处罚的，从而清楚地划分容错机制的适用范围和排除标准。

识别本身就是预警的过程。预警是指通过信号甄别，预防改革行为出现偏差的策略。总结国企改革相似的案例，研讨过程中可能存在的不足和失误，确定相应的风险指标，对指标进行相应的预警等级管理，起到最大程度的预防作用。

第二步是评估，评估是整个容错机制的中心环节。行为识别是工作做在前面，事前控制，尽可能减少问题的发生。当问题发生之后，需要有一套评价机制对产生问题的行为进行研究和评估。评估主要包括事实表述、行为评估和集体表决三个环节。

事实表述是将容错行为的事件、行为、活动以文本的形式进行汇总、呈现。行为评估是指容错纠错专业委员会成员对容错行为进行评估。"三个区分开来"提供了辨别与区分的标准，专业委员会委员要独立表达自己的意见，需要综合分析问题发生的背景原因、动机目的、政策依据、情节轻重和性质后果等因素，并进行讨论和研判。最终的评估结论需要容错纠错专业委员会进行集体协商、决策。评估需要遵循民主、客观和公开的原则。所有的事实和问题都要被所有的委员充分了解、理解，每一位委员都要表达自己的观点，充分尊重每一位委员的意见和想法，最终的结论要基于集体决策。

对照"三个区分开来"、国企改革制度、负面清单和授权放权清单评估行为是否属于容错范畴非常重要。如果不属于容错范畴，可以直接转入追责程序。对属于容错范畴的行为，需要对行为的严重程度进行界定，并给出相应的评估结论。

另外，在评估环节需要有相应的监督机制。上级党委、纪检监察机构就可以发挥这样的作用，通过监督，既能防止"监守自盗"，又能减少"权力寻租"，杜绝可能出现的徇私舞弊和个人干预。

第三步是处理，容错纠错专业委员会对容错行为有了最终的评估结论之后，组织需要对容错行为进行相应的处理。激励和纠错是两种常见的处理。激励是组织对容错行为的正强化，主要体现在绩效考核、个人发展和认可奖励三个方面。纠错是组织对容错行为的负强化，主要指通过学习和总结及时纠正出现的错误。容错机制承认并接受错误，但这并不意味着盲目鼓励犯错，事后仍需总结经验，建规立制，尽量减少错误再次扩大和未来重复发生的可能性。

在实践中，组织可在两个方面开展纠错工作。

第一，过程纠错。当错误、问题将要发生还没有发生的时候，或者已经发生但还没有升级、扩大的时候，第一时间进行干预、控制。比如，某些员工有"走捷径"的念头或行为已出现偏差迹象，行为尚在容错范畴但随时有越界的可能，偏差尚在个体层面还没有扩展到集体或组织层面，这都需要及时制止，适当干预，把错误消灭在过程中。

第二，结果纠错。当问题发生之后已经造成了损失，对发生的问题进行研究，总结相关的经验教训，避免同类问题的再次发生。组织要对所有容错事件进行总结和学习，归纳错误发生的类型、特征和规律，以及解决的思路和策略，从而能对容错机制起到很好的补充和完善作用。纠错的实施主体建议落实到各级党委、各级纪检监察部门。各级党委要对国资、国资企党员干部存在的苗头性、倾向性问题，早发现、早提醒、早纠正。各级纪检监察部门机构按照国资、国资企管理干部所犯错误的性质，采取纪检监察建议书、提醒约谈、诫勉谈话、责令纠错、廉政风险预警等方式督促有关单位或个人及时纠正偏差和失误，推动问题整改。在纠错工作中，纪检部门应该分类处置，帮助存在问题的领导干部及时纠正错误。对主动挽回损失和影响的，应该予以免责；确需追究责任的，也应尽量从轻减轻处理。对于不符合容错范畴的行为要启动追责程序，并给予对应的申诉机会和渠道。申诉给予个体表达不同意见的权利，各级党委、纪检监察部门作为监督组织处理申诉请求。组织在容错机制中要设立申诉系统，就申诉时间、程序和要求等方面做出规定，提高相关人员对处理结果的可接受性。

（三）把握三个设计原则

第一个原则是严格审批程序，强调集体决策。

我们社会有重实体、轻程序的传统，这也包括国企改革等重大事项的决策。其实，没有程序公正，不会带来实体公正。因此，我们宁愿牺牲实体公正也要保证程序公正，唯有这样，才能带来更多的实体公正。

以切苹果为例，把苹果切成五份，分给自己和另外四个人。如果规则设定的是切苹果的人最先拿走其中的一份，那么基于人性的自私本能，切苹果的人很可能会把苹果切成大小不同的份额，尽可能在自己能力范围内切出一份最大的份额，然后自己先拿走。但如果规则设定的是切苹果的人最后拿走剩下的那份苹果，那么切苹果的人为了确保自己的利益，会尽量把苹果切成相同或接近相同的份额。这样哪怕自己最后一个拿，拿的那份也不会比别人少。

国企改革涉及的很多事项，都需要严格的审批程序，以保障改革措施的公平公正。这些程序包括资产评估程序，职工代表大会决策程序，股东大会或董事会审议通过程序，报同级国有资产监管机构批准程序，重要国有企业改制后国有资本不再控股的，报同级人民政府批准程序等。

目前，对于混改企业，如果一味按照过去国企决策的程序和流程，一级一级请示上去，再一级一级地传达下来，如此低的决策效率和如此长的决策链条，这样的机制是无法适应市场经济快速发展的需求的。但是，很多现实中的现象是，如果你不这样做，责任谁来承担？这种现象的背后逻辑，我们很清楚，就是怕担责，少担责，不担责，而其导致的结果就是无法追责。所以，为了提高决策效率，就要完善治理结构，明晰各个决策机构的权责边界。应该董事会决策的，就不能上升到股东会；应该本级董事会决策的，就不能再向上一级董事会请示；

应该经理层决定或者负责实施的事项，无需报请董事会，董事会也不再接受这样的审批事项。权责界面清晰了，或者说各个组织之间的权责体系建立了，就能清楚地知道，谁应该做什么，不该做什么。换句话说，各个组织在各自的权限范围作出的决策，就不应该受到追究；越权或者不作为导致的错误或者失误，就应该启动追责机制，追究其责任。因此，容错纠错机制的前提是权责界面清晰，授权体系完备。

第二个原则是穷尽改革措施，做好对比分析。

国有企业有很多规定，而其中的一些规定在执行过程中往往缺乏灵活性。笔者前不久在浙大给来自广东的一家国有企业中高层领导讲国企改革，这刚好是他们的最后一节课。我随口问他们什么时候回去，他们说明天。我说今天下午结束，杭州飞广州完全来得及啊。他们告诉我，根据规定，他们出来培训是不准坐航班的，只能坐高铁。随后我帮他们算了一笔账：当天坐航班回广州的机票价格在680元左右；如果坐高铁，票价是720元，加当天住宿费250元，共计970元。第二天坐高铁和坐飞机相比，成本增加43%，这还不包括人力资源成本和时间浪费。就这个案例而言，如果我们把当天航班票价作为报销附件，或者组织者完全可以预知航班和高铁的价格差额，做一个简单的对比，无论是后面的审计还是巡视，这个问题不就解决了么？当然，也许问题远没有我想象的那么简单，但至少说明这个规定的严重不合理性。

笔者前不久在厦门辅导的一个国企改革案例，就是通过容错机制贯彻了国企改革的始终。我们辅导之前，这个国企准备引进一个外部团队和该国企共同成立新公司运作一个新业务。具体操作流程是该国企先投资外部团队所在的公司，然后该公司将资金通过一定的途径转到团队名下再投资新设公司。经过我们慎重研究之后，基本否决了这一方案，因为资金如此流动的风险太大。紧接着，我们又分别论证了三套方案供甲方选择。其中，倾向性方案是并购该外部团队所在的公司，然后以该被并购的公司投资新设的公司。这样可以避免该外部团队的利益输送和同业竞争等许多问题。同时，另外设计了两套方案，是在不能引进外部团队情况下的备选方案。

在集团董事会上，我们把四套方案的架构设计，并购路径，混改思路，特别是我们还把四套方案的优劣势做了充分的对比分析，这样董事会的决策就有了坚实的基础。该四套方案作为董事会决策文件存档，留待备查。

这个案例中的混改方案，也许不一定是最好最优的，也很难说一定会获得成功，但我们穷尽了能想到的措施之后，事后追责的可能性就会小得多。

第三个原则是引进专业机构，借助外脑智慧。

首先，国企改革涉及公司股权架构搭建、组织优化，员工持股等方方面面的内容，这些内容既有商务谈判的过程和博弈，比如引进战投，也有法律专业的要求，比如并购协议和公司章程等；另外，自2015年8月份中共中央国务院颁布的《关于深化国改革的若干指导意见》之后，又陆续出台了至少40个左右的配套文件，又称"1+N"文件，这里还不包括地方各级政府和国资部门针对本省、本市的实际制定的相关文件。了解并掌握这些文件规定和逻辑体系，需要的不仅是时间，还有专业和素养。

其次，专业机构毕竟相对独立，制定的方案相对客观公正，同时也能避免一些利益冲突。前不久，我们在甘肃某一乳业公司调研的时候，负责员工持股的公司副总兼总会计师对我们说出了她的担忧：如果哪天公司员工特别是没有分到股份的员工，对员工持股方案的公正性提出质疑，作为这件事的负责人，她深感底气不足。我们告诉她，之所以存在这样的心态，就是因为你是利益一方，违反了上述"切苹果"的规则，不自信的心态就会存在。当然方案本身的科学性也需要检讨，做到方案能经得起历史的检验。一个员工持股计划，涉及到"激励模式、激励数量、持股方式、激励对象、行权条件、退出机制、行权价格、资金来源、税务处理、股份支付"等十个方面，我们称"股权激励十要素模型"。其中一个退出机制的设计，就非常复杂，比如我们总结的退出情形就有21种，还不包括退出节奏和退出方式。

现实中，也有很多企业的混改方案报到上级或者国资部门，如石沉大海，杳无音信。比如我了解的南方的一家双百企业，混改方案报上去五个月了，国资委就是没有批复。究其原因，主要是方案形成过程缺乏沟通，方案本身欠缺严谨性，政策突破缺乏逻辑，所以国资部门无法批准。作为国资主管部门，又不能代替企业去"修改作业"，于是就出现了这样的尴尬局面。我们曾经辅导过的东北的一家国企混改企业，这家国企的整个方案是我们负责设计的。在设计过程中，我们不但访谈了该企业的54名中层以上的高管，还访谈了相关部门和领导，包括三位市委常委、国资办、人社局、编办等相关部门的负责人，还有国投、城投等股东单位。我们知道，访谈过程是一个对企业的了解的过程，更是一个和相关人员沟通的过程，还是一个思想、思路统一的过程。所以，在此基础上形成的混改方案，由常务副市长主持的方案讨论会上，一次性获得通过。我们深知，如果在方案的形成过程中不把方方面面的意见综合起来，不把涉及该方案的利害关系方的想法统一起来，不把员工的利益诉求结合起来，是很难做到方案审核一次性过会的。

总之，各级国企国资干部在推进国企改革过程中，但凡符合国家确定的改革方向，履行了决策程序，穷尽了方案对比，作出了科学公正的抉择，就应该对这些相关单位和个人不作负面评价，免予追究相关责任。

第三章

确定战略的逻辑

要点一：战略方案一定要落地

要点二：业务一定要简明

要点三：战略一定要具有延续性

逻辑一：确定战略的逻辑

逻辑二：公司商业模式的逻辑

2020年5月22日，第十三届全国人民代表大会第三次会议的政府工作报告中提出："提升国资国企改革成效。实施国企改革三年行动。健全现代企业制度，完善国资监管体制，深化混合所有制改革。基本完成剥离办社会职能和解决历史遗留问题。国企要聚焦主责主业，健全市场化经营机制，提高核心竞争力。"

这也是在政府工作报告中首次明确提出，国有企业要聚焦主责主业。

2022年3月5日，李克强总理在政府工作报告中再次强调要"聚焦主责主业"，提出要"完成国企改革三年行动任务，加快国有经济布局优化和结构调整，深化混合所有制改革，加强国有资产监管，促进国企聚焦主责主业、提升产业链供应链支撑和带动能力。"

改革开放以来，不少企业在发展过程中借助资本的力量进入多元化发展的路径。比如以激光照排起家的方正集团，曾经是当时中国科技企业的领跑者。自2002年开始，方正开始走向多元化发展的道路，IT、地产、金融证券、商品贸易、医疗医药、职业教育等业务被先后纳入了方正的业务版图。到2009年，这些多元化的业务甚至挤掉了方正赖以起家的PC业务。2018年，方正的经营达到了巅峰，年营收为1333亿元，当时的企业总资产为3606亿元。但截至2019年12月，方正集团本部负债高达 700 亿元，整个北大方正总负债 3030 亿元，资产负债率 83% 左右，出现严重的资不抵债。2020 年 2 月 14 日，北京银行申请对方正集团进行破产重组，曾经的"中国之光"走下神坛。

当然，方正的衰败并不仅仅是因为多元化发展，还有很多其他问题，但是，盲目的膨胀是导致其衰败的一个主要原因。

类似的案例还有很多，无论是民企还是国企。比如，曾经以极具特色的航空运输业务获得成功的海航，在 2008 年主要确立了八大业务板块：航空、旅游业、商业、物流、实业、机场、置业、酒店，从此开启了多元化发展的战略。海航当时的战略口号就是"以多方融资为支撑、以快速并购为主要手段的多元化战略扩张之路"。

2009 年，海航集团旗下公司发展到 200 家，2011 年发展到 700 家。但海航"重并购轻管理轻整合"，结果导致各业务板块及旗下企业各自为政，各种风险逐渐积累，2012 年时，资产负债率已经达到 79%。海航的繁荣完全建立在杠杆之上，在资产负债率居高不下的情况下，只能被迫继续扩大规模。要给资本市场足够的信心，才能借到更多钱，才能用新借的钱覆盖掉旧账。也就是说，只有不断扩张，才能生存下去。

在扩张战略的引领下，海航不仅在国内大肆并购，在国际上也不断地进行收购，先后收购了德意志银行 10% 股权，收购美国希尔顿酒店 25% 股权，收购 IMI 英迈 100% 股权，收购 GECAS、CIT、Azul 航空、Gategroup、ICE、瑞德酒店集团、TAP 葡萄牙航空、SR Technics、纽约曼哈顿写字楼、伦敦金丝雀码头商厦等等。最终，海航没有逃脱衰败的命运，2021 年 1 月宣告破产重整，负债高达 7500 亿元。

并购本身并没有问题，有问题的是盲目的扩张与并购。最终累及企业倒下的，并不是资产负债率导致的财务风险，而是快速的扩张下，集团总部无法对下属企业战略做出明确的判断，导致出现系统性风险。

其实，不止方正和海航，很多企业所谓的"多元化"都在资本推动下变得十分畸形和粗放，简单来说就是觉得自己什么都能做，什么赚钱就做什么。但现实往往十分残酷，如果企业放弃了自身优势和科技研发，依赖金融杠杆大肆扩张，盲目切入自己并不熟悉的领域，而人才和管理又没能跟上企业发展的速度，公司治理和集团管控都不完善，这样的话，企业能不能赚钱就完全依靠宏观周期和政策环境，也就是常说的"遇上风口，猪都能飞"。一旦风停了，不专业的弊病就完全展现出来，自身竞争力的缺乏，现金流的断裂，战略的盲目，任何一点小的失误都会成为"压垮骆驼的最后一根稻草"。

很多管理专家都认为，企业发展过度多元化会分散决策者的精力，侵蚀企业的核心能力，很多企业之所以倒闭，并不是"饿死的"，而是"撑死的"。从方正和海航的发展过程，更能看出盲目多元化发展的弊病。

而很多国有企业也喜欢这样。我们强调国有企业要"做强做优做大"，但有些国有企业把逻辑搞反了，变成了"做大做强做优"。这三个词的顺序非常重要，一定不能乱，一家企业首先要有自己的核心竞争力，做强技术，做强产品，然后才是做优产业链，做大产业链。可惜现在很多国有企业，在战略上缺乏理性，认为各个行业和领域的逻辑都差不多，一个行业能做，另一个行业也没问题。盲目跨行业跨领域扩张，看似规模庞大，却大而不强，外强中干。

政府工作报告中提出要聚焦主责主业，我们发现，国有企业在确定混改战略上，基本存在以下几个大问题。

要点一：战略方案一定要落地

我们有次去北方某个省份的交通平台公司调研，对方下属一家做大数据方面的企业有关人员参与座谈，希望对他们公司的"十四五"规划做一些点评。听完介绍之后，笔者问：你确定你们五年内能完成这些事情吗？

近几年，数字经济是一个热门话题，受到政府的高度重视。因此，各地的大数据公司如雨后春笋一般冒了出来。而他们的战略规划也大体相同，如出一辙。比如都会提要推动研发、生产、经营、服务等全环节数据的采集，要升级信息系统，建立行业数据库；或者打造数据全生命周期，强化数据分类分级管理，推动数据资源规划等等，全然不考虑地方的实际情况。

比如有家身处北方腹地的大数据公司，从现实情况来讲，大数据相关人才极度缺乏，数据产业基础几乎为零。在这种情况下，仅凭一份大而空的战略规划，怎么能保证落地呢？因此，我们问对方，你们有具体的达成目标，以及具体的落地规划吗？你们确定以你们现在的人才力量，能够做到这些事情吗？

这种战略规划的存在绝不是个例。我们参与过很多省份很多公司的十四五规划研讨，发现这是一个普遍存在的问题。做战略规划的时候，虽然内容很齐全，比如性质定位、产业定位、发展方式、竞争策略、战略举措、组织落实等等，但是，却缺乏对当地产业和企业具体情况的深度挖掘、系统总结和理论提升，也缺乏对企业实际情况的考量，比如技术人才的储备，业务模式的竞争力等等。因此，这样的一份战略规划做出来，也只能是"纸上画画，墙上挂挂"。

对于拟混改企业而言，战略规划上"人云亦云，不接地气"的影响更是致命的。前文提到混改方案时我们就明确过，撰写混改方案的第一步就是要确定混改企业的战略方向，如果不明确战略方向，又如何知道自己应该寻找什么样的战略投资人呢？

我们之前给一家混改企业做员工持股方案。这家拟混改企业也是一家大数据公司。我们进场访谈时了解到，它们的战略定位是技术领先的大数据产品设计、研发、销售及技术服务企业，通过不断积累和提升核心技术能力，让公司逐步发展成为行业知名、客户满意的大数据应用公司。三年的战略规划就是以各地政府为主要服务对象，以数字城市建设为突破口，承接政府各部门以及各行业大数据应用建设项目；通过设计研发大数据应用产品，拓展大数据应用市场，并在此过程中培育核心管理与技术人才，不断积累公司无形资产，不断聚集上下游企业，逐步构建公司大数据产品和生态圈，实现公司可持续发展和增值,并为三年后的跨越式发展奠定坚实基础。

但实际上,各地政府往往都有自己的大数据公司,从一家地方性企业向外地拓展本就不容易,更需要大量的技术人员和市场开发人员的配合,可谓难上加难。在访谈过程中,我们发现大多数员工对于这项战略到底如何落地都表示束手无策,不知道该怎么去落实相关业务,也不知道未来到底会做成什么样子。

因此,在尽调后的第一次沟通会上,我们就建议对方,要做好员工持股的前提,首先要明晰战略定位。虽然听起来感觉员工持股和战略定位不相关,但是,不明确战略,员工就不知道该向什么地方发力,也不知道自己的能力与公司的发展是否相适应相配合,更不知道公司将来会走向何方。因此我们建议对方,想好企业发展的四个问题。

第一,愿景,也就是"去哪里"。明确企业在未来所能达到的一种状态的蓝图,阐述企业存在的最终目的。

第二,使命,也就是"为什么去"。在这样一种最终目的的引领下,企业将以何种形态或身份来实现目标。

第三,价值观,也就是"怎么去"。基于企业的共同愿景、宗旨和使命,对所预期的未来状况所持的标准观念。

第四,核心竞争力,也就是"凭什么去"。明确能够为企业带来比较竞争优势的资源,以及资源的配置和整合方式。

在明确了战略的基础上,才能建立完善、规范的组织和激励机制,将企业的发展和员工的利益有机结合起来,也才能让全体员工对企业的长远发展有透彻的理解。

我们建议对方，在设计战略规划时，一定要充分发挥自己的优势。比如作为国有企业，就要充分发挥国有企业的优势和长处，立足政府项目，积极开拓智慧社区等大数据项目，通过项目孵化具有市场竞争力的产品，同时积极融入国有体系管控以及与国资背景单位协作，以智慧社区带动衍生项目或产品来持续提升公司的盈利水平。更重要的是，通过落实员工持股及职业经理人等项目，吸纳人才，留住人才，毕竟对这类公司而言，人才才是第一竞争力。

要点二：业务一定要简明

不少国有企业，在之前扩张战略的引领下，旗下往往子公司繁多，而且层级多。因此，从2016年开始，国企就开始提出要"瘦身健体"，压缩层级，央企管理层级控制在5级以内，地方国有企业管理层级普遍压缩到4级以内。

根据数据统计，从2016年到2021年年底，中央企业共"压减"法人户数19965户，占中央企业总户数38.3%，使国有企业组织结构面貌发生了显著变化。中央企业和地方国有企业"两非""两资"剥离清退完成率超过85%，全国纳入名单的"僵尸企业"处置率超过95%，重点亏损子企业三年减亏83.8%。

另外，各地和中央企业通过严控低水平重复建设的主业投资和非主业投资，推动主责主业更加聚焦，中央企业从事主业的户数占比达到93%。参股经营投资自查整改取得阶段性成效。各中央企业累计清理退出非主业、效益差的低效无效参股股权1099项，收回资金211亿元。

按照聚焦主业的要求，国务院国资委明确了以下几方面的重点问题。

一是巩固"压减"已有成果，加大力度提高精准度。要完善常态化存量法人压减机制，要突出抓好并购重组后的压减，要严格并精准地控制新增法人。

值得一提的是，这里的"压减"并不代表否认并购重组。由于重组并购后往往带来管理层级增多、法人数量增加，既增加了压减的任务，同时也产生了压减的新契机。因此，压减工作要与重组并购同步谋划，鼓励"先压减再并购重组"。不符合主责主业的业务要坚决压减，而符合集团发展需求的企业也要积极并购，绝不能"因噎废食"。

二是加快剥离"两非"，有效清退"两资"。要进一步清理剥离"两非"。要充分发挥地方政策优势，化解"两资"退出难题。充分利用"两类公司"在重组整合、受托管理、清理退出等方面的优势，通过共同出资组建处置平台、各类专项基金等，对依靠自身力量难以完成清退处置的资产，积极探索按照市场化原则交由专业化"两类"公司集中处置。

三是规范参股管理，整治挂靠经营，强化风险管控。对不必要的参股，特别是经营效益差、长期不分红、存在风险隐患的，要坚决清理；对确需留下的，要规范管理；要科学把控新增参股投资，对确实需要的，要充分论证，严格筛选参股合作方，防止产生新的低效无效投资及退出难问题。此外，还要深入整治违规挂靠。加大对违规挂靠行为的整治力度和对假冒国企的打击力度，彻底切断利益链条，从根上杜绝新增各类违规挂靠问题。再者，要强化各类风险管控。对因为管理层级多、链条长、经营不善等问题带来的风险，要及时排查，严格管控。强化对瘦身健体任务量较大的重点板块和重要子企业的风险防控，坚决防止瘦身健体过程中诱发的各类风险。

四是聚焦做强做优主业实业，加快提升企业技术创新能力。目前，个别国企投资不聚焦，热衷于铺摊子，甚至脱实向虚，违规投资非主业。值得一提的是，在严把新增投资入口上，国资委明确要求，进一步完善投资管理制度，优化投资决策程序，严格执行投资项目负面清单，严控不符合新发展理念的项目，严控非主业投资规模和方向，不得在产业基础薄弱、缺乏资源优势的情况下盲目布局新产业。加大房地产、金融、PPP、对外并购、产业园区建设等重点领域投资管控力度，严控赴高风险国家和地区投资建设，严控投资金额大、建设周期长、跨越国境或涉及多国因素的境外项目建设，严禁超越财务承受能力的举债投资。实体企业内的金融业务，要立足服务实体经济，防止实业资金在资本市场内循环。

现在基本上各个省、市都出台了国有企业主业管理办法，规定国有企业的主业不超过3个。但是实际操作过程中，很多国有企业在聚焦主业的同时，对于旗下非主业或者盈利状况不好的资产，却往往下不了决心砍掉。

我们曾经走访过一家国有企业，旗下资产庞杂，而且大多数都是曾经的朝阳产业，但如今已经逐步走向没落，比如汽车修理厂、出租车等等，每年都需要投入大量的维护成本，利润却寥寥无几。因此对于这家国企，最好的办法就是把这些归属于商业一类的企业拿出来做混改，引入民营企业，利用国有企业原有的资产、技术和人才，加上民营企业的管理效率、市场推广和现金流支持，迅速盘活，让这些企业更具有竞争力和生命力。但是我们在和管理层沟通的时候却发现，领导并不愿意做混改。领导担心混改的时候，股份的出让和定价万一出现问题，他就要平白戴上一个"国有资产流失"的帽子。而维持现在的状态，对他而言也没什么不好的，"宁可不做，也不能做错"。

所以这也从另一个侧面反映出我们前文提到的"沟通"问题。对混改政策的不熟悉，对担心犯错的不自信，不了解只要在程序公平、交易公平、信息公开、法律严明的基础上，国企混合所有制改革并不必然带来国有资产流失。如果操作流程和审批程序规范、国有资产定价机制健全、第三方机构作用得到很好发挥、审计纪检及内部员工等各个方面监管到位，完全可以做到守住国有资产不流失的"红线"和"底线"。

但可惜的是，可能受之前管理层收购（MBO）带来的负面信息的影响，不少领导宁愿将国有股份在静态中"化掉"，也不愿通过交易追求股权最优配置、进而实现更大的国有资产保值增值，这种因噎废食的错误观念一直制约着混合所有制改革乃至整个国有企业改革的进展。所以这也是我们确定战略时候的一大难点，宁可都抓在手里，也不愿放掉一个。

要点三：战略一定要具有延续性

细心的读者会发现，我们在本书中提到的很多案例，都是用"某公司"来代替。主要是因为这些案例基本讲的都是国有企业改革失败的地方，为了避免尴尬，就都隐去了名字。

2019年的时候，我们去西北一家农牧企业调研，这家公司有着一流的天然牧场，也有着一流的奶牛等农牧资源。但苦于没有市场营销人才，"酒香也怕巷子深"，好东西卖不出价格，基本都是当地自产自销掉了。因此，他们成立了一家专门的销售公司，注册了专有品牌，用来经销这家农牧企业以及周边农牧企业的产品。

我们觉得这是一个很好的创意。因为市场和销售弱是国有企业普遍存在的问题，如果能够单独拿出来成立公司，再给予员工足够的激励，是很有可能出现业绩惊喜的。

之前我们在西北一家化工企业就遇到同样的问题，这家公司是20世纪六七十年代大三线建设时成立的老牌国有企业，曾经有着国内一流的化工产品。企业规模大，产品种类全，很多外面不好买的化工产品，这家企业都有生产。但随着市场经济的崛起，品类齐全反而成为它们发展的掣肘。南方出现了不少小厂，单攻某一品类，把单品的成本降下来。而它们要维持自己品类多的优势，成本一直居高不下，20

世纪90年代之后，在市场化竞争中步步落后。而且，民营企业销售政策灵活，可以给员工足够的激励政策，员工拼劲大，闯劲强；而国企在激励政策上近似于无，使得该企业的销售人员本身积极性就不高，更拼不过民营企业。我们进驻调研之后，给该企业提出了四个问题：第一，公司没有明确系统性的和可执行的战略指引各类业务的发展方向；第二，总部和各业务板块及下属企业间的资产、责权归属不清，缺乏相应的权限管理工具；第三，缺少系统科学的营销规划，缺乏对产品销售的统一规划，缺乏对市场的主动开拓；第四，公司分配激励政策偏保守，缺乏科学的任职资格管理体系，人才流失严重。其中，针对第三条的解决方案，就是建议他们成立单独的销售公司，公司管理岗位进行全员公开竞聘，同时采用员工持股等中长期激励手段，充分激发员工销售的积极性，从而进一步激发企业内生活力和发展动力。从后来公司的运营情况来看，效果非常好。

因此，对于这家农牧企业成立单独的销售公司，我们也是非常支持的。但过了两年之后，这家公司请我们去做改革咨询。去了之后发现，他们销售公司虽然牌子挂起来了，但几乎没有业务。访谈之后发现，他们新任的董事长并不认可前任董事长的战略方向，因此集中销售的模式就被搁置了，又回到各自销售各自产品、各自为战的老路上。

这其实也是国有企业在战略规划包括战略实施时的一大问题，就是"一朝天子一朝臣"，后任者往往不认可前任的战略方向和手段。而这与国企领导的任命模式分不开。

改革开放以前，我国国有企业领导干部的管理模式延续了战争年代形成并长期坚持、不断完善而且行之有效的一套管理制度，国有企业的经营受国家行政指令的统一管理，国有企业中的经营管理人员由国家指派，按照国家的指令和计划完成生产任务。国企领导干部与党政机关领导干部区别不大，都是按照统一的模式进行管理。目前大多数国有企业在选拔领导干部时，依然无法脱离原有"政企一体"的模式，领导干部很多都是由政府组织部门来管理的，而国企干部实质上和党政机关干部也是相通的，不少党政领导干部都是从国有企业中选拔而来，也有不少国企领导干部是从党政机关调任过来。这样一来，虽然名义上国企干部取消了类似党政干部的级别，但在大家心里这个级别一直存在着，而且还在发挥着不应有的作用。

在市场经济和市场竞争的环境下，这种"政企不分"的国企领导人员管理机制往往会存在以下弊端。

一是市场竞争性不足。国企同民企一样，作为参与市场竞争的主体，企业领导必须要符合市场经营的要求，领导的选拔应该通过其带领企业在市场经营中的经营业绩来决定。而在党政干部"任命制"的惯性思维影响下，国企干部选拔习惯上以组织或个人提名方式来任命。但是，政府管理与企业管理是两门截然不同的专业，政府管理做得好，不见得企业管理就做得好。企业管理做得好，也不见得就懂政府管理。因此，这种提名式的选拔方式，是缺乏市场竞争力的，也缺乏足够的市场竞争检验。

二是业务专业性不够。"人无完人"，一个人的精力是有限的，不可能面面俱到，样样皆精。政府管理需要在"横向"上下功夫，从一个部门、一个县域、一个省市的大局观出发去思考问题。而企业管理需要在"纵向"上精耕细作，产供销的协调，技术的研发，资本的运作等等。如果没有过硬的专业力量，如何能为国有企业指明战略发展的方向？比如之前沸沸扬扬的茅台最短董事长高卫东，被媒体指责任职期间茅台业绩下滑，但高卫东之前在交通领域担任领导干部，冷不丁被调去管理茅台，应该说，管得好是意外，管不好才是正常。因此，业务专业能力不够，就不符合企业参与市场竞争的要求。

三是长期规划性不够。由于受"官本位"文化的影响，国企干部常常同党政干部一样被赋予"官员"同样的含义。而作为"官员"，更多的目的就是尽快干出业绩，博取"向上升"的机会。这就使得新上任的国企领导干部往往有"大干快上"的心态，尽快投资，尽快扩张，尽快做大规模，更倾向于短期就能实现收益的"快项目"，而不愿意投资那些需要长期规划的、短期难见收益的研发类项目。更直白地说，就是不愿意踏踏实实做研发，毕竟一项具有技术含量的科研成果，往往需要五六年甚至十几年的投入。而国企领导干部长期规划性的缺乏，与现在对"三新"企业的重视是存在矛盾的。

因为不是市场竞争上岗的，因为业务专业性不够，因为不需要做更长期的规划，导致企业的战略往往随意性较强，更多的只是领导个人意志的体现。讲得更直白一点，就是后任领导一般都不愿意践行前任领导的战略，因为如果践行成功了，说明是前任领导的战略方向对，功劳是前任的；而践行不成功，说明是后任领导的执行力不足，错误是后任的。在这样一个逻辑悖论下，后任无论如何都要更改前任的战略方针，而使得企业战略延续性大打折扣。

逻辑一：确定战略的逻辑

要解决上述几个问题，就需要厘清确定战略的几个基本逻辑。一个是企业战略方向的逻辑，另一个是企业商业模式的逻辑。

我们的国有企业对战略并不陌生，每五年基本都需要制定自己的五年发展规划，甚至斥重金请海外知名的咨询机构出谋划策。但是这些发展规划，在五年后真正有多少能够落地，恐怕就要打个问号了。

过去的20年，不少国企集团都在迅猛地扩张。2006年，全国国有企业累计营业收入13.7万亿元，实现利润1.1万亿元，到2021年，全国国有企业累计营业收入达到75.5万亿元，实现利润4.5万亿元，15年营业收入翻了5.51倍，年均增速12.05%，利润翻了4.09倍，年均增速9.8%，取得了非常出色的成绩。

从上市公司的情况来看，截至2006年12月31日，A股市场仅有上市公司1310家，其中央企269家，地方国有企业542家，民营企业459家；而到2021年12月31日时，A股（含创业板、科创板）已经有上市公司4639家，是2006年的3.54倍，其中央企446家，地方国企916家，民营企业3043家。虽然数量上民营企业占优，但资产规模、收入、利润，央企和地方国企都占据绝对优势。可见在上市公司层面，国有企业依然是资本市场的中流砥柱。

在这个发展过程中，不少国有企业都进行了多元化的拓展，什么赚钱就做什么，房地产、金融、物流等等。在市场好的时候，多元化的优势会非常明显，收入和利润增长很快。但是在市场不好的时候，快速发展的弊端就逐渐显露出来，管理上的瑕疵、组织上的不足、人员安置上的不合理等等，都会严重影响到企业的经营状况。

因此，多元化和无序扩张之间的边界到底在哪儿？企业战略和企业发展的关系是什么？2020年的政府工作报告中首次提出了国有企业要"聚焦主责主业"，这也是加快国有经济战略性调整的一个重要方向，是调整优化国有经济布局结构、提升国有经济整体功能和效率的迫切需要，也是提高国有经济影响力、控制力，在高质量发展中更好发挥作用的内在要求。

讲到战略调整，就不能不提中国建材这个经典案例。在《经营方略》一书中，中国建材前任董事长宋志平写道：战略是企业的头等大事。战术上的失误往往不至于致命，战略上的失误则是一生一世的错误。做企业最重要的就是想清楚了再去做，而不应边想边做。凡事想在前面一步，以战略驱动成长，以目标引领航向，这正是企业实现跨越式发展的关键所在。

2002年，原北新建材董事长宋志平临危受命，担任中国新型建筑材料集团（中国建材前身）董事长。当时中国建材集团年收入只有20多亿元，负债却高达30多亿元。除宋志平之前所在的北新建材，中国建材旗下的壁纸厂、塑料地板厂、建筑陶瓷厂等企业几乎全部停产或倒闭，所处环境极其艰难。在积极处理历史遗留问题的同时，宋志平认为企业更重要的是发展，而发展首先要明确的就是做什么和不做什么，也就是公司战略。

因此，宋志平接手后做的第一件大事，就是商定公司的战略。但这个战略并不是自己拍脑门决定的，而是请了建材系统的知名专家，集中开会，集体讨论，共同商议中国建材未来的发展道路。中国建材当时主要的业务集中在新型建材方面，经过讨论，大家认为，虽然新型建材利润率高，但是新型建材市场规模太小，无法承载央企这样一个体量。作为一家央企，需要做大宗的、主流的建材业务，才符合央企的身份与定位。

根据这一思想，中国建材明确了发展的战略目标，回归行业主流，选择了水泥这个大宗建材产品作为核心业务。而为了更好地在公司上下贯彻这一战略，中国建材将公司名字从中国新型建筑材料集团更名为中国建筑材料集团公司。明确了战略方向之后，下一步的关键就是如何来执行这个战略。

针对当时水泥、玻璃等建筑材料行业布局分散、产能过剩的特点，中国建材决定通过资本运作的方式，充分利用资本工具，采取联合重组的方式，迅速吞并水泥市场，成为建材行业龙头。2006年3月，中国建材集团的子公司中国建材股份在港交所上市后，同年7月，旗下的中联水泥便收购了拥有万吨线的徐州海螺水泥有限责任公司，迅速扩大了在淮海经济区的市场份额，产能也从2002年的130万吨增长到2019年的9349万吨，翻了70多倍，在中原地区基本处于领军地位。

2007年8月，中国建材又联手江西水泥、尖峰集团等企业，和湖南国资委共同出资35亿元，注册成立南方水泥，开启对东南地区水泥企业的并购之旅。截至2019年底，南方水泥产能从0扩张到9929万吨，成为东南地区水泥行业的巨无霸。2009年3月，北方水泥成立，逐步成为东北地区最大的水泥生产商，与亚泰集团形成双龙头格局。2011年12月，西南水泥成立，以区域内已有一定生产规模、采用新型干法水泥生产技术的大中型企业为并购标的，迅速占据了西南市场。至此，中国建材在全国水泥市场的战略布局基本完成，淮海地区的中联水泥、东南经济区的南方水泥、东北地区的北方水泥和西南地区的西南水泥，水泥总产能达4.5亿吨，成为世界水泥行业当之无愧的No.1。

在并购的过程中，中国建材也摸索出了一条适合自己的混合所有制改革之路，将混改与并购完美地融合在一起。最初为解决资金问题，中国建材赴港上市，募集资金20多亿港元。IPO之后，又进行了三次增发配售，从资本市场共融资110亿港元，在很大程度上缓解了中国建材推动水泥联合重组的资金压力。之后，在并购民营水泥企业的过程中，在中联水泥、南方水泥、西南水泥、北方水泥等四大水泥平台上，把民营企业的一部分股份提上来交叉持股，实现深度绑定，从而避免了并购后的"业绩变脸"风险。另外，在水泥厂层面的企业里，也给原来所有者留30%左右的股权。这种"双层混合"的制度一方面确保了集团战略决策的主导地位，维持了控股权；另一方面，也绑定了民营企业的骨干员工，实现了员工与企业的"风险共担，利益共享"，更重要的是把市场机制真正引入到了央企内部。

中国建材就是这样按照世界一流、高质量发展的思路，制定了短期、中期、长期三阶段的发展目标，并实现了战略的逐步落地。2011年，也就是在确定以水泥等大宗建材为核心业务的战略方向9年之后，中国建材集团首次进入世界500强企业名录。到2022年，中国建材已经连续12年名列世界500强，收入从2002年的16.6亿元增长到2021

年的4155亿元，利润从2002年的1.44亿元增长到2021年的287亿元，而总资产则从2002年的3.93亿元增长到6500亿元。

目前，中国建材集团已经正式转为国有资本投资公司，按照"4335"指导原则，加快推进管企业向管资本、建筑材料向综合材料、本土市场向全球布局"三大转变"，持续增强集团的竞争力、创新力、控制力、影响力、抗风险能力，加快培育具有全球竞争力的世界一流材料产业投资集团。

从中国建材的案例上，我们可以看到明确战略方向、落实战略执行之后，企业能够产生的动力与爆发力。那么，国有企业的战略到底应该如何确定呢？

（一）什么叫战略

战略（strategy）一词最早是军事方面的概念，"战"指战争，"略"指谋略，战略就是对于战争的整体规划。

而与战略相对应的另一个词，就是战术。战略和战术是两个不同维度的行动，战略是整个战役的总方针，总指挥；而战术是关于具体某一场战斗的指导法则，也就是说，战略是目的，而战术是手段。争一时之长短，用战术就可以达到，如果是"争一世之雌雄"，就需要从全局出发去规划，这就是战略。

对应到企业上，如果只是判断企业今年市场的布局，产品售价的高低，这叫战术；而对企业未来五年、十年乃至五十年的发展进行规划布局，这才叫战略。战略是一种长远的目标，为了实现这个目标，也许需要牺牲部分战术上的利益，去获得最终战略目标的实现。

一般谈到战略，都会包含以下几个方向，比如宏观分析、市场分析、竞争分析、客户分析、内部能力诊断、战略举措制定、战略实施保障等等，分析的过程一般是从高到低，从大到小，从粗到细，步步为营，层层递进。

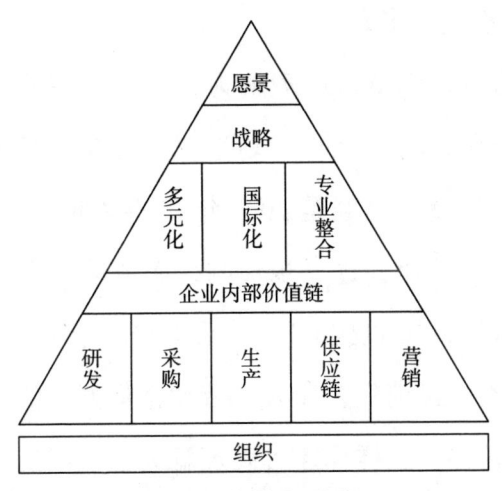

图 3-1 战略地图框架

首先看宏观分析。在宏观分析中首先要关注的就是人口数量和人口结构的变化，这是需要特别关注的变量之一，甚至往往是最为关键的变量。很多企业在做宏观分析的时候，更关注货币、财政的信息，而忽略对人口的分析。在笔者看来，整个宏观分析体系中，人口的分析才是最重要的。

人口最直观的影响就是对劳动力的影响。前几年媒体上经常出现"用工荒"的新闻，提到长三角和珠三角的不少企业，原来3000元/月就能雇到很多流水线的工人，现在5000元/月都雇不到。我当时就说过，你不要以为现在工人难请，以后只会更难请。为什么呢？因为你现在能用的劳动力的数量，在20年前就已经决定了。2000年我国新生儿数量是1778万人，这就意味着20年后，劳动力市场的天花板就是1778万人，我们不是移民国家，不太会有额外新增的劳动力，再除去继续读书深造的、出国的、啃老不想工作的，1778万只是个上限而已。而2021年，新生儿数量是1062万人，也就是说，到2041年，劳动力的上限也只有这么多人。

而理解了这个，你就可以理解为什么我们在放开二胎之后，紧接着又放开了三胎，为什么从计划生育，现在变成了鼓励生育。我们现在的新生儿数量，已经是70多年来的最低点，如果继续下跌，就意味着我们的老龄化会进一步加剧，而劳动力人口也要进一步缩减。但不管怎么说，20世纪60年代和80年代两轮生育高峰带来的"人口红利"基本已经消失，原来"劳动密集型"的产业结构势必向"技术密集型"转移，这样你才可以理解为什么我们现在强调"高质量发展"，在如火如荼地搞"科改示范行动"改革，反复强调提高国有企业的科技创新能力和核心竞争力，其原因，都是出于人口数量这个大背景。

经济学上有个名词叫刘易斯拐点，在拐点之前，劳动力无限量供应，就是"人口红利"；而在拐点之后，劳动力出现短缺，就只能依赖"人才红利"。很多网友会喜欢拿印度和中国比较，觉得印度很狂妄，一直"叫嚣"要与中国竞争，要超过中国成为"世界工厂"并想在各个领域上与中国进行竞争。抛开社会制度、宗教等因素不提，单单从人口结构上来看的话，印度的人口结构使得它在未来会表现出更大的

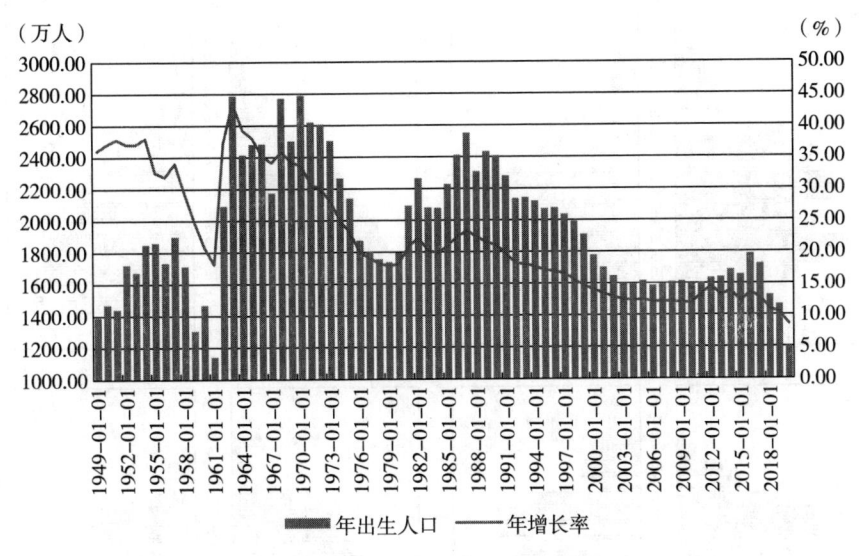

爆发力。而这也是我们所要面临的最大挑战之一。

图 3-2 我国出生人口连续下滑

除了人口之外，在宏观领域，我们还需要关注两个方面的内容。一个是技术，一个是制度。先说技术，做宏观研究往往会关注各种经济周期，比如较短的库存周期，一个周期大概3~4年；长一点的朱格拉周期，主要受资本支出的影响，长度大概在8~10年。目前已知最长的经济周期当属康德拉季耶夫周期，简称康波周期，而康波周期主要的影响因素就是技术，因此也叫科技投资周期。而按照康波周期的理论，我们现在大概正处于第四次康波周期结束和第五次康波周期开始的阶段，在第四次康波周期中主要的技术创新，比如互联网、通信等等到现在基本已经相当成熟，而驱动第五次康波周期的技术又会是什么呢？人工智能，区块链？或者别的尚未出现的技术。但无论如何，抓住这波康波周期的驱动技术，就是在未来60年中处于领先地位的关键。

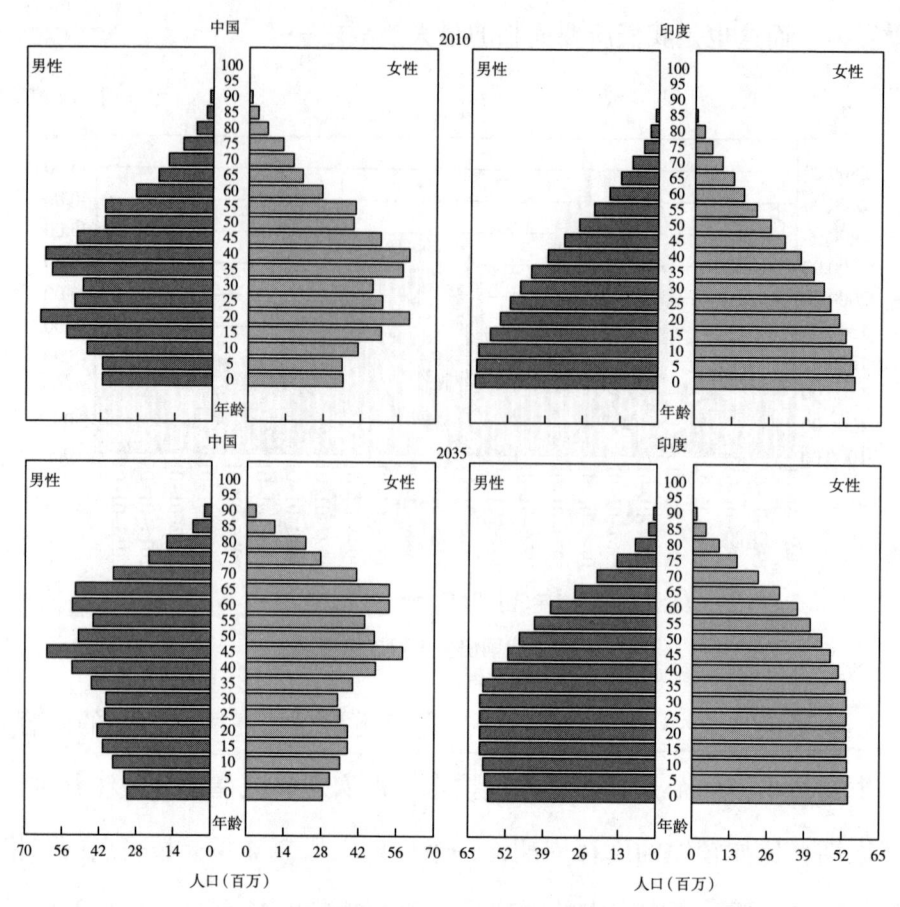

图 3-3　中国与印度人口结构对比（2010 年和 2035 年）

表 3-1　五次康波周期的关键技术创新

周期顺序	持续时段	关键技术创新领域
第一次康波	1790—1850 年左右	棉纺、蒸汽机（第一次工业革命）
第二次康波	1850—1910 年左右	铁路、电、内燃机（第二次工业革命）
第三次康波	1910—1970 年左右	以计算机、电视机、核能为主的电气重化工时代
第四次康波	1970—2030 年左右	互联网、通信、机器人为主的电子信息时代
第五次康波	2030—2090 年左右	大数据、人工智能、区块链等

除了技术之外，制度也非常重要。如果没有秩序和规则，没有制度规范约束，那么资源就得不到有效配置，人口红利、资本效率、创

新力量等等就都没办法发挥出来。因此，经济的发展一定依赖于制度的变革，如果没有家庭联产承包责任制的推行，没有随之而来的一系列改革开放制度的指引，我们的经济也很难有腾飞的今天。

一套合适的制度对经济有着促进的作用。但如果是不顾客观条件的疾风骤雨式的激进制度，或者是因陈守旧的保守制度，往往就会给经济和社会的发展带来灾难。我国这四十余年来，立足于中国国情，改革开放，发挥经济体制改革的牵引作用，从放权让利到企业产权制度改革、现代企业制度建立，不断培育市场主体；推进各项配套制度改革，包括财政、金融、流通、分配等，使社会主义市场经济制度逐步完善，进一步发挥市场在配置资源中的决定性作用，逐步探索出一条中国特色的制度创新之路，正是这一系列制度变革，保证了经济发展和社会繁荣。

宏观分析结束之后，其次就是市场分析。简单地说，就是企业在哪里开展业务，需要有一个清晰的领域界定，将业务所涉及的产品类别、细分市场，核心技术以及价值链的增值环节（如产品设计、制造、销售、服务、分销）等内容尽可能具体地描绘出来。以前我们在做市场分析的时候，往往只关注自己所在的那部分市场，但最近几年，我们越来越多地看到跨市场的竞争，比如，柯达在胶卷领域做到了顶尖水平，但却受到了新电子行业的冲击，数码相机的流行，对胶卷行业的柯达造成了极大的业务危机。到2006年，柯达终于发现问题，准备转行进入数码相机领域时，索尼、佳能等数码巨头已经占据了行业的垄断地位，柯达只能在夹缝中生存。但同样，几年之后，索尼、佳能等数码巨头也受到来自智能手机的冲击，智能手机拍照效果越来越好，像素也越来越高，除了少数专业玩家之外，已经很少再见到有人拿着数码相机来拍照片了。

因此在战略分析上，我总是强调，"人无远虑，必有近忧"。但是，由于我们国有企业领导的轮换制度，导致在制定战略的时候往往只看眼前，不太去想特别长远的计划；或者即使有了特别长远的计划之后，也难免被下一任领导否定掉。前述中国建材的案例，之所以中国建材按照既定战略稳定发展了这么多年，取得了这么辉煌的成果，与宋志平一直担任董事长是分不开的。而在同一企业掌舵18年，这在国资体系内是极为罕见的现象。宋志平曾感叹，企业的成功是九死一生，成功都是"熬"出来的，是"炼"出来的。做企业需要专注与痴迷，企业家要认认真真地把经营企业作为终生的事业，一生做好一件事足矣。

我们曾经为一家交通国企做改革方案，发现他们旗下有一家长途客运公司，在当地还没有通高铁的时候，客运公司收入和利润都非常好，但是通了高铁之后，公司的收入和利润出现了断崖式下跌，而且人员都是四五十岁的老司机，没有其他技能，想要分流也很困难。我们翻阅了他们之前的战略规划，没有发现对高铁的冲击安排应对措施。我们问董事长，高铁的规划是几年前就公布了的，并非一朝一夕瞬间完成，为什么客运公司没有对此做出任何应对呢？董事长表示，他自己也刚调任过来，并不了解前任的规划，对此他也很无奈，有点束手无策，所以希望我们能针对客运公司的现状，给出一些改革的建议。但董事长又并不希望我们给出大刀阔斧的改革内容，因为他也不确定自己什么时候又被调走了，所以希望平稳度过任期就好。

因此，市场分析很重要，而市场分析的周期尤为重要。在多长周期内看待这个市场，得到的就是截然不同的结果。

再接下来是竞争分析，也就是企业的核心竞争力在哪儿，要通过什么样的发展方式去达到战略目标。竞争分析就是通过对产品种类、细分市场、地理区域或是价值链的增值环节做出进一步的思考，看选择什么样的路径帮助企业进入目标领域，这些都是预先深思熟虑的结果，而不是靠事后总结而来。比如，2013年我国鼓励太阳能电站补贴政策的颁布，催生了一批新能源投资公司。而这一类公司，若扩张速度太快，不仅资金需求大，且影响项目的质量，所以要在项目发展质量与速度之间寻求平衡。这就需要企业对光伏电站的方向做出细分，是做大型地面电站，农光互补电站，还是分布式屋顶电站？不一样的方向需要配备不同的资源和不同的发展路径。再比如说，不少企业都希望通过混改去增强自身的竞争力，那怎么混，引入什么样的投资人，怎么样在混改后形成更强的整合能力，这些都需要系统的思考落地，而不能靠"拍脑袋"和"想到什么就做什么"的方式来决定。

再接下来，就是客户分析、内部能力诊断、战略举措制定、战略实施保障等等，这些内容和企业的具体情况息息相关，不同的企业面临不一样的境况，此处不予展开。总之，战略的规划和制定是非常重要的一门学问，需要前瞻性的、有深度的、可落地的思考。

（二）好战略的特质

什么样的战略才是好的战略呢？成功的战略都有一项核心的经济逻辑，它是创造利润的支点。有些经济逻辑的关键是通过向顾客提供竞争者难以模仿的产品和服务来获取溢价。例如，苹果公司就是向顾客提供竞争者难以模仿的使用体验，从而获取产品溢价。而有些经济逻辑的关键是在成本控制上。这些经济逻辑都不是偶然或短期的，而是基于公司基础的、相对持久的能力。

国有企业面临战略的选择时，非常喜欢开"务虚会"。我原来在国有企业做高管的时候，每年年底都会参加类似的会议，大家坐到一起，用整整一天甚至更多的时间，"务虚"地讨论公司未来发展的方向。

但每次参加这种会议的时候，我都忍不住思考一个问题，战略到底应该是实的还是虚的？

我们的战略很多时候，表述出来都是偏虚的。比如很多企业都喜欢说，我们要做"百年老店"，但是，"百年老店"存在的价值是什么呢？仅仅是存活了一百年吗？在这一百年中，要为客户提供什么样的产品或者服务，要怎么样展现企业的价值，其实都没有说清楚。所以光虚是不够的，"虚"中一定要带点"实"，而且是符合企业战略的"实"。

比如对于银行来说，大多数银行的目标都是要做一流的银行，但是，怎么做"一流的银行"呢？很多银行没想明白，但也有很多银行有清晰的规划。比如我们对比招商银行和工商银行的口号，招商银行的是"招商银行，因您而变"，而工商银行的口号是"工商银行，您身边的银行"。

你从这里面就能够感受到战略的"实"。比如招商银行很难说"您身边的银行"，因为与四大行相比，它毕竟是个小银行，没有那么多网点，也不会烧钱去铺设那么多网点，但是它的服务真的很好，可以满足客户的各种需求，所以它说自己"因您而变"。但是工商银行不可能"因您而变"，它变不了，它的优势就在于规模大，它在全世界的银行排名中也是当之无愧的 No.1，所以它可能服务做得不够精致，但它真的遍地都是，你可能下楼拐个弯，就能看到一家工商银行。因此，它很便利，但是你不要对它的服务有过高的期望。

所以这两家都是一流的银行，但是一流的点是不一样的。

再比如，很多企业在做战略的时候都喜欢说，我们计划五年收入翻三倍，利润翻五倍，感觉有了具体的数字，战略就很"实"了。但其实这还不够"实"，公司收入翻三倍，那是怎么样翻三倍呢？数字不是拍脑门拍出来的，需要有相当具体的规划。是通过强化销售，拓展市场来提升？还是通过降低价格，薄利多销来提升？或者通过推出新产品，进军新领域来提升？同样都是提升收入，但是不一样的路径，就导致公司需要不同的组织架构、不同的激励模式、不同的资源配置。

因此，我们讲混改企业做战略，重点要关注两个关键词。

第一个关键词，是主航道。我们公司在做什么，我们准备在哪儿竞争，如何取胜？这个对企业最直接的影响，就是我为什么要进行混改，我需要战略投资人给我什么样的支持。比如中国建材，定下了主航道就是通过并购重组来整合水泥行业之后，它需要的投资人就是能给它带来更多资金的投资人，因此它选择了赴港上市，尽快融资。比如东航物流，它定下了主航道是做高端物流解决方案服务提供商和航空物流地面服务综合提供商之后，那么，通过混改就要引入行业内可以形成协同与互补的投资人。

当然，我们在定主航道的时候，也需要考虑企业自身的情况。我们接触过一家银行，在做战略规划的时候，一定要做互联网金融，因为互联网金融是大热门。但我们并不建议他们做这个事情。因为互联网金融是需要一定体量来支撑的，它只是一家小的农商行，无论是资产规模还是客户数量，抑或是他们自身员工的能力，与互联网金融这条赛道都不是很匹配。如果硬要做，其实就是在跟风，看别人都有，所以我也应该有，而没有考虑到自身实际的情况。

第二个关键词，就是战略举措。定下主航道之后，我们怎么做。是IT先上，还是人才先行；是市场先拓展，还是渠道先打通？大家可以看到很多国有企业在做战略规划的时候，请一些国际知名的咨询公司过来，团队驻扎三四个月之后，战略规划做好了，团队离开了，然后战略操作的时候问题就来了，水土不服。国外先进的实践经验，未必适合中国的国情，尤其是在国企内部，未必就能够顺利地操作下去。于是战略规划干脆搁置起来，不了了之。

而对于混改企业的战略，就更具体了。我要引入战略投资人，他应该给我什么样的助力，是业务合作，还是派团队进驻；是品牌共享，还是带来资本运作的方案？这些对我的战略落地有什么帮助，我需要付出多少成本，对方又可以带来多少收益？混改之后，我计划每年的财务报表是什么样子的，收入怎么增长，利润又如何增长？

所以大家不要总觉得战略是很虚很粗的，好的战略应该很细致，方方面面都考虑到。如果只说我要混改，这不是战略。我要引入什么样的投资人，给我带来什么样的资源，我需要配置什么样的团队，我的产品如何在混改的加持下打入市场，以及打入什么样的市场，这才是战略。

（三）强化核心竞争力的关键因素

二十大报告中，关于国企改革提出，要"深化国资国企改革，加快国有经济布局优化和结构调整，推动国有资本和国有企业做强做优做大，提升企业核心竞争力"。我们可以看到，提升企业核心竞争力是非常关键的一部分。

2022年10月24日，国资委党委召开扩大会议，传达贯彻党的二十大和二十届一中全会精神，提出"要深刻认识新时代新征程国有企业的战略定位，站位党和国家事业发展全局，牢记'国之大者'，推动国有企业充分发挥经济增长的顶梁柱作用、科技创新的国家队作用、安全发展的'压舱石'作用，坚定成为立足新发展阶段、贯彻新发展理念、构建新发展格局、推动高质量发展的重要支撑。"根据战略定位的要求，国有企业布局和调整的方向将逐步关注"经济增长""科技创新"和"安全发展"等方向。

从二十大报告的表述上可以看出，改革更强调结果，而非手段，重要的是改革的成果，而不是"改了什么"。我们在近两年企业推进改革的实践中也深有感触，类似"三年行动"中台账式的改革推进，过于强调手段之后，会使得不少企业都是"交作业"式的改革方式，很多改革举措停留在表面，没有实际落地或者没有为企业带来实际效益的提升，其实在一定程度上降低了企业推进改革的积极性。

和十九大报告相比，二十大报告鲜明提出"高质量发展是全面建设社会主义现代化国家的首要任务"，因此，对于社会主义市场经济体制的描述由"加快完善"变成"构建高水平"，也充分体现了高质量发展这一主题的承接，与深入实施创新驱动发展战略，建设现代化产业体系，全面推进乡村振兴，促进区域协调发展，推进高水平对外开放共同成为了推动高质量发展的五大支撑。因此，国资和国有企业也要紧紧把握住"高质量"和"高水平"两个关键，进一步推动国有企业的高质量发展和高水平的改革。因此，我们认为，国企改革下一步的重点，应当在整个高质量发展的要求下进行分析，聚力于提升国有企业的核心竞争力，聚力于"更高水平"新机制的创建，在改革的方式上，应该从"大水漫灌"向"集中突破"转变。

而对于国有企业而言，提升核心竞争力的关键因素又是什么？由于不同的企业所属行业不同，所以我们在这里很难从技术层面本身去描述企业的核心竞争力，因此，我们还是从制度层面来解读这个话题。

提升核心竞争力的第一个关键因素，就是人才。

二十大报告的一个重要的变化就是将科技、教育、人才等工作列为专章阐述，突出强调科技是第一生产力，人才是第一资源，创新是第一动力。中央改革办分管日常工作的副主任、国家发改委副主任穆虹解释道：科教兴国战略、人才强国战略、创新驱动发展战略都是党中央提出的需要长期坚持的国家重大战略，也都是事关现代化建设高质量发展的关键问题。

未来企业竞争靠什么？产品、技术、服务固然很重要，但企业竞争最终还是人才的竞争，人才是企业的核心。二十大提出的"提高企业的核心竞争力，"我理解就是对人才的重视和激励。

因此，从二十大报告的角度出发，下一步国企的改革中，科技与人才将成为改革的关键，"科改示范行动"将继续成为改革的重点持续扩大推进，科技创新体系、科研管理机制、科技的"放管服"改革、科技创新的激励机制、成果转化机制、人才引进机制、人才培养考核机制，人才的中长期激励等各类关于"科技""人才"相关的改革，未来会成为改革的热点和突破口。

提升核心竞争力的第二个关键因素，就是国企管理体制。

"两类公司"是国有资产市场化运作的专业平台。在"国资委—国有资本投资运营公司—国有企业"的三层国资监管框架中，"两类公司"是构建政府与企业"一臂之距"的核心，是体现政企分开、政资分开、所有权与经营权分开的分水岭。近年来，随着相关试点不断推进，从中央到地方层面都开展了"两类公司"改革探索，在改组组建方式、投资运营模式、授权体系与范围、平台能力及发挥作用等方面已积累了初步经验。作为管资本的平台，"两类公司"具有资源整合的天然属性，具备较强的内生发展动力。

2022年6月，国资委印发了《关于国有资本投资公司改革有关事项的通知》，明确指出中国宝武、国投、招商局集团、华润集团和中国建材等5家企业正式转为国有资本投资公司。两类公司最大的改革亮点就是探索从"管资产"到"管资本"的管控路径，在对下属公司的授权放权、组织架构、运营模式、经营机制等方面进一步探索改革方向，而这些也都是对混改企业至关重要的改革措施。

提升核心竞争力的第三个关键因素，就是混合所有制改革。

二十大报告强调要优化国有经济布局和结构，具体实施路径就要有进有退。

进，是引导国有资本向前瞻性、战略性产业集中，向产业链、价值链中高端集中，促进5G、工业互联网、人工智能、数据中心等新型基础设施建设，促进新一代信息技术与产业深度融合，促进中央企业和地方国有企业的数字化、智能化转型。这就要依赖两个关键点，第一是内生，就要做好"科改示范行动"，从内部激发科技人员的主动性和积极性；第二是外延，就是通过混改或者反向混改，引入相关产业的民营企业，共同经营，共同发展。

退，则要推动国有资本从不具备竞争优势、产能过剩的行业和领域退出，要落实供给侧结构性改革，"瘦身健体"，即通过压缩管理层级、剥离辅业、突出主业，将不符合企业发展方向的非主营业务尽快出清。如果有民营企业愿意介入相关产业，也可以通过混改来解决"退"的问题。

而我们通过混合所有制改革优化国有经济布局时，首先要充分发挥各种所有制资本放大功能、资源优势互补、协同共进创新，充分发挥非国有资本在机制、管理、人才、信息等方面的资源优势；其次要推动企业股权结构优化和公司治理结构完善，有效分担国有资本投资经营风险；最后要探索建立有别于国有独资、全资公司的治理机制和监管制度，为混合所有制企业"松绑""加油"，最终共同推动国有经济布局优化和结构调整。

逻辑二：公司商业模式的逻辑

（一）商业模式的静态分析

商业模式是管理学上的一个重要概念，但是在我们国有企业中却常常被忽略。因此在国企混改的时候，我们都会和对方强调，一定要厘清自己的商业模式。如果说战略是为公司指明发展的方向，那商业模式要解释的，就是公司如何赚钱。

简单地说，饮料公司通过卖饮料来赚钱，快递公司通过送快递来赚钱，网络公司通过点击率来赚钱，电信公司通过收话费赚钱，铁路公司通过卖火车票赚钱等等。只要有赚钱的地儿，就有商业模式存在。同样，只有搞明白自己的商业模式，公司才有赚钱的可能。

商业模式的分析有很多成熟的模型，在这里我们简单介绍一个比较常用的，就是波特五力模型。它是迈克尔·波特在20世纪80年代初提出的。波特认为行业中存在着决定竞争规模和程度的五种力量，这五种力量综合起来影响着行业的吸引力以及现有企业的商业模式选择。这"五力"分别为供应商的议价能力、购买者的议价能力、新进入者的威胁、替代品的威胁、同行业竞争者的竞争程度。

首先来看供应商的议价能力。作为战略投资人，他们自然希望所投资的企业对上游供应商的议价能力越强越好。有些人会用"供应商议价指数"的值和变化来衡量一个企业对上游供应商的议价能力。供应商议价指数=（预付款项-应付款项）/营业成本，比率越低甚至为负，则表明此企业对供应商的议价能力越强。

而供应商的议价能力可以从几个方面来观察。比如说，如果市场中只有少数几家供应商，替代品也很少，那么供应商一般就比较强势，企业的议价能力就会比较弱。尤其是供应商提供的产品或者服务对企业至关重要的时候，它的议价能力就会很强，企业在议价时就会很被动。中国的芯片制造行业就是典型的对上游供应商议价能力不强的行业，因为制造芯片的核心设备大多数需要从发达国家进口。

所以，最好的状态是企业的上游产品是普通的产品，没有差异化，而企业的产出是有差异化的。比如央企新兴际华旗下的新兴铸管，原材料就是铁矿石和铁精粉，几乎没有差异化，用谁家的都行，而下游产品则是经过离心球墨铸铁机高速离心铸造成的球墨铸管，机械性、防腐性、延展性、密封效果都特别好，安装也便捷，其关键技术和装备都获得中国专利金奖，在球墨铸管行业具有绝对话语权。这样的企业对于供应商而言，就有非常强的议价能力。

而新兴铸管做大了之后，又陆陆续续收购了部分上游钢铁冶炼厂，进一步增强了对于供应商的议价能力。

其次，看购买者的议价能力。通常情况下，购买者的议价能力主要体现在两个方面，一个是价格敏感度，另一个是相对还价能力。

价格敏感度是指客户是否对价格十分敏感，价格上涨多少之后会开始降低客户的购买欲望。当产品没有差异化并且转换成本很低的时候，客户的价格敏感度就会很高，比如洗衣液等日常消费品，产品之间差异化不高，所以产品一涨价，客户就会流失到其他产品那边去。或者那边一降价，客户也立刻会蜂拥而至。另外，价格敏感度还取决于购买价格占客户总支出的百分比，如果占比很高，客户对价格就会很敏感，也会竭力去寻找更低的价格。

相对还价能力则是衡量客户多大程度上能够还价成功。如果对于厂家而言是比较重要的客户，在厂家收入中占据较高比例，那就有较强的相对议价能力；相反，如果该产品对于客户来说非常重要，其质量对客户的最终产品质量会产生重大影响，那厂家就有较强的相对议价能力。

作为战略投资人，他们当然希望所投企业对下游客户的议价能力越强越好。相对于"供应商溢价指数"，我们也可以用"购买者议价指数"来衡量企业对下游客户的议价能力。购买者议价指数 =（应收款项 – 预收款项）/ 营业收入。比率越低，甚至为负数，表明企业对购买者的议价能力越强。当然，这个指标只具有参考意义，并非唯一定性指标。我们还可以通过毛利率、收现比、净现比、应收账款收入比、存货成本比等指标来综合判断企业对下游客户的议价能力的变化。

其实分析购买者的议价能力，最核心的就是思考企业的产品是否符合客户的需求。对企业来说，客户价值的定位就是企业的定位。这句话说起来很简单，但是实际上，很多企业并不真正理解这句话。比如我们之前遇到过一家创业企业，做汽车内部的一种传感器，团队实力很厉害，海归博士一大堆，做的产品也很好，性能比市面上在用的传感器要提升 50%，当然价格也相对贵一些。创始团队雄心勃勃，认为自己的产品一量产，立刻就会颠覆这个行业。但实际上，汽车厂家现在在用的传感器性能已经足够了，再提高50%，对汽车的性能并不产生更高的变化，因此汽车厂家并没有动力去更换更贵的产品，平白增加自身成本。而且这个零件对汽车而言很重要，汽车厂家也不信任一家新设的企业，他们宁可选择合作多年的大厂，以确保使用中不出问题。

在我们走访的企业中，尤其是创业类的企业，很容易遇到这个问题。往往企业觉得我有这个技术，那我就做个产品吧，但实际上从技术到市场应用还有很长一个距离。如果仅从生产的角度来考虑，认为我做了别人就会来买，那这不是市场经济的观念。

所以还是回到最初的那句话，客户到底需要什么产品，客户又愿意花多少钱来买这个产品，愿望与支付能力，缺一不可。这就要求我们的产品至少具有三种特性：第一，客户不能太集中，如果80%以上的产品都卖给一个客户，那企业一定是没有定价权的；第二，产品要有差异化，不是随处可见的标准品；第三，你的产品对他而言很重要，不可或缺。

第三是新进入者的威胁。不管什么行业，只要有利可图，势必会吸引新进入者。因此只要是个赚钱的行业，就一定会面临各种各样的新进入者。而应对新进入者的威胁，一般都着手于以下几个方面。

一是技术壁垒。技术壁垒是应对新进入者的天然壁垒，比如芯片领域里，光刻机一直是我们公认的"卡脖子"问题，这就是我们进入芯片领域的技术壁垒。掌握全球最强光刻技术的是荷兰，荷兰的ASML公司在全球45nm以下的高端光刻机市场中占有80%的份额，而且目前全球只有 ASML 可以生产 7nm 精度光刻机。这就是它完美的技术壁垒。当然，技术壁垒并不是永远存在的，比如 2022 年 2 月 7 日，上海微电子制造的中国首台 2.5D/3D 封装光刻机下线交付，这意味着中国在芯片后道设备上取得了新的突破，也许将来有一天，我们就会突破这个"卡脖子"的技术壁垒。

二是品牌壁垒。最典型的就是白酒行业，即便你能做出和茅台一模一样味道的白酒，别人还是会去买茅台，这就是品牌的效应，而并非品质所能替代。

三是资金壁垒。某些行业需要投入很高的资金才能启动，比如高铁、飞机、轮船等等。再或者是金融行业，除了资金壁垒之外，还存在一定的政策壁垒，就需要你在达到一定的资金规模之后，还要申请相关牌照，才能开始运营。所以我们也能看到，往往这类企业都是以国有企业为主，国企在资金成本上还是具有天然的优势。

四是先发壁垒。有些行业，先进入者只要先一步进去，就会建立后来者很难通过努力得来的先发优势。例如，先进入者可以制定行业规则和技术标准，或者在原材料采购上与优质供应商达成排他性协议，或者与下游客户深度绑定，使得下游客户更换供应商的难度很大。此外，有些行业还具有较高的转换成本，比如军工产品，进入军工产品的采购名单是一个很漫长的过程，需要预研、定型等等一系列测试，有的甚至长达三四年，所以一旦进入采购名单，军工企业轻易也不会更换供应商。

第四是来自替代品的威胁。严格来讲，几乎所有的产品都有替代品，只不过替代的程度不同，这些替代品也最大限度地保证着任何垄断行业都不可能把产品的价格无限提高。如肉类之间的互相替代。

另外需要注意的是，现在很多替代品并非直观的替代品，而是来自于新技术和新产品的产生对原有需求的替代，比如智能手机以及手机支付的出现，替代了现金的使用；网上购物对线下门店的侵蚀；滴滴打车对出租车行业的挤压等等。

最后一个是行业现有竞争者的竞争程度。在某些同质化比较高、进入壁垒又比较低的行业，就很容易出现激烈的价格战，充分竞争会使得产品价格逼近甚至低于边际成本。而在差异化较高的行业，就不太容易出现激烈的价格战，比如白酒行业，会通过品牌的差异来明确自己的定位。

在分析行业竞争度的时候，我们一般从以下几个方面来进行。一个是行业增长率。如果一个行业正处于快速增长期，也就是说，处于"蛋糕"在快速增大的时期，那么行业内的企业都有充足的客户与市场来分享，竞争程度就会较低。而行业已经处于存量甚至缩量阶段，没有足够的增量来供大家分割时，企业想要获得进一步发展，就只能去抢夺别人的市场份额，就势必导致较为激烈的竞争，甚至引发价格战。所以我们可以看到，虽然企业收入在增加，但是盈利能力却大幅下降。

另外一个指标是行业集中度。如果行业龙头或几家头部企业占据了大部分市场份额，比如石油、水泥、煤炭等等，很容易形成价格联盟，不太会内部打价格战，但是会联合一致对外，对上游下游形成价格压力。而行业集中度越高，小的企业越无法与龙头企业竞争，往往就是"龙头吃肉我喝汤"的局面。

另外还可以关注行业的供给和需求状况，产能过剩的行业往往会加剧内部竞争，由于供需不平衡，企业不得不通过价格战来消化产能，最终导致盈利能力不断下降。尤其是一些热门行业，很容易因为过度投资而导致供给过剩，比如现在热门的锂电池和新能源行业，除了关注市场需求外，更应该关心供给端情况，即便市场需求未来大概率会高速增长，但如果供给上得太快，造成供过于求，行业的竞争便会变得异常激烈。

之所以要关注行业内的竞争，也就是提醒企业时刻关注自身情况，当发现自己已经陷入激烈竞争中时，需要及时采取恰当措施进行应对。

（二）商业模式的动态分析

前面我们讲的是如何分析企业静态的商业模式，但企业是处于发展当中的，并非一成不变，静态的商业模式分析只分析了企业处于现在这个时间点上的问题，但是却没有解决增长率的问题。换句话说，就是行业的生命周期和企业的生命周期相匹配的问题。

行业的生命发展周期主要包括四个发展阶段：幼稚期，成长期，成熟期，衰退期。幼稚期时，行业内企业规模往往较小，对未来如何发展有不同看法，产品类型、特点、性能和目标市场不断发展变化；市场中充满各种新发明的产品或服务，产品设计尚未成熟，行业产品的开发相对缓慢，利润率较低，市场增长率较高。成长期时，该行业已经形成并快速发展，大多数企业获得非常高的增长率，企业需大量资金来扩充产能、抢占市场。成熟期时，行业增长率降到较正常水平，相对稳定，各年销售量变动和利润增长幅度较小，竞争开始变得激烈。后期会有一些企业因投资回报率不满意而退出行业。衰退期时，行业生产力过剩，技术被模仿后出现的替代品充斥市场，市场增长率严重下降，该行业可能不复存在或被并入另一行业。

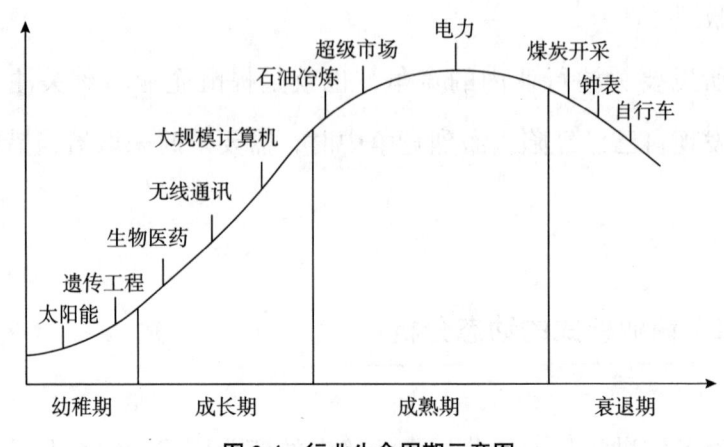

图 3-4 行业生命周期示意图

行业幼稚期和成长期的时间相对较短，也是最容易获得暴利的时期。成熟期的时间则相对较长，有些行业的成熟期可能长达几十年甚至上百年，比如石油冶炼和电力。衰退期也相对较长，而且步入衰退期的行业，也许因为技术的更新等原因，存在重新进入成长期或者成熟期的可能，比如一度被认为进入衰退期的钟表，随着智能穿戴的兴起，重新焕发出生机。

企业的生命周期一方面与行业生命周期高度相关，另一方面，则更依赖于企业的文化、制度、人员等等，比如管理层在决策过程中的话语权，管控体系的效率，人员的内生动力等等。

入选"双百行动"之一的北方华创科技集团股份有限公司，就是一个非常好的结合了行业生命周期与企业生命周期的案例。

北方华创成立于2001年9月，前身为七星华创电子股份有限公司，由北京电子控股有限公司整合原国营700厂、706厂、707厂、718厂、797厂、798厂的优质资产和业务，以北京七星华电科技集团有限责任公司为主发起人，发起设立北京七星华创电子股份有限公司，主营半导体装备及精密电子元器件业务。2001年10月，北京北方微电子基地设备工艺研究中心有限责任公司由北京电控联合七星集团、清华大学、北京大学、中科院微电子所和中科院光电技术研究所共同出资设立，由原来的半导体装备转向高端半导体装备业务。

2010年3月，七星电子在深圳证券交易所成功上市。到2016年，伴随着半导体行业的发展，七星电子迅速成为中国具备较大规模、丰富的产品体系、多领域的高端半导体工艺设备供应商，并成功引进国家集成电路产业基金、京国瑞基金及芯动能基金等战略投资者，实现了产业与资本的融合。2017年2月，七星电子更名为北方华创科技集团股份有限公司，完成了内部业务及资产的整合，推出全新品牌"北方华创"（NAURA），形成了以北方华创科技集团股份有限公司为总部，下属北京北方华创微电子装备有限公司、北京北方华创真空技术有限公司、北京北方华创新能源锂电装备技术有限公司和北京七星华创精密电子科技有限责任公司四家全资子公司的业务结构。

2018年8月，北方华创完成首次股票期权激励计划授予登记，向341名激励对象授予450万份股票期权。2019年12月，北方华创再次增发新股，募集资金总额约20亿元，国家集成电路基金、北京电控和京国瑞基金参与，成为公司的重要战略投资者。

北方华创所处的半导体产业作为当今世界上最为重要的产业之一，其资本密集型和技术密集型的特点十分突出。半导体产业发展水平的高低在很大程度上可以代表着一国的制造业水平。从产业链角度看，半导体设备上游为原材料供应商。半导体设备厂通过采购原材料后组装制造半导体设备供给下游。半导体设备下游客户以及需求主要包括半导体制造、显示面板制造与光伏制造。在半导体制造中，主要为晶圆制造厂商、晶圆代工厂商以及封装测试厂商等。半导体设备作为IC制造业和IC封装测试业的生产设备，是一国发展半导体产业的重要支柱。

全球半导体技术的激烈竞争，集中反映在半导体设备的竞争上，因此半导体设备的周期与半导体技术周期曲线基本相似。而从国内外半导体企业的营业收入上则可以发现当前我国半导体技术与国外存在的巨大差距。2018年全球前十大半导体设备制造企业中，以美国应用材料、荷兰阿斯麦、日本东京电子、美国泛林半导体等美国和日本企业为主，我国企业则无一上榜。从收入上看，全球第一大半导体设备企业美国应用材料公司2018年的营业收入高达172.5亿美元，而我国第一大集成电路设备企业屹唐半导体的同期营业收入仅有约16.6亿元。

国内外半导体水平上的巨大差距导致半导体设备成为每年我国进

口的重要产品，半导体设备方面存在着巨大的贸易逆差。更为重要的是，作为半导体产业的基础元件，如果不能实现国产化替代，我国的芯片行业乃至整个先进制造业都将受制于国外。在2018年中美贸易争端中，由于美国限制对中芯等国内企业的芯片出口，导致其业务受到极大影响。由此可见，我国半导体产业的国产化水平亟待提高，国内半导体公司的发展之路任重道远。

为了更好地契合行业周期的发展，北方华创首先大力夯实资本金，推进产业链布局，抢占半导体市场。2019年12月，北方华创通过定增募集资金20亿元，主要投向高端集成电路装备研发及产业化项目和高精密电子元器件产业化基地扩产项目。其中，高端集成电路装备研发及产业化项目拟投入17.8亿元，主要包括刻蚀装备30台、PVD装备30台、单片退火装备15台、ALD装备30台、立式炉装备30台、清洗装备30台，达产之后预计每年产生利润约5.4亿元。高精密电子元器件产业化基地扩产项目主要为模块电源5.8万只产能项目，达产之后预计每年能产生3223万元利润。

更为重要的是，公司将利用这笔募集资金推进28纳米以下集成电路装备产业化，同时搭建5/7纳米先进工艺设备测试验证平台，布局业界最先进工艺。根据产业经验，一个关键技术代的器件从启动研发到量产大约需要五年时间，结合该周期以及5/7纳米设备的技术难度，公司将积极落实《"十三五"国家科技创新规划》中"开展5-7纳米关键技术研究"的战略规划。

其次，则是完善中国特色现代企业制度，打造高效经营决策机制。北方华创坚持"两个一以贯之"，加强党的领导，实现党建和经营深度融合，建立权责法定、权责透明、协调运转、有效制衡的法人治理体系。一是优化公司董事会结构。北方华创于2019年12月完成了改革后新一届董事会、监事会的换届选举工作，保持了外部董事占多数席位的结构设置，内部董事共5名，外部董事共6名。二是加强重大事项决策机制建设，强化党委领导作用。北方华创实现了党委书记、董事长由一人担任，修订了党建相关制度和"三重一大"管理制度，完善了党组织前置研究讨论企业重大经营决策的方式方法。三是进一步夯实决策支撑能力。新一届董事会选举了执行董事担任董事长，将企业经营与决策紧密连接，董事会下设的各专门委员会增加了外部董事人数，使专门委员会构成更加合理，在支持董事会决策及公司运营方面的作用也更加科学全面。

再次，加快体制机制创新，完成全级次职业经理人市场化改革。北方华创抓住国务院国企改革"双百行动"试点契机，深入推进国有企业市场化改革，完成了公司全级次经营团队职业经理人制度的实施，形成了全级次管理团队的市场化激励约束机制，充分挖掘了经营团队潜力，调动了积极性。同时，进行了薪酬体系的市场化改革，进一步优化了薪酬激励考核管理机制。经营机制更加契合企业所处行业和发展阶段的特点，有利于公司在激烈的市场竞争中行稳致远。

最后，是推进股权激励计划实施，增强公司对核心人才的吸引力。北方华创2018年成为北京市首家国有控股上市公司实施股权激励的试点企业，同年7月以"2年锁定期+3年行权期"的机制完成了首批核心人员至少5年的稳定和激励。在此基础上，2019年北方华创以同样的机制实施了二期股权激励，并通过股票期权和限制性股票组合激励方式突出了对受激励人员的针对性和差异化，将集团高管团队及所属子公司高管、业务负责人纳入激励范围，实现更具针对性和更强绑定的长效激励。通过两期股权激励共完成了近800名核心骨干和管理团队的激励，核心人员主动离职率由15%以上降到2%以下，大大增强了优秀人才的凝聚力，为公司经营业绩的持续增长提供了有力的人才保障。截至2021年12月31日，持股员工的回报率已经高达699%。

在上述措施的推动下，北方华创在行业成长期内，基本超越了行业的发展速度，奠定了自己在半导体行业内的基础。在人才吸引方面，北方华创大力引进海外行业高端技术、管理人才，由行业领军专家引领北方华创相关产品的开发以及市场拓展，快速缩小与国外领先企业的差距。在科技创新方面，北方华创突破了多项集成电路装备核心关键技术，开发的应用于先进逻辑芯片制造工艺和先进存储芯片制造工艺的硅刻蚀、金属刻蚀、薄膜沉积设备已实现了批量销售，其中硬掩膜物理气相沉积设备、单片退火炉、硅刻蚀机等多款设备被国内主流集成电路芯片制造企业指定为基准机台，部分产品成功进入国际供应链体系。在科技创新的同时，北方华创非常注重自有知识产权的保护，已累积申请专利超过4500件，其中发明专利达到80%以上，2018年荣获国家知识产权运营公共服务平台联合中国知识产权发展联盟共同颁发的"中国好专利"奖，2019年入围知识产权产业媒体IPRdaily和incoPat创新指数研究中心联合发布的"2019年全球半导体技术发明专利排行榜（TOP100）"，北方华创位列榜单第66位，是中国大陆唯一上榜的半导体装备制造企业。

  我们可以看到，北方华创的经营业绩实现了快速增长，营业收入和利润规模显著增加。2019—2021年度，公司营业收入分别为40.6亿元、60.6亿元、96.8亿元，同比增长22.1%、49.2%、59.9%，净利润分别为3.7亿元、6.31亿元、11.93亿元，同比增长30.7%、70.7%、89.1%，公司的收入和盈利能力呈现出不断增强的趋势。

第四章

选择战投的方向

方向一：引入产业链上下游的大型集团企业

方向二：引入行业内的技术领先企业

方向三：引入知名投资机构

方向四：做好引战后的资本运作方案

改革推进以来，不少国企通过改革措施实现了股权的混合所有制或者股权多元化，那么效果究竟如何呢？是否起到了激发国有企业活力、提高资本回报率、提高企业竞争力的作用呢？根据国务院国资委公布的情况，出现了许多成功的混改案例，混改的效果也十分显著。但是，在实践中，我们发现不少国企在实施混改的过程中，都卡在了选择战投这一步。

混改企业引入战略投资者目的在于能够改变国企本身效率较低、活力不足等问题，在一定程度上解决所有者缺位问题，进而促进国有企业、国有资本等公有制经济与市场的有效对接，有利于国有资本放大功能、保值增值、提高竞争力，有利于各种所有制资本取长补短、相互促进、共同发展。因此，在引进战略投资人的问题上，国务院国资委特别提出，要引入高匹配度、高认同感、高协同性的"三高"战略投资者。

但很多企业对于高匹配度、高认同感和高协同性三点认识并不透彻，不理解这个匹配度、认同感和协同性到底有什么差异。

前文提到过东航物流的案例。东航物流在混改方面做了很多可圈可点的突破，比如释放控股权，比如员工持股等等。这里我们讲一下东航物流在战略投资人上的选择，它的选择非常鲜明地突出了"高匹配度、高认同感和高协同性"的特点。

东航物流的前身是中国第一家专业从事货邮运输的航空公司——中国货运航空，成立于1998年。当时货运运力非常紧俏，不需要专门跑市场，市场都主动找上门来。因此，从1998年到2004年，货运航空经历了美妙的7年盈利期。然而，从2004年开始，市场的供需格局开始发生变化，国航与南航先后成立中国国际货运航空和南航货运部，四大快递巨头联邦快递、UPS、DHL、TNT也相继进入中国市场，加之随着中国民航的高速发展，可以运货的客机腹舱大量供给市场。而与此同时，需求端却没有同步增长，货运航空进入供大于求的局面。各家为了抢夺市场份额，只能开始价格战，导致运价一路走低，货运航空公司基本也开始"十年九亏"。

除了供求关系的压力，东航物流在成本控制上也做得不够好。这是大多数国有企业的通病，就是不差钱，喜欢求全求大。在早期市场繁荣的刺激下，东航物流不断买入飞机，最高峰达到20架全货机，其中有五种机型、六种发动机，不同飞机航程行距不同，需要的飞行员不一样，航材备件也不一样，最后导致公司运行成本非常高，亏损不可避免。

2013年11月，中共十八届三中全会通过《中共中央关于全面深化改革若干重大问题的决定》，推进新一轮国企改革，大规模关停并转央企旗下的僵尸企业。国家给了东航物流三年时间，若无法扭亏为盈，就要被列入僵尸企业进行处理。

因此，东航物流开始断臂求生，运力大规模削减，从20架砍到8架，机队也变成只有747和777两种机型，这样可以最大程度压减人员和备件等成本，终于在2014年，东航物流勉强实现盈利。但是，要获得更大的发展，还需要进一步更深层次的改革。

有数据显现，2007-2016年，航空旅客周转量复合增速为11.65%，而货运周转量增速仅为6.7%，在所有交通运输方式中占比分别为26.7%及0.1%。此外，2010-2016年，全部航空业的货运量虽增长12%，但运价却下降了27%。2016年，三大航空公司的货运均匀价格仅为1.27元/吨公里，几乎没有赢利空间。航空物流混改，引进外部资本进一步赢利已变成必然趋势。

2016年国家发改委和国资委推进部分重要领域混合所有制改革试点，拟在电力、石油、天然气、铁路、民航、电信、军工等领域选择7家企业或项目，开展第一批混合所有制改革试点。于是，东航物流拿到了第一个民航领域试点资格。

东航物流确定混改之后，不少企业都跃跃欲试，希望作为战略投资人参与到东航物流的混改之中。最终东航物流选定的战略投资人分别是联想控股、普洛斯、德邦和绿洲，分别持有东航物流25%、10%、5%和5%的股份。

在战略投资人的选择上，我们可以充分看出东航物流此次混改的目的，就是要将第三方物流、物流地产、跨境电商以及传统快递工业链接起来，将航空优势充分发挥，一方面能够为协作伙伴供给航空运力支撑，另一方面能够借助协作伙伴的本钱将本身事务不断完善，形成良性循环。

尤其在德邦的选择上，我们可以充分理解"高匹配度、高认同感、高协同性"的要求。东航物流混改的消息传出之后，顺丰、韵达、申通等几大快递公司都有参与意向,但却不是所有公司都满足"三高"的要求。

首先看高匹配度,就是业务类型要匹配,有相似的业务诉求和发展诉求,或者从产品、客户、市场、渠道等能形成合力。从匹配度上来看,快递头部企业"三通一达"都是伴随着淘宝等电商的兴起而获得长足发展的,也就是说,他们主要占据的是C端市场。而东航物流主要做货运市场,虽然航空与快递强强联合,一方面可增加航空公司的产能利用率和货运板块的盈余才能,另一方面快递公司则可更全面地把控运力和时间,进一步提高劳动效率,互利双赢。但是,随着电商件抢夺的加重,价格战层出不穷,盈利越来越薄,C端市场其实已经不是东航物流未来发展的重点。而东航物流一直以B端客户为主,未来应该还是要在B端客户上发力,因此从客户端来看,"三通一达"与东航物流的匹配度是相对较差的。

其次看高认同感,就是对企业定位、发展战略、经营理念和文化等要高度认同。主动参与国企混改的战略投资人基本对国有企业和国企改革都有基本的认同,在业务上往往都曾经有过深度合作关系,对东航物流的战略、理念和文化也都比较了解,才会愿意参与东航物流此次混改。而德邦更为突出的是具有物流领域内最为完善和强大的内训体系和人才培养机制,公司几乎所有的管理岗位和专业人员,都是原来在零担业务中打拼多年的老员工,通过内部提拔一步步走上管理岗位的,因此,在业务和培训体系的输出方面,也可以给予与东航物流更大的支持。

最后看高协同性,就是在业务开展、产业链布局、管理能力、技术水平、资源配置等方面协同性高。比如，同样都是航空运输，顺丰和东航物流虽然在客户、产业链布局等方面有很强的匹配性，但是顺丰的优势是航空，而东航物流的优势同样也是航空，强的都强，弱的都弱，很难形成优势互补。反观德邦，其最大的优势就在于地面物流，可以协助东航物流完成货品落地交代作业的"最后一公里"。另外，德邦的跨境业务也做得非常出色，具有国际快件、FBA进仓、电商小包、国际联运四位一体的立体式产品布局，具有欧洲、南北美洲、东南亚、东北亚、大洋洲等40多个国家和地区的国际优势线路，未来还将有望进一步深度拓展欧美及东南亚细分市场。这就与东航物流的业务形成了良好的互补效应，也就是我们说的"高协同性"。

再比如战略投资人中选择联想控股，是因为一方面联想曾有过国企改革的经历，相关经验可以传授分享，在企业文化方面更容易"认同"；另外，联想控股投资版图里的众多企业，均可以与东航物流形成资源互补关系，达到"协同"。

至于另一家战略投资者普洛斯的入场，则帮助东航物流完善其仓储供应链管理系统，助力其开辟区别于其他航空货运公司的业务——即从地面综合服务里延伸出物流产业园业务来。

所以我们能看到，东航物流在选择战投方面的基本逻辑，就是要通过混改引入与东航物流主业存在潜在业务合作机会的战略投资人，通过双方产业链的业务整合，构建"资本+产业"的深度战略协同与业务合作模式，助力东航物流迅速打造航空物流行业生态圈。

在混改进行过程中，东航物流收获了非常亮眼的业绩，至少从业务层面证明此次混改是非常成功的。数据显示，2016至2020年，东航物流营业收入由58.37亿元增长至151.1亿元，营业收入年均增长26.4%；利润总额由4.85亿元增长至36.38亿元，利润总额年均增长57.19%；资产负债率由85.88%下降至37.39%，净资产增长6.72倍。这些数据都显示出东航物流正在完成一次深层次的再造与重生，企业活力、盈利能力和抗风险能力都取得了巨大的进步。

2021年6月9日，东航物流正式登录A股，成为"中国航空混改第一股"。

从东航物流这个案例我们可以看到，所谓的选择战投难，主要原因还是对于混改整体的思路没有理清楚，也就是第一步编写混改方案时草草完成，没有把细节和逻辑想清楚。就好像"磨刀不误砍柴工"，拿着钝刀砍柴，只会越砍越辛苦。

所以要顺利地完成选择战投这一步，第一要明确企业的战略方向，明确自己需要什么样的战略投资者。发展不同的业务类型需要不同的战投来助力，比如企业如果想夯实自己的技术实力，就要找技术方面有能力的战略投资人；如果企业想做大市场，那就要找有渠道拓展能力的战略投资人。第二要明确企业与战投的股权划分，是维持绝对控股、相对控股，还是参股，也有助于战投理解自己在混改中能获得的权利和义务，比如企业给战投10%的股份和给战投40%的股份，对战投的吸引力自然是不一样的。

只要把这两点想透彻了，选择战投就不是什么难事。而关于引战对象和持股比例上，我们也可以从以下几个方面来拓展思路。

方向一：引入产业链上下游的大型集团企业

这类战投最大的优势，是可以为企业带来业务或市场资源。

国企引入战略投资者，最直接的收益就是通过战略投资者的资源和渠道给企业增加收入和利润。在市场经济的大环境下，任何一家企业的生存和发展都离不开市场和客户，而市场化往往是国有企业的短板，比如客户从哪来？市场去哪里拓展？国企的基因使得它习惯于借助政府背景去获取客户，而随着市场经济的充分发展，国企在市场上的竞争短板愈发明显。如何寻找优质的客户和市场，是不少国企转型的痛点。

通过引入一家乃至几家在业务上与国企自身有上下游关系的，能够为公司带来业务资源和拓展市场的业务支持的大型集团企业，进行混合所有制或者股权多元化改革，不仅能够立竿见影地解决国企眼前遇到的难题，还能增加收入和利润，实现国有资产保值增值。这一类战略投资者引入后带来的好处是显而易见的，因此，一般来说应当是国企引战的首选。对于战略投资者来说，双方业务链的整合也会增强其实力，减少行业竞争。这种情况下，战略投资者对于股权比例的诉求也不会太低，一般来讲，至少要在30%以上，甚至会希望控股。国有企业需要结合自身的发展需求，制定合适的谈判策略。

比如我们曾经为A公司引入战投，A公司是中南地区某央企的子公司，从事国家某战略行业的设备制造和生产，由于市场小客户少，市场化程度低，发展缓慢，企业职工薪酬水平低，难以留住人才，企业发展自然也受到影响。对A企业而言，混改首先要解决的就是企业的生存和发展问题，换句话说，就是要开拓市场。后来，该企业没有继续做混改，而是引入了南方某大型地方国企进行了股权多元化改革。

在这里也多提一句，很多领导分不清股权多元化与混合所有制改革。国企引入其他国企或者央企，都属于股权多元化，而不是混合所有制改革。混合所有制的核心是要引入非公资本。但的确在我们的统计数据中，不少地方都将股权多元化计入了混改的数据当中，这是不正确的。

不过对国企改革而言，混改只是手段，企业的发展才是最终目的。不管是引入国企还是民企，不管是股权多元化还是混合所有制改革，只要能让企业的经营效率提升，利润情况好转，也没有必要纠结到底是股权多元化还是混合所有制改革。A公司进行股权多元化改革以后，借助战略投资者及其子公司的市场渠道和影响力，在地方上拓展了不少业务。不到两年，A公司的营收和利润就翻了几番，职工的薪酬水平也大大提高，技术人才占比不断提高，战略行业的国家任务也保质保量完成。

方向二：引入行业内的技术领先企业

这类战投最大的优势，是助力企业转型升级。

现在国企的发展还面临产业升级的环境压力。长期以来，中国产业发展面临缺乏自主知识产权的关键技术、国际竞争压力加剧、体制机制障碍等问题，高效实现产业升级也是国有企业在产业升级大背景下的责任担当。由于体制机制的因素，不少国有企业在自身所处行业的技术研发和市场应用上都与市场有较大差距，通过引入在行业内具备技术领先优势的企业作为战略投资者，能够有效促进企业自身技术水平的提升，为企业转型升级赋能，增强市场竞争力。

一般这一类战略投资者并不执著于对产业链的控制，更多的是考虑到对产品质量的提升，市场占有率的提升，或者技术应用范围的拓展等等，其对股权比例的诉求相对也不太高，往往不会有控股的需求，一般在30%左右就可以接受。因此，与这类企业的混改，核心在于如何借助战投方的技术领先优势，提升自己的产业竞争实力。

我们辅导过的一家公司就是类似的情况，这家公司是东南地区某地方政府平台公司，随着智慧城市的概念在城市规划中逐步落地，地方政府需要借助一家市属国有企业来统筹并参与智慧城市的规划和建设，这个任务就落在了该公司头上。但是该公司在智慧城市领域既没有业务优势，也没有技术积累，如何快速提升智慧城市产业相关能力，完成政府交办的任务，成为当务之急。通过对自身优劣势的深入分析，我们协助这家公司制定了与智慧城市行业龙头企业混改的方案，双方共同出资设立一家专门从事智慧城市建设相关业务的公司，由国企控股。战投方的技术优势加上国企的市场优势，新公司很快发展起来，当年就完成了组建任务，很快在当地智慧城市建设中发挥了主力军作用。

方向三：引入知名投资机构

这类战投最大的优势，是助力上市，规范公司治理。

国企改革三年行动方案明确鼓励国有企业推进整体上市，上市也是国有企业混改的方式之一。各省市国资委在推动本地国有企业上市进程上也是不遗余力，纷纷制定了上市计划。上海市国资委负责人曾在政策吹风会上透露，上海市国有企业中，科创板上市企业及储备企业总量近40家，整体和核心业务资产上市企业占比达到2/3。湖北省制定了上市后备"金种子"计划，推动国有企业利用资本市场加快发展。2020-2021年度全省上市后备企业的重点培育对象，已经达到100家"金种子"企业、53家"科创板种子"企业。

对于企业本身，上市最重要的要求是盈利能力。国企长期以来的经营惯性，重视政府属性和社会责任，对盈利性并不敏感。而投资机构追求资本收益的最大化，天生追求高盈利，且其对公司治理的规范性要求更高，更为熟悉资本市场，与资本市场对企业的要求较为接近。在国企混改进程中，适时地引入投资机构，有利于企业规范公司治理，扩大企业影响力，更快地达到上市企业对盈利性的要求，促进上市工作的顺利开展。这类战略投资者更加关注的是投资收益，控制权一般不是其关注重点，15%左右的股权比例比较适宜。企业如何提升快速提升自身的盈利性，规范公司治理，是引战谈判时的重点。

比如某地一家传统制造业企业，在所从事领域有着多年的业务和技术积淀。地方国资委制定了上市公司培育计划，该公司在名单之列。同时，该公司所处行业正在面临转型升级的压力，迫切要求革新技术，产品更新换代，适应市场的需求。该公司积极寻求变革，对内改革，对外引战，并制定了5年上市计划。公司大股东和现有战略投资者都是所在传统行业的上下游企业，对于资本市场并不熟悉。为了更好更快地推进上市计划，同时完成混改的要求，该公司在引入战略投资人的时候，选择了一家投资机构，借助投资机构的专业性，规范公司治理，适应资本市场的要求，有序推进上市工作。很快，在专业投资机构的助力下，证券公司、会计师事务所、律师事务所陆续进场辅导。对于该公司的上市基础条件，专业机构在初步方案评审时纷纷给出了较好的评价。上市这个目标，对于该公司仅仅是时间问题了。

所以，只要理清楚基本逻辑与思路，引进战投并不像想象中那么难，虽然在实践中，国有企业引进战略投资者的情况更加复杂，但只要在梳理好企业战略的基础上，结合公司发展需要，选择合适的时机，分类选择、择优引进，一切困难也可以迎刃而解。

方向四：做好引战后的资本运作方案

大部分国有企业在引入战略投资人之后，都需要对未来有一个更长远的规划，而大多数企业资本运作的最终目的都是为了IPO。因此，引战后的资本运作方案不可或缺。企业需要前瞻性地规划从混改到IPO之间的路径，而要做好这个规划，首先要看我国资本市场体系的架构是什么样子。

目前我国的多层次资本市场体系主要包括场内市场和场外市场。场内市场就是主板、创业板、科创板和北交所，自从深交所主板和中小板合并之后，基本形成了深交所"主板＋创业板"、上交所"主板＋科创板"和北交所三大市场，而场外市场则是新三板，以及区域性的股权交易市场。

图 4-1　我国多层次资本市场

其中，主板对发行人（企业）的营业期限、股本大小、盈利水平、最低市值等方面的要求标准较高，上市企业多为大型成熟企业，具有较大的资本规模以及稳定的盈利能力。

创业板大多从事高科技业务，具有较高的成长性，但往往成立时间较短，规模较小，业绩也不突出，但有很大的成长空间。

科创板是独立于现有主板市场的新设板块，主要针对新技术、新能源、高端制造、环保、生物医药等新兴领域，相比较其他三个板块，科创板允许企业在未实现利润的情况下上市。

北交所则是 2021 年 9 月新成立的全国性证券交易所，主要是为了深化新三板改革，打造服务创新型中小企业而设立。

（一）上海及深圳主板 IPO 要求

在各个资本市场板块中，沪深主板是要求最高的板块，在此仅简单列举 IPO 需要的核心内容如下。

主体资格：A 股发行主体应是依法设立且合法存续的股份有限公司；发行人必须持续经营 3 年以上。由有限责任公司按原账面净资产整体折股，改制变更设立的股份有限公司的经营期限可以连续计算。

公司治理：发行人已经依法建立健全股东大会、董事会、监事会、独立董事、董事会秘书制度，相关机构和人员能够依法履行职责。内部控制制度健全且被有效执行，能够合理保证财务报告的可靠性、生产经营的合法性、营运的效率与效果。

独立性：应具有完整的业务体系和直接面向市场独立经营的能力；资产应当完整；人员、财务、机构以及业务必须独立。

同业竞争：与控股股东、实际控制人及其控制的其他企业间不得有同业竞争；募集资金投资项目实施后，也不会产生同业竞争。

关联交易（企业关联方之间的交易）：与控股股东、实际控制人及其控制的其他企业间不得有显失公平的关联交易。发行人应完整披露关联方关系并按重要性原则恰当披露关联交易，关联交易价格公允，不存在通过关联交易操纵利润的情形。

财务要求：也是最关键最核心的要求，最近 3 个会计年度净利润均为正数且累计超过 3000 万元（实操中，最近一年利润建议为 8000 万元以上）；最近 3 个会计年度累计净经营性现金流超过 5000 万元或累计营业收入超过 3 亿元；无形资产与净资产比例不超过 20%；最近一期期末不存在未弥补亏损；过去 3 年的财务报告中无虚假记载。

股本及公众持股：发行前公司股本总额不少于 3000 万元；公众持股至少为 25%；如果发行时股本总额超过 4 亿元，发行比例可以降低，但不得低于10%；发行人的股权清晰，控股股东和受控股股东、实际控制人支配的股东持有的发行人股份不存在重大权属纠纷。

其他要求：发行人近3年内主营业务和董事、高级管理人员没有发生重大变化，实际控制人没有发生变更。发行人的注册资本已足额缴纳，发起人或者股东用作出资的资产的财产权转移手续已办理完毕，发行人的主要资产不存在重大权属纠纷。发行人的生产经营符合法律、行政法规和公司章程的规定，符合国家产业政策；近3年内不得有重大违法行为。

（二）科创板和北交所的要求差异

科创板开板三年来，上市公司已经扩容至428家，总市值规模达到5.53万亿元，其中江苏科创板上市企业有81家，领跑全国。

科创板的最大亮点就在于上市条件不仅仅是财务指标一条要求，而是突破性地列了五套指标体系，满足其中任意一套即可。这就为生物医药、数字经济等领域内部分市值很高但利润尚未展现的公司提供了上市渠道。

这五套指标主要内容如下。

（1）预计市值（市值评价标准为最近一轮投资机构对其投资的估值或上市发行时的估值）不低于人民币10亿元，最近两年净利润均为正且累计净利润不低于人民币5000万元，或者预计市值不低于人民币10亿元，最近一年净利润为正且营业收入不低于人民币1亿元。

（2）预计市值不低于人民币15亿元，最近一年营业收入不低于人民币2亿元，且最近三年研发投入合计占最近三年营业收入的比例不低于15%。

（3）预计市值不低于人民币20亿元，最近一年营业收入不低于人民币3亿元，且最近三年经营活动产生的现金流量净额累计不低于人民币1亿元。

（4）预计市值不低于人民币30亿元，且最近一年营业收入不低于人民币3亿元。

（5）预计市值不低于人民币40亿元，主要业务或产品需经国家有关部门批准，市场空间大，目前已取得阶段性成果，并获得知名投资机构一定金额的投资。医药行业企业需取得至少一项一类新药二期临床试验批件，其他符合科创板定位的企业需具备明显的技术优势并满足相应条件。

另外，还有其他的上市条件：符合中国证监会规定的发行条件；发行后股本总额不低于人民币3000万元；首次公开发行的股份达到公司股份总数的25%以上，公司股本总额超过人民币4亿元的，首次公开发行股份的比例为10%以上。

2021年9月3日，为了更好地服务新三板的企业，北交所正式成立。也正因为此，如果要在北交所IPO，一个主要的前提就是要求发行人为在全国股转系统连续挂牌满12个月的创新层挂牌公司，也就是说，只有先在新三板挂牌，才可以在北交所IPO。

截至2022年5月，北交所共有89家上市公司，江苏继续以16家公司独占鳌头。而且从2021年年报来看，江苏16家公司全部实现盈利，其中营收最高的是禾昌聚合，为9.77亿元，净利润最高的森萱医药为 1.31 亿元，营收最少的是通易航天，为 1.04 亿元，利润最少的旭杰科技也有 2010.91 万元。

北交所的上市条件与科创板类似，也涉及了多个指标体系，具体如下。

（1）预计市值不低于 2 亿元，最近两年净利润均不低于 1500 万元且加权平均净资产收益率平均不低于 8%，或者最近一年净利润不低于 2500 万元且加权平均净资产收益率不低于 8%。

（2）预计市值不低于 4 亿元，最近两年营业收入平均不低于 1 亿元，且最近一年营业收入增长率不低于 30%，最近一年经营活动产生的现金流量净额为正。

（3）预计市值不低于 8 亿元，最近一年营业收入不低于 2 亿元，最近两年研发投入合计占最近两年营业收入合计比例不低于 8%。

（4）预计市值不低于 15 亿元，最近两年研发投入合计不低于 5000 万元。

由于北交所 IPO 的前提条件是在新三板创新层挂牌满 12 个月，我们也来看下新三板挂牌公司进入创新层的条件。新三板每年 1、2、3、4、5、8 月的最后一个交易日会启动进层安排，也就是说，如果符合要求，每年有 6 次机会进入创新层，而且集中在上半年。从指标要求来看，也是多指标体系。

（1）最近两年连续盈利，且净利润均不少于 1000 万元；最近两年加权平均净资产收益率平均不低于 6%；股本不少于 2000 万元。

（2）最近两年营业收入连续增长，且年均复合增长率不低于 30%；最近两年营业收入平均不低于 8000 万元；股本不少于 2000 万股。

（3）最近两年研发投入累计不低于2500万元，截至进层启动日的24个月内，定向增发融资金额不低于4000万元，且每次发行完成后以该次发行价格计算的股票市值不低于3亿元。

（4）最近有成交的60个交易日的平均市值不少于3亿元；采用做市交易的，做市商家数不少于4家；采用集合竞价交易的，前60个交易日累计成交量不低于100万股；股本不少于5000万元。

另外，在挂牌同时或挂牌之后，还需要通过定向增发普通股、优先股或者可转债，完成融资金额累计不低于1000万元。

（三）资本运作方案设计

在选择战投的同时，我们一般都会建议企业撰写一份商业计划书。撰写过程即向内自我审视的过程，审视公司的战略是否合适，商业模式是否盈利，定价是否合理，是否能够吸引投资人的注意力。而这些都通过商业计划书来展现。很多企业在设计好混改方案之后，就开始通过各种渠道寻找战略投资人，但是战略投资人更关注的，恰恰是商业计划书里的这些核心内容，也就是说，我把钱投给你之后，按照你的发展规划，我能得到什么回报。

不少企业对商业计划书，也就是我们常说的BP（Business Plan）感到很陌生，不知道应该怎样撰写。或者写出来的，只能算是一份企业简介，而不是一份BP。严格意义上说，商业计划书应该是一份全方位的项目计划，其主要意图就是提交给战略投资人，以便于他们能对企业或项目做出评判，从而使企业获得融资。因此，需要从战略投资人的角度去思考，撰写战略投资人感兴趣的内容，包括企业成长经历、产品服务、市场营销、管理团队、股权结构、组织人事、财务、运营、融资方案等等。毕竟融资一般都是涉及几百万上千万的项目，战略投资人必须深度了解企业之后，才能给出恰当的意见。

而有了一份好的商业计划书，一方面，可以帮助企业重新审视自己的战略规划，而在审视战略的同时，厘清企业最急迫需要引入的到底是哪一类型的投资人，是技术大咖，还是市场开拓者，或者是品牌合作方等等；另一方面，厘清了上述内容，在选择战投上，就会有更清晰的战投画像，让引战的过程事半功倍。

另外，商业计划书还有很关键的一部分，就是后续的资本运作规划。因此对于战略投资人而言，更关心的是企业的未来，也就是说，在拿到了我的钱之后，后面的计划是什么样子的，是有了这笔钱，就可以"四两拨千斤"，撬动企业后续所有的商业运营了；还是随着企业的发展，需要源源不断地资金支持，那这些资金的来源又是什么，是进一步股权融资，还是发债，或者 IPO？

战略投资人最乐意看到的，当然是企业能够 IPO 上市。那么，企业需要几年才能达到 IPO 的要求，在达到 IPO 要求之前还需要多少资金投入，这些资金投入计划如何获取等等，就是资本运作方案需要说明的内容。

我们在为江苏省一家大数据公司做资本运作规划的时候，首先分析了公司所处的行业情况，明确数字经济已经进入快速发展期，在《江苏省国民经济和社会发展第十四个五年规划和二〇三五年远景目标纲要》（苏政发 [2021]18 号）、《中共江苏省委江苏省人民政府关于全面提升江苏数字经济发展水平的指导意见》（苏发[2022]7号）、《江苏省"十四五"数字政府建设规划》（苏政办发[2021]61号）等多个文件中都对江苏省数字经济发展规划给出了明确的指导意见。

而从行业的情况来看，企业的发展主要面临三个方面的压力。一是公司发展落后于行业发展的压力。数字经济已经进入行业爆发期，无论是企业自身的发展，还是投资机构的介入，都预示着数字经济行业发展已经进入快车道。一般在行业的快速发展期，也正是中小企业抢占市场份额并成为头部企业的机会所在，此时"不进则退"，如果不能以快于行业的速度扩张，那么将错失发展良机。二是统一大市场规划下被合并的压力。2022年4月10日，国务院印发的《关于加快建设全国统一大市场的意见》提出，加快培育统一的技术和数据市场。从统一大市场的角度来看，接下来各地可能都会成立自己的数据公司，不能占据主导地位，未来就有可能被其他龙头合并。三是人才储备跟不上发展需求的压力。大数据公司是人才密集型产业，需要不断放大"人才—企业—产业—新的经济增长点"的链式效应，才能推动大数据产业高质量发展。该公司在快速发展的同时，需要引进大量的高端技术人才，包括大数据架构师、大数据工程师、数据产品经理、数据科学家等等。但作为国企下属子公司，在选人用人等方面受限较多。

因此，为了应对上述压力，我们为企业设计资本运作方案如下。

第一是以并购为目的迅速展开增资扩股。企业的发展离不开资本的支持，扩大资本规模有助于在行业中迅速占据有利位置，提升行业集中度。虽然数字经济行业目前优质公司已显雏形，但市场化的行业整合及专业版图细分并未真正启动，在此时借助资本力量，可以快速形成规模效益。

第二是在夯实资本之后，沿自身产业发展路径实施并购。通过并购重组的方式，可以克服企业自我发展时周期长、资源获取及配置困难等因素对发展速度的制约，在极短的时间内，以较低的风险和成本迅速抢占战略资源高地。而具体的并购方向、并购标的等等，我们则根据企业自身的情况进行了详细的设计。

第三是落实员工持股，夯实改革成果。从前文中国建材的案例中我们可以看到，在频繁的收购中，中国建材往往同时实施员工持股计划。董事长宋志平在多个场合表示，企业不能只看到厂房、机器和现金，对企业而言，最重要的是活生生的人。如果并购回来的员工活力不足，企业又如何有发展、有利润？因此，在并购的同时，让被并购企业员工在上级公司持股，有效地将员工的利益与公司的利益绑定在一起。如果员工想要更丰厚的收益，那就必须同心协力，将企业做好。

最后，则是未来的IPO路径。根据企业自身情况和财务数据，我们认为北交所是较好的选择，因此建议企业同步启动新三板挂牌事宜，可以选择先挂牌基础层，达到要求后转入创新层；或者待到满足创新层要求后直接挂牌创新层。达到北交所IPO要求后，正式启动上市流程。

第五章

公司治理的权衡

问题一：股东之间如何权衡

问题二：党委会和董事会孰轻孰重

问题三：经理层如何打造职业经理人

权衡一：党委会前置研究讨论清单

权衡二：国有股东权利清单

权衡三：董事会决策事项清单

权衡四：经理层经营权限负面清单

2017年4月24日，为改进国有企业法人治理结构，完善国有企业现代企业制度，国务院办公厅印发了《国务院办公厅关于进一步完善国有企业法人治理结构的指导意见》。文中提到，到2020年，党组织在国有企业法人治理结构中的法定地位更加牢固，充分发挥公司章程在企业治理中的基础作用，国有独资、全资公司全面建立外部董事占多数的董事会，国有控股企业实行外部董事派出制度，完成外派监事会改革；充分发挥企业家作用，造就一大批政治坚定、善于经营、充满活力的董事长和职业经理人，培育一支德才兼备、业务精通、勇于担当的董事、监事队伍；党风廉政建设主体责任和监督责任全面落实，企业民主监督和管理明显改善；遵循市场经济规律和企业发展规律，使国有企业成为依法自主经营、自负盈亏、自担风险、自我约束、自我发展的市场主体。

我们必须承认，在完善法人治理结构上，曾经的尝试和努力历历在目，包括国家层面政策，各部委的文件，都在试图通过简政放权，激发微观经济的活力，提高国有企业的管理效率和效益。但是，鉴于国有资本的一股独大，"大股东说了算""一竿子插到底"还是在所难免。

这些问题在国有独资或全资企业中，矛盾还不是特别明显，但到了混改企业中，由于混改企业的股东包括国有企业、民营企业，有些还包括员工持股平台，这些非公经济股东对公司治理会提出新的诉求，会带来公司治理的实质性改变，也会给国有企业的管理和运营带来新的挑战。

法人治理结构是现代企业制度中最重要的组织架构。按照《公司法》的规定，法人治理结构由四个部分组成：股东会或者股东大会，由公司股东组成，所体现的是所有者对公司的最终所有权，是公司的最高权力机构；董事会，由公司股东大会选举产生，对公司的发展目标和重大经营活动作出决策，维护出资人的权益，是公司的决策机构；监事会，是公司的监督机构，对公司的财务和董事、经营者的行为发挥监督作用；经理层，由董事会聘任，是经营者、执行者，是公司的执行机构。

法人治理结构是一套成熟的理论体系，我们在这里并不关注理论体系本身的相关内容，比如董事会要如何设置，监事会规则等等，我们更侧重于讲述在此次国企改革中，在法人治理结构中纳入了非公经济和管理团队之后，原有的国有股东、非国有股东、管理团队之间要如何通过董事会、监事会、经理层的设置来达到一种"共赢"的平衡点。

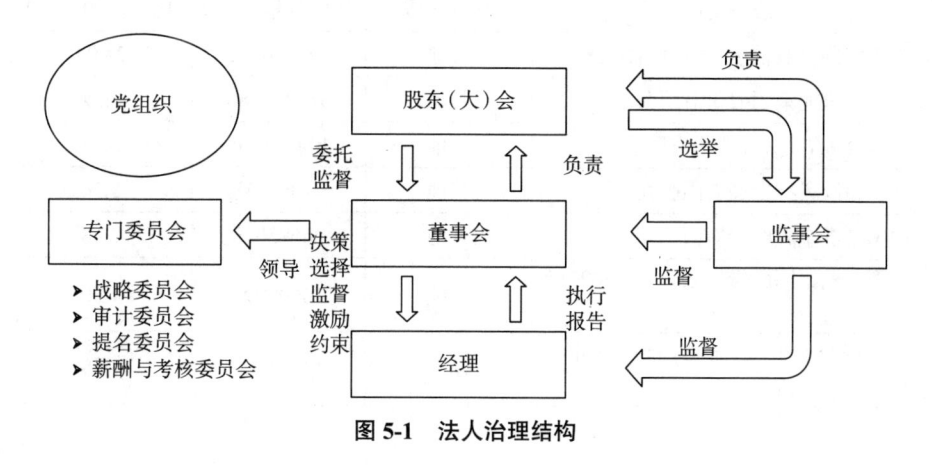

图 5-1　法人治理结构

问题一：股东之间如何权衡

云南白药的历史可以追溯到1902年，为云南当地名医曲焕章所创建的"曲焕章万应百宝丹"，该药对于跌打损伤、创伤出血具有良效。1971年6月云南白药厂正式成立。1993年12月15日，"云南白药"登陆深圳证券交易所，成为云南第一家上市公司。

2006年股权分置改革后，云白药股票更名为云南白药。2011年，云南白药集团启动"新白药、大健康"的发展新战略。2016年，云南白药集团开启混合所有制改革，在2017年底形成了云南省国资、新华都、江苏鱼跃分别占比45%、45%、10%的股权结构。后期又通过吸收合并等系列操作，最终形成云南白药股权结构如下。

表5-1　云南白药前十大股东（2021年年报）

股东名称	股东性质	持股数量（股）	持股比例（%）
云南省国有股权运营管理有限公司	其他	321160222	25.04
新华都实业集团股份有限公司	其他	311244460	24.26
云南合和（集团）股份有限公司	其他	104418465	8.14
江苏鱼跃科技发展有限公司	其他	71368938	5.56
中国证券金融股份有限公司	其他	26695078	2.08
云南白药集团股份有限公司－2021年度员工持股	其他	16699997	1.30
瑞银资产管理（新加坡）有限公司－瑞银卢森堡投资	QFII	14041806	1.09

续表

股东名称	股东性质	持股数量（股）	持股比例（%）
中央汇金资产管理有限责任公司	其他	11869600	0.93
全国社保基金——零组合	全国社保基金	9327062	0.73
合计		957743074	74.66

云南白药的混改曾经被誉为成功的典范，国有企业是第一大股东，但不具有控股地位，新华都和鱼跃两家民营企业联合起来，就可以对国资掣肘。这套公司治理体系在当时看来是达成了国资与民营微妙的平衡。但是，2020年下半年之后，国资股东连续六次在股东会议上投出反对票。

这六次分别是2020年7月15日云南白药拟引入战略合作伙伴祥源控股、7月15时拟为高管购买职业责任保险、7月底拟认购万隆股份的可换股债券、10月拟设立云南白药海南国际中心、12月中收购安徽金健桥医疗科技公司和12月底旗下大理置业股权转让。

比如最后一次大理置业转让的分歧，主要是因为云南白药旗下全资子公司白药投资拟将其持有大理置业82.36%股权全部转让给大理置业的另一股东上海源业实业，后者持有大理置业17.64%股权。该议案以"7票同意，3票反对"通过董事会。

而投出反对票的三名董事皆为国资股东派驻的董事。反对理由主要如下，一是认为出让大理置业不符合云南白药发展大健康产业的定位，大理置业是云南白药为打造大健康养生创业园项目成立的企业。二是认为7月份上海源业才作为战略投资者向大理置业增资，半年不到，云南白药就以退出非主营业务及相关项目等为由，转让所持全部股权至上海源业公司，两次经济行为意图和目的自相矛盾。三是对于"定向协议转让"的交易方式提出质疑，认为交易方式有造成国有资产流失的嫌疑。四是认为本次定价所依据的评估报告中交易标的所涉核心资产取值依据不合理，评估计算过程中存在错误。

我们且不论到底谁的观点更正确一些，但可以看到的是，即使云南白药这种混改的标杆企业，也依然存在国企与民企股东矛盾不断的问题。云南白药当时设计混改方案时，为了给予民营企业更多的话语权，特地设计了国资与民企股份旗鼓相当的股权方案，以求在董事会重大决策上，双方可以相互制衡，但结果却变成内讧不断，这种争执不下无疑会对云南白药的长期发展构成相当不利的影响。

这种分歧虽然是意料之外，却是情理之中，国资与民企本身的诉求就存在很大的差异。毕竟民营企业的目标就是追求利润最大化，而国企相对而言考虑的会更多一些，包括对国有资产流失的担心，对风险控制的强化，对错误决策需要担责的顾虑等等，因此双方在合作的过程中，因彼此诉求不同而产生矛盾是很正常的现象。这其实也是提示我们，在混改时，前期股东之间的沟通与协商非常重要，利益的分配与制度的确定也非常重要。像云南白药这种分歧，并不能只简单视为"正常磨合"，而是国资与民企之间已经开始存在互不信任的裂痕。

其实像云南白药这种股权结构，是很容易埋雷的。我们一直都强调在股权设计中，有几个原则是必须要注意的。

第一，股份要有差异，不要搞平衡。

在国有企业引入民营资本的"混改",或者民营企业引入国有资本的"反向混改"中,我们一直倡导"三因三宜三不",即"因地施策、因业施策、因企施策","宜独则独、宜控则控、宜参则参","不搞拉郎配,不搞全覆盖,不设时间表"。尤其在"宜独则独、宜控则控、宜参则参"中,我们认为,要控就要控得干脆,要参就彻底放弃控股权,而这种和民营各占一半的股份划分,是最容易出问题的。

在股份划分上的差异性是非常重要的。要么是国资占大头,当然民营资本的股份也不能太少,最好在1/3以上,这样,一方面,在企业经营上,大家都清楚国资占据主导地位,另一方面,在重大事项表决上,民营资本也有一票否决权,不用担心被国资"大鱼吃小鱼"。要么就让民营资本占大头,在企业经营上民资说了算,实在不满意的重大事项,国资行使一票否决权来否决。但最忌讳的就是云南白药这种,谁都不够大,谁都不能完全说了算,民营资本想按照自己的思路经营,国资这边又不放心彻底放手,于是就拉拉扯扯,摇摇摆摆,冲突不断,最后哪种经营方针都落实不下去,落实不好,最终影响到企业的长远发展。

第二,有制度要遵守,不要搞特殊。

对于混改企业来说,一定要做到"依法治企",而这个法,就是"公司章程"。国家有法律,企业有规章。公司章程就是企业成长的宪法、基本法,对所有股东有约束力,对企业基本方向有规范力,它的制定就需要非常谨慎严肃地对待。

对于不少企业而言,之前的公司章程可能都是工商部门或者集团内部的统一模板，换个名字就可以，内容都是"换汤不换药"。对于国有全资或者国有独资企业而言，章程用模板问题也不大，毕竟股东和董事基本都是"自己人"。但对于混合所有制企业，就涉及股东之间权利的边界、责任的协商，股东会和董事会的权责划分等等，这一切都是国企管控机制优化和调整的前置要素、前提基础，因此，使用标准的章程结构，就容易在后续股东之间"埋雷"。

第三，有政策要利用，不要"一刀切"。

我们在实际操作中经常会遇到一些案例，国资既想让民营企业来运营企业，利用民营资本的活力把企业盘活，又不想放弃控股权，希望企业盈利之后还可以并表，就是"鱼与熊掌兼得"。其实只要交易架构设计得好，也不是不可能的事情。比如在2020年5月发布的《关于新时代加快完善社会主义市场经济体制的意见》中就提到，"对充分竞争领域的国家出资企业和国有资本运营公司出资企业，探索将部分国有股权转化为优先股，强化国有资本收益功能。支持符合条件的混合所有制企业建立骨干员工持股、上市公司股权激励、科技型企业股权和分红激励等中长期激励机制。"

而其中提到的优先股，就是被大多数企业所忽略的一个非常好的工具，优先股可以破解混改推进过程中的一个难题，即国有资本保值增值与股权多元化情况下的公司治理优化。其实早在2013年，国务院就发布了《关于开展优先股试点的指导意见》。2015年，国务院发布的《关于国有企业发展混合所有制经济的意见》中也提出，探索完善优先股和国家特殊管理股方式。国有资本参股非国有企业或国有企业引入非国有资本时，允许将部分国有资本转化为优先股。

在少数特定领域探索建立国家特殊管理股制度,依照相关法律法规和公司章程规定,行使特定事项否决权,保证国有资本在特定领域的控制力。

优先股可以优先于普通股分配公司利润和剩余财产,让部分国有股权转化为优先股,可以强化国有资本收益的功能。如果要保持国有资本在参股特定领域时的控制力,也可以设立特殊管理股,用于行使特定事项的否决权。比如我们曾经做过的一个案例,国有企业希望将旗下的亏损子公司与民营资本混改,主要由民营企业经营,但是又不想放弃控股权,我们就使用优先股来"破局",在混改方案设计中,国有企业持有一部分普通股,一部分优先股,民营资本只持有普通股,这样在开始的三年,由于优先股只有分红权,没有表决权,因此在股东表决上,民营企业说了算。等三年之后,如果企业顺利盈利,那么国有企业就将持有的优先股转回成普通股,实现并表;如果企业不能够盈利,就破产清算,优先股具有优先清算权,也保障了国有资本的安全,实现双赢。

问题二:党委会和董事会孰轻孰重

混改企业有别于国有独资或者国有全资公司的最大不同,就是非公经济股东的存在，根据非公经济占有的比例不同，又可以分为国有控股企业和国有参股企业。如何处理好党委会与董事会之间的关系，是国有控股的混改企业所面临的一个问题。

一家民营企业S公司，从事中药材的研发、生产和销售，在业界享有一定的品牌知名度。为了扩大规模，同时发展地方特色经济，经国资委批准，当地药投集团投资了这家企业，采取反向混改的方式，控股S公司，其中国资占比51%，民企占比49%。

混改之后，公司成立了股东大会，也按照公司章程建立了党委会和董事会。经理层大部分是原S公司的人员，原"老板"担任总经理，主要负责日常的生产经营。

公司经过一段时间的运营之后，特别是随着"三重一大"制度的确立，经理层的大部分权限被列入"三重一大"清单，公司党委会的研究事项也基本涵盖公司的绝大部分决策事项，从而引起公司经理层和党委会、党委会和董事会、党委会和股东会等治理结构之间的关系纠葛。对于民营企业而言，其原有的公司治理结构中并不存在党委会，对于党委会本身的制度体系十分不熟悉。因此，党委会和董事会到底孰轻孰重，就成为很多混改企业头疼的事情。

在一般的企业治理中，企业的股东会作为最高权力机构，在企业治理中具有决定性地位和作用。股东会之下，由股东推荐合格的董事、监事组成董事会、监事会，负责决策和监督，再由董事会负责选聘经理层负责具体经营，各治理主体按照公司法行使所赋予的权利，履行相应的义务。但是在国有企业或国有控股企业中，由于所有者缺位问题，同时又存在党委会这一特殊治理主体，治理机制要实现有效制衡比一般国企难度更大。这主要体现在如下方面。

党委会包办一切。改革开放以来，对国企党委的定位历经了多次改变。十八大以来确立的国企党委定位是把方向、管大局、促落实。很多人把这个定位理解为党委决定一切，这就很容易把党委在企业治理中的作用扩大化。目前，不少企业几乎把董事会和经理层议案都交给党委会前置审议，而且为了不担责，往往把前置审议当成前置决定，甚至有人找理由说"党委会都审议通过了，还有什么不放心呢，难道是对党不放心吗？"实际上，在整个国有企业的治理结构中，党委会只是其中的一环，其所发挥的作用应该限制在其应该且能够发挥作用的范围内。否则其他治理机构就失去了存在的价值。

董事会"走过场"。目前，很多国有企业董事会变成了"走过场"，丧失了应该具备的决策功能，究其原因，其一，利益主体单一，党委会、董事会、经理层成员都是上级任命或推荐的，而且成员经常是高度重叠的，根本上都是听上级单位的，这样，在企业内部就很难形成有效制衡。其二，党委会的成员基本上都是企业实际经营人员，对企业经营情况非常了解，在把握方向和原则方面一般也不会有什么大问题，议题党委会或经理层都审议通过了，董事会一般也不会有反对意见。这样一来，时间长了，董事会就容易变成"走过场"。

经理层有责无权。企业经理层应该是日常经营管理的主体，日常经营的好坏，责任应该由经理层来承担。很多企业把党委会作为日常经营管理的主体，大事小事统统都交给党委会来决策，导致经理层实际上有责无权。而且，目前国有企业一般都是董事长和党委书记一肩挑,同时还是企业的法人代表,日常的合同签字盖章都需要董事长亲力亲为。由于其担心潜在的法律责任,常常要详细过问具体经营事项,不敢放心授权,由此导致经理层在日常经营上很难真正作出最后的决策。

因此,党委会和董事会到底孰轻孰重?是党委会前置"党管一切",还是"董事会中心主义"?这真的是公司治理结构当中的一大难题。我们初步做了一个探索性的讨论,认为首先还是要把握好以下几个方面。

第一,要厘清权责边界。

把治理主体的权责边界搞清楚是企业治理的最基础要求,如果具体事项由谁决策、谁执行、谁监督都搞不清楚,又何谈有效制衡呢?《国企改革三年行动方案》提出不同层级、不同类型企业要结合实际,制定本单位党委前置研究讨论重大经营管理事项清单,厘清各治理主体权责边界。目前很多混改企业简单沿袭原有的国企治理机制,没有实施差异化的管控,仍然存在党委会有权无责的问题。还有很多混改企业忽视企业发展需要,把日常经营决策事项都纳入"三重一大"清单,交给党委会前置审议,导致企业关键资源内耗,结果就是无效制衡,反而阻碍企业发展。

某家生态发展有限公司成立于2019年9月,由永定河流域投资有限公司、怀来县政府、北京某投资顾问有限公司三方共同出资组建,其中北京某投资顾问有限公司为民营资本,占股20%,公司章程规定总经理由民营方派出。

该公司致力于全面改善永定河怀来区域水生态,恢复官厅水库为首都战略备用水源地，在永定河流域及官厅水库周边打造全国山水林田湖草全要素生态样板。

由于民营方占股比较低，企业便通过制定重大事项决策清单厘清了各治理主体的边界，赋予总经理更多的决策自主权，有效地提高了公司的决策效率，提高了公司的治理水平。

表 5-2　　　　某生态发展有限公司重要决策事项清单

序号	决策事项	公司议事条款	决策主体		
			党委会	总经理办公会	董事会
1		公司经营班子成员的任免	研究讨论	/	批准
2	重要人事任免	公司向全资子公司、项目公司委派或者更换董事、股东代表监事，向控股、参股企业委派、更换或推荐股东代表、董事（候选人）、股东代表监事（候选人）和经营层、财务负责人等高级管理人员人选	研究讨论	决定	/
3		高级技术、管理和技能专家的聘任、解聘	研究讨论	决定	/
4	……	……	……	……	……

第二，要严格按照规则运行。

一般来说，混改企业的治理结构设置都比较完整，党委会、董事会、监事会一个也不少，但是实际运行过程中往往会出现偏离规则行事的问题。混改企业中，党委会是按照民主集中制原则来决策的，董事会是严格投票来决策的，经理办公会议通常是由总经理做最后决定的，即使各治理主体之间存在成员交叉，也要严格按照各自的规则行事，互相之间可以沟通，但是不能相互替代。如果要求作为董事的党委委员在董事会上必须按照党委会的决定来表决，这样就模糊了治理主体之间边界，忽视了治理主体之间的制衡。如果说，混改前全为国有股东，不容易通过表决机制实现制衡的话，混改后必须要严格按照表决规则进行表决，尊重不同利益主体的权益，否则就是违法行为。

第三，要避免治理主体成员过多交叉。

治理主体要真正起到有效制衡的作用，与治理主体成员的组成是分不开的。目前，很多国有企业的党委会成员和董事会、经理层成员经常是交叉任职的。比如我们做过咨询的一家混改企业，虽然在股权结构中民营股东占了40%的比例，在董事会五个席位中占了两个席位，但是，由于经理层都是党委委员，导致党委会和经理层高度重叠，董事会夹在中间，上面党委会前置，下面经理层执行，董事会的意见似乎已经不重要了。这样的情况下，便难以实现公司治理体系的有效制衡。

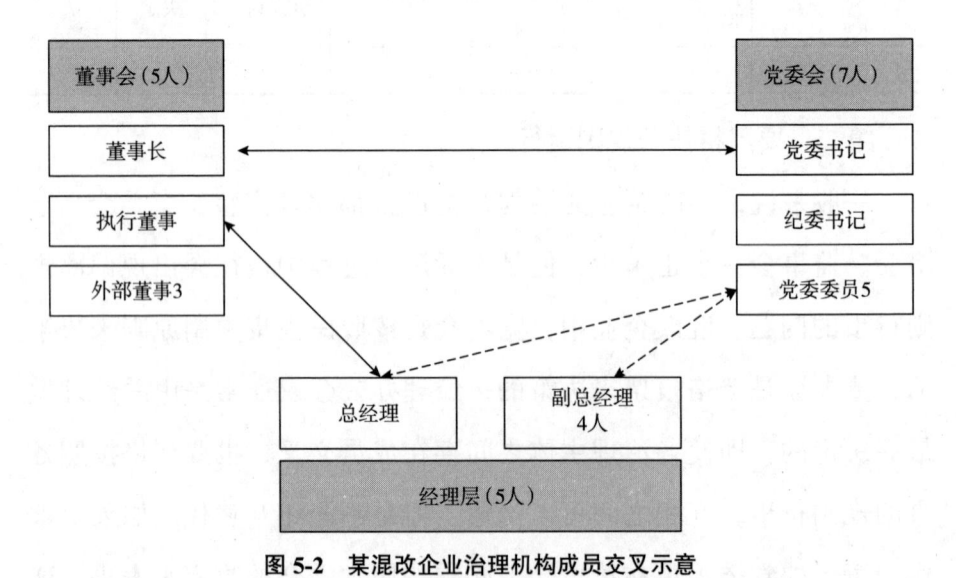

图 5-2 某混改企业治理机构成员交叉示意

问题三：经理层如何打造职业经理人

"火车跑得快，全靠车头带"，任何一个企业要想获得成功，都必须有能带领企业"打仗"的领导人才。对混改企业来说，要想更好地适应市场经济和市场竞争的环境，建立一套适合混改企业领导人员管理机制是非常关键的。国企改革三年行动实施方案中提出，国有企业要建立完善区别于党政领导干部、符合市场经济规律和企业家成长规律的国有企业领导人员管理机制。国有企业需要职业经理人，更需要具有企业家精神的职业经理人。

但是，改革开放以前，国有企业领导干部的管理模式延续了革命战争年代形成并长期坚持、不断完善而且行之有效的一套领导干部管理制度。国企领导干部与党政机关领导干部区别不大，都是按照统一的模式进行管理。

改革开放后，随着国企改革的不断深入，大多数国有企业已经转变为自主经营、自负盈亏的市场竞争主体，因而对优秀企业家和企业家精神产生了更大、更紧迫的需求。2017年9月，中共中央国务院发布了《关于营造企业家健康成长环境弘扬优秀企业家精神更好发挥企业家作用的指导意见》，首次以专门文件提出了国有企业家概念，明确了国有企业家精神的内涵，从新时期国家战略出发，对激发保护弘扬优秀企业家精神、营造国有企业家和民营企业家健康成长环境、更好发挥其作用等都提出了具体举措。

但实际上，目前大多数国有企业在选拔领导干部时，依然无法脱离原有"政企一体"的模式。国企一级企业的领导干部很多都是由政府组织部门来管理的，而国企干部实质上和党政机关干部也是相通的，不少党政领导干部都是从国有企业中选拔而来，也有不少国企领导干部是从党政机关调任过来。这样一来，虽然名义上国企干部取消了类似党政干部的级别，但在大家心里这个级别一直存在着，而且还在发挥着不应有的作用。

对民营企业来说，引入职业经理人已经成为常见的事情。比如北京大学光华管理学院的企业案例库中，就介绍了华峰氨纶引入职业经理人杨从登的案例。

华峰工业集团是一家典型的浙江家族企业，随着发展壮大，也面临着家族企业的通病。原有老股东的思维已经跟不上企业的发展，但又劳苦功高，有着各种盘根错节的势力网络，撼动不得。"去家族化"的制度创新牵一发而动全身，稍有不慎就满盘皆输。因此，华峰集团提出了非常个性的改革思路——"从母体突破，在体外新生，促整体提升"。

1999年，华峰工业集团旗下组建了子公司浙江华峰氨纶股份有限公司。2001年，华峰氨纶引入了江苏籍氨纶专家杨从登担任总经理，同时进行了董事会改选，在9人董事会中引入了5名非家族成员，经理层的7位高管中，非家族成员占据了4个席位。

在几位职业经理人的带动下，华峰氨纶迅速发展壮大。2006年，华峰氨纶在中小板上市。2014年，华峰氨纶的产能达到13万吨，成为行业龙头。而杨从登作为职业经理人，已经在华峰氨纶工作了16年，持股数量也从150万股上升到了1366万股。

职业经理人制度的最大劣势就是短视行为，根据国内外众多企业的实践经验，由于职业经理人的利益回报与其在2~3年聘期内达成的业绩目标高度关联，职业经理人必须把企业短期业绩搞上去，把KPI做漂亮，这就导致其更关注企业的短期目标。因此，在实施职业经理人制度时经常会附加上员工持股，从而"扬长避短"，长期绑定，风险共担，利益共享，防止给企业长远发展造成隐患。

而这个案例的特别之处，除了华峰集团在子公司实施改革实践，成功后反哺母公司的创新思路外，更值得体味的，是总经理杨从登在加入华峰氨纶之前，是在国家大型二类企业连云港钟山氨纶有限公司（即现在连云港工投集团旗下的连云港杜钟氨纶有限公司）任职。

我们的国有企业并不缺乏人才，缺乏的，可能只是从国企领导干部走向职业经理人的一块跳板，只是点燃企业家精神的一枚火种。

尤其对于混改企业而言，推行职业经理人制度就显得尤为重要。2020年，国务院国有企业改革领导小组制定了《"双百企业"推行职业经理人制度操作指引》。但是在实际操作中，职业经理人的推行还比较缓慢。从我们的经验来看，主要问题在于以下几点。

第一，市场化选聘难落实。由于职业经理人市场不成熟，流动性较为有限，混改企业尤其是国企控股的混改企业，还要考虑外聘职业经理人的政治背景以及适应性问题，往往在落实环节遇到各种各样的掣肘问题。很多企业干脆就选择让原有经理层直接"脱身份",但这又带来了新的问题,人还是那群人,事还是那些事,只不过换了个身份,就要拿市场化薪酬,一下子工资比体制内高很多,集团内部往往又没法平衡。因此在项目过会时遇到层层阻力。

第二,体制机制不健全。职业经理人要落实的前提条件,就是"三会一层"的权责要清晰,企业所有权和经营权有效分离,董事会权责落实到位。但现在大多数混改企业的法人治理结构,离权责对等、运作协调、有效制衡的要求还有一段距离。而权责利不能落实到位,势必影响职业经理人的作用发挥。

第三,中长期激励被忽视。我们反复强调,要增强国有经济竞争力、创新力、控制力、影响力、抗风险能力,做强做优做大国有资本,这些都必须要求领导干部有长远的规划,尤其涉及到科技革命和产业变革部分,要有五年十年甚至更长期的规划,才能实现由要素、投资驱动向创新驱动的根本性转变,才能在国际竞争中赢得优势。而这个转变,必须通过中长期激励政策来强化,一定要让领导干部塌下心来,与企业同呼吸共命运,才能真正实现职业经理人的目的。

第四,约束机制不到位。国企普遍存在领导干部"能进不能出,能上不能下,能增不能减",虽然操作指引中提出了"市场化退出",要"从市场中来,到市场中去",但是在实际操作中,也是较难落实的问题之一。如何出,怎么下,企业亏损了要不要减,这些约束机制也往往被忽略。但只有激励没有约束的职业经理人制度,在操作中往往会留下更大的隐患。

因此，实施职业经理人制度不能抱有一蹴而就的想法，必须不断建立完善与国有企业职业经理人制度相配套的机制和环境，最终将国企职业经理人与市场完全打通，让企业真正可以通过竞争机制从市场上选拔到优秀的职业经理人，否则"换汤不换药"，改革就会失效。

权衡一：党委会前置研究讨论清单

混改企业中，股东会、董事会、监事会和经理层之间的关系，在理论上没有什么晦涩难懂的内容，《深化国企改革三年行动实施方案（2020-2022年）》中指出，党委"把方向、管大局、保落实"，董事会"定战略、做决策、防风险"，经理层"谋经营、强管理、抓落实"，各治理主体不缺位、不越位，不相互替代、不各自为政。

但实际当中，如何把握"三会一层"之间的关系，合理地进行权责分类，界定各自的权责界面，往往会存在困扰和操作上的难度。在具体操作过程中，我们往往依靠"四大权责清单"，即《党委前置研究讨论清单》《国有股东权利清单》《董事会决策事项清单》《经理层经营权限负面清单》，将上述要求和企业治理结构以及日常决策运营事项有机结合起来。

混改企业有别于国有独资或者国有全资公司的最大不同，就是非公经济股东的存在。在民营企业里面，党委是相对弱化的。所以在混改企业中，在设置党委会前置决策清单的同时，就是在梳理党委会与董事会之间的关系，这也是混改企业在公司治理模块中最头疼的部分。

2016年10月，《关于印发〈贯彻落实全国国有企业党的建设工作会议精神重点任务〉的通知》（中组发[2016]26号）中进一步要求："健全党组织议事决策机制，厘清党委（党组）和其他治理主体的权责边界，完善'三重一大'决策的内容、规则和程序，落实党组织研究讨论是董事会、经理层决策重大问题前置程序的要求"，正式将"前置研究讨论"确立为国企"三重一大"事项的决策机制。

2017年10月，十九大《党章》修改增写："国有企业党委（党组）发挥领导作用，把方向、管大局、保落实，依照规定讨论和决定企业重大事项。国有企业和集体企业中党的基层组织，围绕企业生产经营开展工作。保证监督党和国家的方针、政策在本企业的贯彻执行；支持股东会、董事会、监事会和经理（厂长）依法行使职权；全心全意依靠职工群众，支持职工代表大会开展工作；参与企业重大问题的决策；加强党组织的自身建设，领导思想政治工作、精神文明建设和工会、共青团等群团组织。"同时在《党章》和《公司法》中确认了"前置研究讨论"在国企治理结构中的最高效力。

很多国有企业在执行党委会前置研究讨论的时候，都会有一个疑惑，就是到底怎么研究讨论？研究完了要不要给结论？如果不给结论，似乎白研究了一场；如果给结论，那是不是又"越权"了董事会的职能？

我们认为，在国有企业的公司治理结构中，尤其是对于混改企业，党委前置研究讨论作用发挥应该秉承三种方式：决定、把关、监督。同时，党委会的地位、作用也应该来自于公司章程的约定，党组织进章程的目的也在于此。

首先，对党组织的建立、党的建设、执行党中央决策部署等重大事项，党委会必须拥有决定权。同时，也按照公司章程的约定，行使党委会对重大人事的决定权。决定权事项经党委（党组）研究决定后，由董事会和经理层负责组织实施，党委（党组）建立跟踪落实和监督机制，确保决定得到有效落实。

其次，对企业重大经营管理事项，党委（党组）必须拥有把关权。党委（党组）行使把关权后，由其他主体最终决策。对把关权事项，党委（党组）主要把好政治关、政策关、程序关，重点是看决策事项的四个"是否"：是否符合党的路线方针政策，是否契合党和国家的战略部署，是否有利于提高企业效益、增强企业竞争实力、实现国有资产保值增值，是否维护社会公众利益和职工群众合法权益。

再次，对混改企业的董事会决策等，党委（党组）拥有监督权。通过对董事会成员进行监督，防止"内部人控制"现象发生；通过对董事会的决策进行监督，保证企业依法经营；通过构建内部监督体系，整合监督力量形成监督合力，提高监督效率和监督效果。

而在决定、把关、监督这三大方式的加持之下，党委会履行职责的核心就在于党委会前置研究讨论清单到底如何设置。

一般来说，党委会前置研究讨论清单主要包括两大部分，一个是党的建设方面重大事项清单，另一个是重大经营管理事项清单。

党建方面，毋庸置疑，党建相关的重大事项肯定由党委会研究讨论并决策，其中需要董事会、经理层履行法定程序的，按照规定提交董事会、经理层履行必要程序。尤其是党管干部和党管人才方面，如何加强集团公司领导班子建设和干部队伍建设，特别是重要人事任免、选拔任用、考核奖励等方面的重要事项；如何加强集团公司人才队伍建设特别是围绕关键核心技术创新能力，培养开发科技领军人才、高技能人才等方面的重要事项等等。

相比党建，重大经营管理事项清单就要复杂得多，要根据企业的具体情况梳理相应的重大事项，经党委前置研究讨论后，再按照《董事会议事规则》《总经理工作细则》等相关制度，由董事会、经理层作出决定。

一般来说，重大经营管理事项清单要包括企业经营方针、发展战略、中长期发展规划、专项规划和经营计划的制订等事项；企业年度投资计划、投资方案，一定金额以上或者对企业有重大影响的投资方面的重大事项；企业增加或者减少注册资本方案，一定金额以上或者对企业有重大影响的资产重组、资产处置、产权转让、资本运作等重大事项；企业重大的融资方案、对外担保事项、发行公司债券方案等事项；企业年度财务预算方案及预算调整方案、工资总额预算方案，年度财务决算方案，利润分配方案和弥补亏损方案；以及企业重要的改革方案，包括子公司的混合所有制改革、中长期激励计划、员工持股方案、员工绩效考核方案等重大事项；等等。

权衡二：国有股东权利清单

国有股东权利清单是股东会和董事会职责公开透明运行的一项基础工作，凸显了现代企业制度中权利责任匹配的基本原则，也是此轮国企混改的重中之重。

其实无论是最初制定的公司法，还是后来历经修改的公司法，对于股东会和董事会的权利界定都是作为一项重要内容来规定的。比如，公司法第三十七条有关股东会的职权是这样规定的：

股东会行使下列职权：

（1）决定公司的经营方针和投资计划；

（2）选举和更换非由职工代表担任的董事、监事，决定有关董事、监事的报酬事项；

（3）审议批准董事会的报告；

（4）审议批准监事会或者监事的报告；

（5）审议批准公司的年度财务预算方案、决算方案；

（6）审议批准公司的利润分配方案和弥补亏损方案；

（7）对公司增加或者减少注册资本作出决议；

（8）对发行公司债券作出决议；

（9）对公司合并、分立、解散、清算或者变更公司形式作出决议；

（10）修改公司章程；

（11）公司章程规定的其他职权。

而董事会的权利在公司法第四十六条是这样规定的：

董事会对股东会负责，行使下列职权：

（1）召集股东会会议，并向股东会报告工作；

（2）执行股东会的决议；

（3）决定公司的经营计划和投资方案；

（4）制订公司的年度财务预算方案、决算方案；

（5）制订公司的利润分配方案和弥补亏损方案；

（6）制订公司增加或者减少注册资本以及发行公司债券的方案；

（7）制订公司合并、分立、解散或者变更公司形式的方案；

（8）决定公司内部管理机构的设置；

（9）决定聘任或者解聘公司经理及其报酬事项；

（10）制定公司的基本管理制度；

（11）公司章程规定的其他职权。

但我们仔细地分析一下就不难发现，公司法对股东会和董事会权限的规定存在一定的矛盾之处，或者在划分二者之间权限的逻辑上存在一定的不周延性。其理由为，第一，股东会和董事会的权限通过列举式的方式，严格地说是不能穷尽的，至少随着企业性质、行业特性、股权结构、股东背景的不同，股东会和董事会的权限设计也各不相同。其次，股东会和董事会这两个组织，在公司治理中所起的作用是不同的，股东会是公司的最高权力机构，董事会是经营决策机构。公司在运转过程中，会不断有新的事项发生，需要及时作出决策。当股东会层面或者董事会层面遇到清单之外的事项需要决策的时候，即使公司的个性化章程条款十分全面，但总有面对新问题无章可循的情况发生。这就是公司法规定存在的逻辑缺陷。我们希望新的公司法出台之后，可以补齐这个缺陷。

尤其对于国有企业而言，由于国有独资企业不设股东会，由董事会承担了一部分股东的职能，因此在股东会与董事会的权利边界上，天然就具有不清晰感。也有部分国有企业，则是上级股东过多地管理了下级企业的日常经营事项。当国有企业转变为混改企业之后，有民营企业参与到股东会与董事会的管理中来，民营企业需要通过股东会及董事会表达自身的诉求，因此，权利清单的设置就显得尤为重要。

首先，股东会的权限必须明确，而且应该针对股东会会议周期性较长的特性，通过《股东会权利清单》适当规定股东会的权限。其次，要在确保股东会权威性的前提下，最大限度发挥董事会的作用。因此，董事会的权限划分上应该是除了股东会之外的所有权限，包括公司章程规定的权利，也包括公司章程规定之外的权利，还有公司章程没有规定的权利。这样事实上是采取了两分法，即不是股东会的权限就是董事会的权限，使股东会做到"法无授权不可为"，董事会实现权利兜底，确保公司董事会决策的及时性和有效性。

所以，为确保公司的有效治理，应该更加清楚界定股东会和董事会之间的权限，以及界定权限的内在逻辑。这样在实际工作中，容易理解，便于操作。

而股东会除了需要和董事厘清权责界面之外，还需要确定另一件事情，就是对派出董事的授权清单。按照混合所有制企业的公司治理体系，国有股东应该通过向子企业董事会派出股权董事参与子企业的董事会决策，股权董事代表股东参与子企业的管理，从而实现决策下移，缩短决策链条，提高决策效率。

集团通过在子企业董事会中的股权董事参与子企业董事会决策，股权董事代表股东参与子企业的管理，从而实现决策下移。而这又会涉及到很多企业都问过我们的一个问题，就是股权董事在参与董事会的同时，到底是可以自主决策投票，还是需要将议案上报股东，由股东集体决策后再由股权董事进行投票呢？

如果由股权董事全权自主决策，很多国企都会心里暗自打鼓，会不会权限放得太宽了，出了问题怎么办；如果凡事都上报，那决策链条太长，是不是影响经营效率，长久下去，会不会打击民营股东的积极性？具体落到实操上，我们一般通过股东会对派出董事的授权清单来操作，董事依据股东的授权，在自己的专业范围内参与子企业董事会决策；超过股东授权范围内的事项，根据股东单位的相关程序的要求，以派出董事的身份向股东单位发起程序，履行决策程序后，董事根据股东决策在董事会行使表决权。不再发生子企业向集团层层汇报的情况，一切事务在子企业这个独立法人自身解决。

比如我们为某家国有企业做公司治理体系设计的时候，对于股东授权就采取了《国有股东授权清单》的模式，通过股权董事体现国有股东意志，除此清单内容之外，股权董事均依据自己的判断对需要决策的事项在企业董事会独立发表意见，充分发挥股权董事在一般经营事项的独立决策作用，缩短决策链条，提高决策效率，并通过董事会议事规则进一步明确决策程序、时间要求。

这个负面清单主要包含几方面的内容。首先是重大决策事项，比如公司年度业绩考核方案和工资总额预决算方案等重大年度工作安排事项；公司签署含有排他、约定价格等内容的战略合作协议事项等等。其次是重大人事任免事项，比如公司聘任或者解聘总经理及其报酬事项等等。第三是重大项目安排事项，比如公司某金额以上（含）主业投资项目、非主业投资项目、股权投资项目事项；公司投资包括期货、期权、远期、掉期、外汇买卖及组合产品（含通过银行购买境外机构的金融衍生品）等高风险项目事项以及以赚取差价为目的的短期（一年以内）持有的股票、债券、基金等业务事项；公司年度计划外建造、购买重大、关键性设备，大宗物资采购和购买服务等重大招投标管理项目以及重大技术改造、引进事项等等。最后是大额度资金运作事项，比如资产处置事项；资产损失核销事项；公司对外捐赠、赞助支出事项；公司对外（含子公司）提供借款、融资担保及其他形式的信用支持事项；公司委托贷款事项等等。

通过决策下移的实现，股权董事按照股东意志在董事会上进行决策，而如何确保股权董事能够充分代表股东的意志，则通过集团对股权董事的管理来解决，即外部董事（股权董事）的履职能力培训与监管。子企业不再将决策议题向集团征求意见，而直接在子企业层面董事会进行决策，由股权董事自己去向集团走决策流程，从而大大缩减了流程所需时间，做到真正的决策下移。这并不意味着重大事项的决策权从集团转给了子企业，而是把决策这件事放在了子企业，准确地说是放在子企业的董事会。这种做法可以从管理上解决企业决策效率低下、缺乏市场竞争力的问题，同时一定程度上避免企业管理者怕担责、不敢为的情况。

权衡三：董事会决策事项清单

董事会决策清单我们主要关注两个方面的问题，第一，是董事会决策清单的设计；第二，是董事如何在董事会上依照决策清单进行表决。

首先我们看董事会决策清单如何设计。董事会清单是贯彻"落实董事会职权"的重大改革措施之一，这个在混改企业显得尤为重要。

混改企业的董事会是国企股东和非公经济股东的主要决策机构，也是不同所有制企业（个人）之间的重要协调场所，是体现公司治理的中枢神经系统。因此，为了体现混改的成果，发挥混改企业最大的效能，首先要把混改企业董事会的清单制定好，明确董事会的职权范围和董事会的议事规则。

实践中，部分国有独资或者全资企业的董事会清单或多或少会存在走过场现象，只要"有了"就好了。但因为都是国有股东，走过场影响也不大。然而，对于混改企业来说，由于牵涉到国有和非国有等不同的股东利益，存在对公司价值的不同追求，也存在对公司监管和效率的平衡认知问题，因此，董事会才是他们最好的议事大厅，不同的意见可以通过董事会的规则统一起来，让各方求同存异，和而不同。

所以，我们认为，混改企业的董事会清单制定的关键要素如下：内容上要以公司法为准则，以公司章程为蓝本，发挥董事会"定战略、作决策、防风险"的作用，体现各方股东的意思表示；形式上，由党委会前置讨论，然后由董事会决定，对股东会负责；顺序上，董事会决策清单应该成为其他治理结构清单的设计坐标，体现现代公司治理上的"董事会中心主义"潮流，也是新一轮国企改革的重点。

一般来说，董事会决策清单应该包括以下内容。

（1）研究讨论公司在生产经营方面贯彻执行党的路线方针政策、国家法律法规、上级决定、指示、意见及工作部署的重大措施；

（2）公司内部管理机构设置、变更、职能调整、定员、定编方案，以及公司职工裁员、分流安置方案；

（3）公司内部收入分配事项，包括中层及以下员工年度工资总额、福利、奖惩等方案，以及企业负责人及高管人员薪酬分配与考核方案等；

（4）公司基本管理制度、工作流程的确定、修改及废除；

（5）公司重大战略合作协议的确定与调整；

（6）讨论通过公司总经理年度工作报告；

（7）制定年度目标；

（8）聘任公司总经理、董事会秘书，并根据公司总经理提名，聘任或者解聘公司副总经理、财务总监、总工程师等高级管理人员；

（9）公司年度计划经营安排和主业投资方案，包括公司对外投资——含受让或转让股权、收购兼并、合资合作等，重大固定资产投资——含基本建设、技术（维修）改造、技术设备引进，重大金融投资——含证券投资、期货投资、委托理财等；

（10）公司融资计划和融资方案，包括银行借贷、上市、发行债券、股权质押等；公司对外提供担保或代开信用证项目；

（11）公司重大物资采购、服务购买项目；

（12）公司债转股及股权、债权回购项目；

（13）大额度资金运作中董事会审议决策可调动、使用的资金限额；

（14）按照规定需报送公司董事会决策的其他事项等等。

其次，董事如何在董事会上依照决策清单进行表决。

董事在表决的时候，面临两重矛盾，第一重矛盾，是前面提到的，股权董事在表决的时候，到底是自主决策还是上报股东决策，我们已经通过国有股东授权清单来解决了这个问题；而第二重矛盾，就是内部董事作为党委成员和董事会成员的矛盾。

按照现在公司治理的要求，董事会和党委会要"双向进入，交叉任职"，人员上有一定的重合，但毕竟两者整体构成不同，混改企业存在非公经济股东委派的董事、其他外部董事或者公司聘请的独立董事，董事会意见与党委会意见不一致的情形出现是一种必然现象。这种不一致，不仅体现了有效制衡作用的发挥，更是高质量决策的有效保证。

但是，如果出现这种不一致，董事应该如何表决呢？我们认为，要有效管控重大问题决策上的分歧。重大问题决策上产生冲突，不仅影响决策效率，还有损党委会和董事会两者的权威，我们建议在重大问题决策前，一方面党委书记（董事长）在党委会意见基本统一的情况下，再充分听取董事会成员意见，对于有重要分歧的议题，原则上不上会；另一方面，对于分歧议案必须要做出决策时，党委书记（董事长）须第一时间向上级出资人党委报告有关情况，通过上级出资人党委协调相关各方意见，最终达成共识。

其次，如果真的出现冲突了，由于国有企业的党委会成员和董事会成员存在交叉任职情况，党委会上，部分党委委员的意见可能和党委会最终形成的决议不一致，甚至完全相反，但按照少数服从多数的组织原则，这部分党委委员应该保留意见，服从组织决定。那么，这部分持不同意见的党委委员，以董事的身份参与董事会的时候，又应该如何表决？

一种观点认为，按照组织原则，作为党委委员的董事的表决意见应当与党委会决议保持一致，而不应该有"自己"的意见。另一种则认为，党委会和董事会是两个不同的治理结构，党委委员和董事会成员也是不同的身份，因此可以有不同的意见。

我们认为，毕竟党委会和董事会定位不同，党委会意见是集体意见，不是委员个人的意见，而董事会上，董事是需要依据自己的判断提出独立意见的，特别是从公司法对董事"勤勉尽职"的要求上看，董事对其表决是要承担与之相应责任的，包括根据公司法规定的定时无限连带赔偿责任。比如2021年11月份的康美医疗董事赔偿案就是一个典型案例，5位独董因为不尽责有可能承担亿元连带赔偿。因此，党委委员正确的做法，是把党委会的集体意见完整反馈给董事会，让董事会成员准确理解党委会的意见。但在董事会表决时，不应该把党委会的集体意见与个人意见相混淆，而应该充分表达自身的独立意见。否则如果需要承担责任，甚至需要承担赔偿责任，难道要追究党委的责任吗？

权衡四：经理层经营权限负面清单

在董事会和管理层之间界定职责权限，也是公司治理中难度最大的地方之一。

董事会是经营决策机构，特别是前已述及的董事会建设，用发展的眼光，构建战略型董事会更符合现代企业制度的要求。董事会负责经营方面的决策，经理层负责实施。董事会和经理层的关系构成事实上的委托代理关系，董事会是委托方，委托经理层具体执行决策，组织公司的生产管理。作为资源控制者，董事会通过聘任或解聘经理层人员并决定其报酬来发挥其经营管理的功能，从这个意义上来说，董事会更多的是发挥战略管理功能。另外，董事会对经理层享有考核权，这也是《公司法》赋予董事会的法定权利。因此，考核经理层是发挥董事会作用的一个重要手段。董事会对经理层的考核有利于强化董事会对经理层的激励与约束，发挥董事会公司治理主体的作用，更好地规范公司法人治理。

董事会和经理层的职责权限搞清楚了，接下来是如何在实际当中得到实施。而现实当中，董事会和经理层在权利界定方面一般是不够清晰的。一种情况是董事会、经理层一体化。形式上有时候会表现为董事长兼总经理，有时候尽管董事长和总经理分设，但实质上还是董事会一竿子插到底，这在一些规模不大的国有企业比较常见。另一种情况是虽然董事会、经理层分设，董事长和总经理分设，但不能清楚地厘清二者之间的权利界限，董事会常常干预经理层，凡事必须请示汇报，凡事必须上董事会研究，还有的董事会以党管干部的要求来对经理层指手画脚，公司治理存在严重问题。这在规模较大的国有企业比较常见。

所以，我们的任务不是简单地阐明董事会、经理层的性质，甚至在理论上规定各自的权责范围。由于前已述及的"一竿子插到底""内部人控制"等做法难以解决实践中存在的权责不分问题，因此，负面清单管理不失为一种有效的方式。

负面清单管理表现在企业董事会和经理层这一环节，就是在规定董事会权限的前提下，重点梳理经理层的权限。经理层的权限表述当然不能采取过去的通常做法，而是厘清经理层不能做哪些事。我们过去习以为常的是规定能做哪些事，即具有哪些权利，在表述不能做哪些事的时候往往会拿捏不准。实践中，特别是我们最近连续咨询的几个国有企业的任期制和契约化项目，这一点表现尤为突出。

任期制和契约化的前提就是授权问题，我们这里所说的授权存在于两个层面，一个是履行出资义务的上级机构（集团或者国资委）和企业之间，另一个是企业董事会和经理层之间。前一个不在这里赘述，我们主要集中在第二层面，即董事会和经理层。

任期制和契约化的考核主体是公司董事会，被考核主体是经理层。一个考核主体，一个被考核主体，这两者之间如果职责不清，界限不明，考核起来就愈加困难。"一竿子插到底"的治理模式，考核者既是裁判员又是运动员，弊端显而易见；"内部人控制"的治理模式，事实上是被考核对象说了算，考核显然失去意义。于是，任期制和契约化的客观要求，董事会和经理层的职责必须明确。

比如我们在给江苏某双百企业做任期制契约化方案设计时，就是采用了负面清单的方式进行管理的。董事会对经理层的授权，通过"法无禁止即可为"的负面清单来管理，比如"总经理无权决定超过5000万元以上的对外投资"，那么除此之外的对外投资，总经理就都有决策权。

负面清单管理的直接效果不仅仅解决了授权的逻辑，更重要的是解决了责任的区分。一旦责任区分问题得到解决，董事会对经理层的监督、责任追究和容错纠错等一系列机制就得以建立，相应的问题也就迎刃而解了。

第六章

资产定价的方法

方法一：价值评估基本理念

方法二：可比公司法

方法三：可比交易法

方法四：现金流贴现法

原则一：遵循国有资产评估的要求

原则二：明确战略，事前规划

原则三：用好中介，事中控制

原则四：关注治理，事后保障

在以往讲课的时候，发现很多企业都会关心一个问题，也是非常难回答的一个问题，就是，我们企业到底值多少钱？

对于希望融资的民营企业而言，这个问题更难回答一些，往往需要从资本市场的估值逻辑开始讲起。企业价值评估是一个非常重要的问题，是对企业综合性的资产、权益的评估，也是对特定目的下企业的整体价值、股东全部权益价值或者部分权益价值进行评估，而适当的评估方法是企业价值得到准确评估的前提。

这个问题展开讲，就已经可以是大学里面一门专门的课程了。但是对于国有企业而言，相对更复杂一些，因为国有资产评估有更细致的要求。因此，国有企业基本都是找评估公司对企业价值进行评估，而且评估公司还要求从国资委的准入第三方信息库中以摇号的方式产生，确保评估公司公正、公平、公开的中立性。

方法一：价值评估基本理念

不得不说，估值是很多混改企业在撰写混改方案时最头疼的一部分，不少国企领导对生产经营、市场品牌等经营管理方面的内容如数家珍，但提到资本市场以及企业估值，就觉得一头雾水。虽然按照国务院国资委财政部32号令《企业国有资产交易监督管理办法》的要求，国有企业要进行混改，需要找评估机构来对企业价值进行评估，繁琐的评估工作会由第三方来完成，但企业总不能"知其然不知其所以然"，作为甲方，企业领导还是需要对估值有一个基本的了解。

说起估值，尤其是未上市企业的估值，即使是从业数十年的投资专家，往往也很难给出一个精准的数字。估值更像一门艺术，而不是一门科学。我们可以通过各种手段，来匡算企业价值大概在什么范围内，给出一个区间，然后在这个区间内，再去谈判一个相对精确的点。

混改企业价值评估通常可以采用资产基础法、市场法和收益法等三种基本方法，当然还有很多其他的方法，但这三种比较主流。在具体实践中，需要采用两种以上方法相互验证。而在选择了两种方法进行评估后，报告结论应该选择哪种方法作为最终结论，我们只能说，只有最合适的方法，没有最准确的方法。

资产基础法是最容易理解的评估方法，实质就是资产负债表中的资产价值减去负债价值，简单地理解，就是我们常说的净资产。当然在实际操作中，部分资产和负债可能需要根据情况重新评估入账。

市场法也叫做相对估值法，常用的就是可比公司估值和可比交易估值。可比公司估值一般通过分析可比公司的估值和营运统计数据，得到该公司在公开资本市场的隐含价值，这个估值结果不包括控制权溢价，相对比较容易上手。可靠性依赖于其他公开交易公司的可比程度，包括行业、产品、收入规模、增长率、发展阶段等，而具体操作的难度主要是不容易找到大量的可比公司。有些细分领域的企业也会比较难找到合适的可比公司。

可比交易估值则适用于在控制权发生变化的情况下提供市场化的估值标准，与可比公司估值相比，可比交易估值的结果包括控制权溢价。一般是用可比的历史并购交易中的估值和被估值企业的营运指标来计算。可靠性依赖于历史交易的数量、可比程度以及对于某种资产在每个交易时刻的供求关系。交易当时的市场情况可能对估值影响很大，比如行业周期、竞争环境、交易时资产的稀缺性等等。

收益法一般通过股利折现模型、股权自由现金流量折现模型、企业自由现金流量折现模型以及经济利润折现模型等等来实现，在这里我们主要讲一下现金流贴现模型。收益法是理论上最完善的估值方法，用完整复杂的公式来预测并计算未来若干年的自由现金流或其他数据，再用恰当的贴现率（加权平均资本成本）和终值计算方法计算这些现金流和终值的贴现值，以此计算企业价值和股权价值。这种方法主要依赖于对被估值企业的现金流和发展速度的预测，以及对于资本成本和终值的假设。但主要问题在于，假设的准确性对估值结果的影响至关重要。

按照国有企业资产评估的要求，需要两种方法做出评估结果并相互验证，这就对评估机构提出了较大的挑战。尤其是对于某些行业的企业，可能两种方法做出的评估结果有较大差异，如果评估机构选取了较高结果，就很容易受到质疑。比如对于一些轻资产的行业，尤其是近些年比较火的大数据行业等，如果采用资产基础法，那么评估出来的价值都会偏低；收益法评估的价值虽然高，但更贴合企业实际情况。因此，评估方法、结论的恰当选取是混改过程中防范风险的关键。

需要特别关注的是，评估方法的选择并非一成不变。评估方法的选择依赖于评估机构的专业判断。尤其是企业混改后，企业的预期经营方式可能发生的大变化，如控股权、管理层发生变化，或者收益预测基础发生变化等等，评估虽然是基于某一现实时点状况，但若预计预测基准发生变化，需尤其关注评估方法的选择和对评估结论造成的影响，防止评估结论被不当使用。

另外，混改企业价值评估属于法定评估范畴，中评协颁布实施的资产评估执业准则，对国企混改评估的基本程序作出了相应规范。程序完备和执行到位是中介机构执业的底线和红线。评估机构应当严格履行准则要求的相应程序，不能因种种主客观条件简化程序。

比如，国有企业混改的评估程序中，往往需要资产评估人员对各项资产进行现场清查，国企资产的多样性、复杂性增加了评估人员的清查难度，对评估人员的专业胜任能力提出了很高的要求。尤其是林业权、海域使用权、矿权等资产，更需要有着专业背景的评估人员进行清查，相比于主要为财会背景人员构成的评估机构，实务操作中更需要由拥有多重专业背景以及数据分析能力的资产评估机构和第三方中介机构共同开展工作。

方法二：可比公司法

可比公司法在操作上很容易理解。比如说，我们在上海市徐汇区有一间房子，怎么才能知道这个房子值多少钱呢？很简单，去中介那里，看看我们小区最近成交的房子单价是多少就可以了。如果同一个小区没有出售的房子，那就看看周围小区的，另外，还需要看看户型是否一致，塔楼还是板楼，是否都是南北通透，是否都带学区，是否带车位，小区环境是不是一样的好，如果有差异，那就加上溢价或者折价，最终就可以估算出房子的价格。

当然这个估算价值未必就是最终成交价，只是你的心理预期价。在出售的过程中，如果来看房的人很多，也许价格会再往上涨一涨。也许对方表示可以直接付全款，那价格可能会再降一降。但总归是围绕着估算出的价格来小幅波动。

不过，房子好比，毕竟市面上出售的房子够多。但企业有时候未必找得到那么合适的可比企业，或者说，可能要花比较大的力气去寻找可比企业。

因此，在使用可比公司法时，第一步就是选择合适的可比企业，第二步是选择合适的可比指标，第三步是选择合适的计算方式。

我们先来看第一步，选择合适的可比企业。可比企业首先需要选择相同或者相关的行业。其次，在行业内选择类似的公司，不但要考虑产品类似，公司的规模、地区、盈利水平、成长速度等等，都需要处在一个近似的范围内。比如同样都是生产白酒的企业，你直接选茅台来做可比企业，显然是不合适的，即使你做的是高端白酒，选茅台也不合适。因为茅台除了本身的白酒属性和品牌溢价之外，还具备了一定的金融属性。

如果你做的是高端白酒，也就是800元以上的产品，可能对标的是五粮液，如果你做次高端，可以对标洋河股份和舍得酒业；如果做中低端，可能对标金种子酒或者顺鑫农业的牛栏山。另外，是酱香、清香还是浓香，也关系着你选择可比企业的方向。

也许你同时做好几种酒，既有高端，又有低端，那可能就需要区分得更详细一些，将这些上市公司的内在产品线单独拎出来做可比数据，比如只和山西汾酒中的汾酒青花部分做比较。当然，你的产品越大众，业内的公司越多，可比数据就越容易取得；而产品越小众，行业越细分，可比数据也就越难取得。

选择好可比企业之后，就需要选择合适的指标。不同的行业会有不同的估值指标和体系，比如相对成熟的企业，可以选择市盈率指标，也就是我们常说的PE倍数。如果你选择的可比公司的市盈率是30倍，而你们公司每年利润有5000万元，那相应的公司估值就等于5000万元×30，即15亿元。

但也有一些企业并不适合用市盈率，比如银行，或者一些重资产行业，比如机械或者化工，它们的收入和利润更多地依赖于它的资本金或者资产，因此净资产的对比更符合估值需求。市净率的使用和市盈率是一样的，比如可比公司是2倍市净率，而你们公司的净资产是10亿元，那公司估值就是20亿元。

表 6-1　　各种估值指标比较

	计算方法及注意要点	适用情形
市盈率（P/E）	➤ P/E= 每股价格 / 归属母公司的每股净利润 ➤ 计算归属母公司的每股净利润应考虑可转换债券、可转换优先股等潜在普通股的稀释影响	➤ 最常用的指标之一 ➤ 适用于一般性行业，如消费品、汽车、制造业等，尤其是成长性企业 ➤ 缺点在于净利润容易被操纵，而且不适用于企业利润为负的情况
市净率（P/B）	➤ P/B= 每股价格 / 归属母公司的每股净资产	➤ 适用于重资产行业和周期性行业，如金融、化工、重型机械等等 ➤ 一般银行的市净率在 1~1.5 倍
市销率（P/S）	➤ P/S= 每股价格 / 每股营业收入 ➤ 由于营业收入不受折旧、非经营性支出等会计方法的影响，因此指标更具有真实性	➤ 常用于零售、快消品等市场份额对企业价值影响较大的行业 ➤ 部分处于成长期并有良好前景的亏损企业会采用市销率指标
EV/EBITDA	➤ EV/EBITDA= 企业价值 / 企业息税前利润 ➤ EV= 企业股权市场价值 + 净债务（付息债务 − 现金及现金等价物）+ 少数股东权益 + 优先股 ➤ EBITDA= 净利润 + 所得税 + 固定资产折旧 + 无形资产摊销 + 长期待摊费用摊销 + 偿付利息所支付的现金	➤ 适用于一般性行业，尤其是资本结构比较复杂和高负债行业，如造纸行业 ➤ 收购性项目通常参考该指标
动态股价收益比（PEG）	➤ PEG= 市盈率 / 净利润增长率	➤ 适用于注重成长性的公司，如生物医药及网络软件开发上市公司 ➤ 一般不适用于成熟型企业

还有一些企业，可能正处于初创期，还没有盈利，不适用于市盈

率指标，公司情况和净资产挂钩也不大，也不适用市净率，比如生物医药企业，或者大数据类的企业。这些企业可能使用市销率（即销售收入和公司估值之间的比例）作为估值指标。

选定指标之后，最后一步，就是对企业估值进行计算。

这里首先明晰一个概念，我们经常看到新闻上说的，某某公司估值百亿元，那这100亿到底是投后估值，还是投前估值？或者说，你们公司净利润2亿元，按照15倍PE，估值30亿元，战略投资人投3亿元进来，那他占的股份应该是3/30，还是3/33呢？

一般情况下，我们谈到估值，除非明确表明是投前估值，否则都认为是投后估值。从逻辑上来说，比如用市盈率来做公司估值指标，战略投资人的资金进来前和进来后，公司当年的利润都是这么多，那么估值也都是这么多。因此，一般都认为这里表述的就是投后估值，也就是说，战略投资人占的股份就是3/30。

下面以军工行业为例，给大家展示如何使用指标来计算公司估值。我们选取了军工电子行业的部分上市公司来做分析。

表 6-2　　　　军工行业估值指标表（亿元，%）

股票代码	公司名称	市值	净利润	净资产	P/E	P/B	增长率	PEG
002025.SZ	航天电器	380.01	5.65	60.89	67.29	6.24	10.96	6.14
002151.SZ	北斗星通	201.04	1.94	46.80	103.55	4.30	50.46	2.05
002189.SZ	中光学	58.10	1.59	16.89	36.63	3.44	6.39	5.74
002414.SZ	高德红外	568.10	11.12	75.94	51.10	7.48	11.09	4.61
002465.SZ	海格通信	251.65	6.93	108.78	36.29	2.31	19.06	1.90
002935.SZ	天奥电子	76.57	1.18	14.13	64.67	5.42	16.71	3.87
002977.SZ	天箭科技	57.24	1.11	10.14	51.41	5.65	35.19	1.46
300101.SZ	振芯科技	124.22	1.37	14.06	90.35	8.83	64.06	1.41
300114.SZ	中航电测	104.45	3.16	22.00	33.02	4.75	16.43	2.01

续表

股票代码	公司名称	市值	净利润	净资产	P/E	P/B	增长率	PEG
300252.SZ	金信诺	51.48	0.54	23.91	96.20	2.15	180.89	0.53
300447.SZ	全信股份	70.55	1.73	17.53	40.79	4.03	20.45	1.99
300474.SZ	景嘉微	458.48	2.93	28.65	156.62	16.00	40.99	3.82
300629.SZ	新劲刚	39.90	0.97	11.01	41.12	3.62	93.14	0.44
300726.SZ	宏达电子	412.09	8.91	40.21	46.26	10.25	68.33	0.68
300762.SZ	上海瀚讯	107.47	2.35	26.14	45.73	4.11	40.66	1.12
301050.SZ	雷电微力	236.01	2.02	20.67	117.12	11.42	66.33	1.77
Mean（平均值）		199.84	3.34	33.61	67.38	6.25	46.32	2.47
Median（中位数）		115.85	1.98	22.96	51.25	5.08	37.92	1.95

因此，对于军工行业的公司而言，如果使用P/E指标，按照平均值来算的话，就是67.38倍，如果按照中位数来算的话，就是51.25倍。到底应该用平均值还是中位数呢？答案是都可以。笔者比较喜欢用中位数，因为平均值往往会被某些特别高或特别低的数据拉偏。当然我们前面强调过，估值不是一门准确的科学，它更多给你的是一个价格的范围区间，所以选择一个你认为合适的指标即可。

同样，如果用P/B指标，按照平均值计算，就是6.25倍，如果按照中位数计算，就是5.08倍。如果用PEG来计算，按照平均值，就是2.47倍，如果按照中位数，就是1.95倍。

在计算过程中需要注意的是，一定要用可比的方式去比较。什么叫可比的方式呢？比如对上市公司而言，有些公司在A股、B股或者H股几个地方都有上市，那计算市值的时候，是只计算A股的，还是都要算？算净利润的时候，要不要剔除少数股东权益？在这些细节问题中，要把握住一点，就是对应可比。就是可比公司用的什么数据，对应到这边也是什么数据。

当然，如果要更精细的数据，就应该在上市公司中再做筛选，选择出业务方向、产品类别、规模和自己更贴近的公司，再做比较。

方法三：可比交易法

可比交易法和可比公司法差不多，只不过可比公司法是用公司的各种数据做比较，而可比交易法是采用历史交易的数据做比较。可比公司法更多常见于二级市场，可比交易法则更常见于一级市场或者控制权发生变化时的企业估值。

可比交易法的主要缺点在于历史交易的公开数据不多，与可比公司法相比，数据更难获得，而且当时的市场情况，比如行业周期、竞争环境、交易双方的议价能力等都对估值有非常大的影响。

2018年，中远海运控股股份有限公司要约收购东方海外国际有限公司，收购完成后，中远海控将持有东方海外国际90.1%的股权，上港集团则持股9.9%。中远海控拟保留东方海外国际的品牌，并保持其在联交所的独立上市公司地位，财务独立结算。我们来看一下，在这个案例当中，中远海控是如何对东方海外进行估值的。

2016年，中远海控将重点放在了集运业务的重组以及资源的整合，实施了合并航线、船舶处置等相关措施，并完成扭亏为盈，实现量价齐升。内部整合完成后，中远海控继续落实集运业务的扩张战略。

相较于中远海控，东方海外体现出更出色的盈利能力。东方海外国际拥有目前全球最大的集装箱船以及最年轻的船队之一，在业内一直以良好的运营能力闻名。尽管东方海外总运力只有中远海控的三分之一，却实现了良好的单箱营收。这恰好可以与中远海控的集运业务形成很好的互补作用，以发挥中远海控的规模优势以及东方海外的盈利能力优势，实现中远海控的战略扩张。

在估值的时候，我们往往几种方法都使用，然后找到最适合企业的估值区间。首先看可比公司法，中远海控从规模的角度入手，选取了全球集运运力排名前十的公司，同时排除掉部分无法进行相对准确估值的公司，比如无公开财务数据的非上市公司，正在进行整合的公司，以及部分利润为负的公司。然后选取 EV/EBITDA 作为参考指标。其中马士基 35 倍，赫伯罗特 14 倍，东方海外国际 21 倍，万海海运 8 倍，因此，从可比公司法来看，中远海控认为 8~35 倍是一个合理的估值范围，均值为 19.5 倍。

其次看可比交易法。2016 年之前集运行业类似规模的收购案例共有四起，分别是 2005 年赫伯罗特收购加拿大太平洋航运，2014 年汉堡南美收购智利航运，2015 年达飞轮船收购东方海皇和 2016 年马士基收购汉堡南美。但由于年代久远，以及部分非上市公司无法获取公开财务数据，我们只获得了达飞轮船收购东方海皇的数据，其 EV/EBITDA 乘数为 47 倍。

另外，中远海控还采取了 52 周股价高点/低点的财务比率来估值。由于标的公司是上市公司，所以可以利用标的公司在收购消息发出前的52周，即2015年7月至2016年7月期间的股价，取其高点和低点计算市值，在此基础上再计算其EV/EBITDA乘数。用此方法计算所得的估值范围为19~23倍之间，均值为21倍。

结合三种估值方法所得的EV/EBITDA乘数与标的公司上一年财报中实际的EBITDA值，可以得出基于不同估值方式的标的公司估值范围大概在19.5~47倍之间。2016年，东方海外的EBITDA是2.84亿美元，所以EV在55.38亿~133.84亿美元之间。而根据中远海控对东方海外收购价格和财务报表数据计算出的EV为94.93亿美元，说明收购价格是相对合理的。

所以从这个案例我们可以看出，一方面，可比交易法的数据非常稀少而且不易获得，受个性化的影响偏大；另一方面，估值给到的数据往往是个很宽泛的范围，在实际操作过程当中，还需要具体情况具体分析，尤其对于非上市公司，谈判空间会非常大。

方法四：现金流贴现法

现金流贴现法由于需要10年左右的预测数据量，并且需要许多假设来完成，所以更适用于成熟稳定的行业。现金流贴现法是国外常用的估值方法，而我们中国很多行业都还在变化中，很难做出较长周期的准备预测。

现金流贴现法适用于有稳定现金流的公司，比如公用事业类的公司，也适用于虽处于早期发展阶段，但对于未来发展有准确预估的公司，这类公司可能利润很少，但是有相对稳定的现金流。现金流贴现法的优点是理论上最完善，可以处理大多数复杂的情况；相应的缺点就是假设太多，估值结果对于假设很敏感。

现金流折现的原理很简单，主要是理解折现的概念。比如你手里现在有 100 块钱，和明年此时你手里有 100 块钱，这两个 100 块钱的价值是不一样的。你现在的 100 块可以放在银行买理财产品，假如每年有 10% 的收益，那到明年此时，就有 110 块钱，现在的 100 和未来的 110 是等价的；相反，如果你希望明年此时有 100 块钱，那你现在需要有 100/（1+10%）块钱，这两个是等价的。以此类推。

下面我们来看一个简单的案例，假设一家公司经营一年后的现金流是 10000 万元，每年增长 5%，增长八年后公司清算，那么，这家公司值多少钱？

这里就用到两个假设，第一个假设是增长率，我们很难判断公司是否会按照我们的预期稳定增长，因此只能以行业内其他公司为参考，进行一个合理的预期；第二个假设是折现率，折现率其实就是你期望的资本回报，对于企业来说，就是企业的加权平均资本成本，因此，期望的回报越高，公司的现值就越低。

我们在这里假设折现率是 10%，那将 8 年的现金流分别折现之后的总和，就是企业的价值，也就是 62151.24 万元。

表 6-3　　　　　　　　现金流法示意表（单位：万元）

	第一年	第二年	第三年	第四年	第五年	第六年	第七年	第八年
现金流	10000.00	10500.00	11025.00	11576.25	12155.06	12762.82	13400.96	14071.00
折现率（10%）	0.91	0.83	0.75	0.68	0.62	0.56	0.51	0.47
现值	9090.91	8677.69	8283.25	7906.73	7547.34	7204.28	6876.81	6564.23
企业价值	62151.24							

弄明白折现的问题之后，下一个问题就是永续增长的问题。企业在成长期增长率一般不太稳定，可能前三年每年有 50% 的增长率，后三年每年 30%，再后面进入行业的成熟期，也许就每年 5% 的稳定增长。这样一直增长下去直到永远的话，又该怎么计算呢？

这其实是个数学问题，所以我们不用管推导过程，记住公式就可以。稳定增长的永续现金流就等于第 n 年的现金流 CF×（1+永续增长率）/（折现率 – 永续增长率）。

最后一个问题，就是现金流如何计算。我们在用现金流贴现法时，一般用的是自由现金流，也就是企业经营活动产生的可自由支配的现金流，即可支付给债权人和所有者的现金流。用公式计算的话，就是公司净利润 + 非现金性的费用（如摊销、折旧等）+ 税后利息费用 – 净运营资本变化 – 资本性支出。

我们来看一个稍微复杂的案例，假设 A 公司从 2022 年开始到 2026 年，处于高速增长期，到 2026 年之后进入稳定增长期，每年增长率是 3%。公司的加权平均资本成本是 12.5%，我们来计算一下 A 公司的估值。

首先我们预测 2022-2026 年之间每年的息税前利润 EBIT，按照自由现金流的计算公式进行调整，比如加回折旧和摊销，减去无形资产调整等等，最后得到这五年的无杠杆自由现金流，也就是行①；然后按照12.5%的折现率进行折现，得到行②；再根据2026年的自由现金流15463.1万元，按照永续现金流的公式进行计算，得到终值行③，要注意的是，因为是从2027年开始永续增长，所以这里算出的终值是2026年的价值，我们需要再将终值折现为现值，然后加上行②中的数据，最终得到企业价值，即行④，12亿元。

表6-4　　　　　现金流折现法案例（单位：万元）

自由现金流	2022E	2023E	2024E	2025E	2026E
EBIT	5227.7	6692.5	8236.6	9625.5	18927.5
−（调整的所得税）	1254.7	1606.2	1976.8	2310.1	4542.6
=EBIAT	3973	5086.3	6259.8	7315.4	14384.9
+折旧	234.5	257.5	283.1	305.9	428.2
+摊销	295.9	338.6	297.7	299.5	352.6
+营运资金的减少（增加）	886.9	1083.3	1097.7	1034.5	1246.4
−固定资产购建	527	710.7	657.9	667.3	730.0
−无形资产调整	158.1	213.2	197.4	200.2	219.0
=无杠杆自由现金流①	4705.2	5841.8	7083.0	8087.8	15463.1
现金流现值②	4182.4	4615.7	4974.6	5049.1	8580.9
终值③					167652.6
企业价值④					120438.1

从这个案例中我们可以看到，现金流贴现法理论上滴水不漏，考虑的细节方方面面，但实际上漏洞很多，加权平均资金成本是10%还是11%，对企业的价值会产生巨大的影响。而这些本来就是非常难以估算的数据。因此在实际操作中，我们往往还是会多种方法并用，然后从中选择一个最适合公司现状的价值范围，再由买卖

双方来确定一个都能接受的价格。

但是，方法只是手段，在使用这些基础方法的时候，我们还需要秉承以下几个原则。

原则一：遵循国有资产评估的要求

根据国务院国资委发布的《企业国有资产评估管理暂行办法》的相关规定，绝大多数涉及国有资产权属关系变动的行为，都必须进行资产评估。混改企业价值评估成为国企混合所有制改革过程中必不可少的环节。

从多年来的国企改革实践来看，对混改企业的价值进行法定评估，以维护国有资产和民营资本的合法权益，是构建混改企业资本结构的重要环节；国有资产价值是否客观公允体现、国有资产是否得到切实保护也是改革顺利推进和防范国有资产流失的重要内容。

《国务院关于国有企业发展混合所有制经济的意见（国发[2015]54号）》中也明确提出，要健全国有资产定价机制。按照公开公平公正原则，完善国有资产交易方式，严格规范国有资产登记、转让、清算、退出等程序和交易行为。资产评估是确定国有资产交易价格的必要基础。

我们在做混改企业资产评估的时候，一般参照以下文件：《企业国有资产监督管理暂行条例》（国务院令第378号，国务院令第588号修订），《国有资产评估管理办法》（国务院令第91号），《关于印发〈国有资产评估管理办法施行细则〉的通知》（国资办发[1992]36号），《企业国有资产评估管理暂行办法》（国务院国有资产监督管理委员会令第12号），《关于加强企业国有资产评估管理工作有关问题的通知》（国资委产权[2006]274号）等等。

在混改过程中的众多参与方，包括国有企业的原有股东、战略投资人、员工持股平台等等，大家的利益诉求各不相同，而交易定价是整个过程中最敏感的问题之一。因此，做好国有资产评估是国企混改中举足轻重的基础性工作，需要由专业、独立、有公信力的评估机构参与，为涉及国有资本的交易价格确定提供参考依据，保证国有资产评估结果真实、客观和公允，防止国有资产流失的情况出现。

国有资产评估一般按照下列程序进行。

首先是申请立项。依照规定进行资产评估的占有单位，经其主管部门审查同意后，应当向同级国有资产管理行政主管部门提交资产评估立项申请书，并附有财产目录和有关会计报表等资料。经国有资产管理行政主管部门授权或者委托，占有单位的主管部门可以审批资产评估立项申请。

其次是资产清查。申请单位收到准予资产评估立项通知书后，可以委托资产评估机构评估资产。受占有单位委托的资产评估机构应当在对委托单位的资产、债权、债务进行全面清查的基础上，核实资产账面与实际是否相符，经营成果是否真实，据此作出鉴定。

然后是评定估算。受占有单位委托的资产评估机构应当根据规定，对委托单位被评估资产的价值进行评定和估算，并向委托单位提出资产评估结果报告书。

最后是验证确认。委托单位收到资产评估机构的资产评估结果报告书后，应当报其主管部门审查；主管部门审查同意后，报同级国有资产管理行政主管部门确认资产评估结果。经国有资产管理行政主管部门授权或者委托，占有单位的主管部门可以确认资产评估结果。

另外，在做资产评估时，也要遵循地方法规的相关要求，比如江苏省国资委就曾印发《关于建立企业国有资产评估项目公示制度有关事项的通知》，其中在国企改制资产评估结果需在企业内部进行公示的基础上，拓展了需要公示的内容和范围，明确了公示的流程和途径等，初步建立起江苏省企业国有资产评估项目公示制度。国有资产评估作为国有企业改革、国有产权变动资产定价的依据，对保护各类投资者权益、防止国有资产流失具有十分重要的意义。

实务操作中，评估工作一般在混改交易投资决策之前完成，由于交易方案、交易条件、资本市场情况都在变化之中，评估机构往往仅能在一定前提条件下提供相关的评估意见。交易双方及其他报告使用人应当参考评估结果，根据混改企业自身情况、交易双方博弈状况、资本市场供需变化等具体因素进行最终决策。评估机构也应当在此过程中积极发挥作用，就交易定价提供合理的专业建议。

对于企业价值评估，评估方法应该与价值类型相匹配。按照中国资产评估协会发布的《资产评估价值类型指导意见》，价值类型包括市场价值和投资价值、在用价值、清算价值、残余价值等市场价值以外的价值类型。选择不同的价值类型，评估的结果将有所不同，有时甚至会产生很大的差异。价值类型的选取，取决于市场条件、资产使用状态、评估目的等因素。推进混改过程中，评估人员要根据经济行为的不同，恰当选择适用的价值类型。

目前在混改企业价值评估中，普遍采用的价值类型是市场价值。市场价值与投资价值不同，不反映特定投资者的特定交易后协同效应的影响和由此带来的价值增量。因此在实际操作中，往往会出现投资价值高于市场价值的现象，而投资价值同样对交易定价具有参考作用。所以，在混改过程中对评估人员提出了更高的专业要求，即，企业价值评估中的价值类型不应因循守旧，要着眼于实际，进一步考虑投资价值的适用性。

因此，评估方法的合理选取就显得尤为重要，也是评估机构能够客观公正做出评估结论的重要基础。按照《评估法》的要求，资产评估需要采用两种以上的评估方法相互验证，从而得出最贴合企业实际的评估价值。从理论上来说，不同的评估方法最终得到的结果应该大同小异，但实际上各种评估方法的结果可能相去甚远，比如，对于钢铁等重资产行业的企业，受经济形势、经济周期等影响，利用收益法得到的资产价值可能远低于其他评估方法。如何选取最适合企业的评估方法，这也是对评估机构提出的挑战。

另外还需要注意的是，绝大部分混改方案都是从国有资本控股角度进行设计的，因而混改中的交易标的通常是不具有控制权的少数股权。而对于这些缺乏控制权的少数股权，其流动性水平的影响是显而易见的。因此在评估过程中，流动性的影响也是交易过程中的重要考量因素。实务操作中，如果在企业价值评估阶段不考虑少数股权因素的影响，可能会对交易定价和整体进展造成一定的影响。

反之，如果混改的交易标的是具有控制权的多数股权，那么在评估过程中，也同样需要考虑控制权溢价。

原则二：明确战略，事前规划

在混改定价方面，比较经典的一个是中石化销售公司的定价案例。2014年9月，中石化旗下的全资子公司中国石化销售有限公司与25家境内外投资者签署了《关于中国石化销售有限公司之增资协议》，以增资扩股的方式完成了混合所有制改革。

中石化销售公司主要负责中石化所属生产企业成品油的统一收购、调拨、配送、结算和优化等工作，拿到试点资格后，董事会同意引入不超过30%的民营资本。在进行混合所有制改造前，中石化销售公司在境内成品油销售领域占据主导地位，是国内大型成品油供应商，同时拥有境内完善的成品油销售网络、成品油储运设施以及覆盖全国的忠实客户。2013年，中石化销售公司实现营业收入14986.28亿元，净利润259.45亿元，其中归属于母公司股东的净利润高达250.56亿元。优秀的盈利能力使得中石化销售公司的股权对民营资本产生了巨大的吸引力，其股权转让也构成了实质意义上的卖方市场。

但从 2013 年的财务报表我们也可以看到，中石化销售公司的非油品业务收入仅占总收入的 1% 左右，远远低于发达国家成熟市场 50% 左右的水平。因此，中石化销售公司混改的主要目标就是拓宽企业非油品业务范围，挖掘新兴业务的增长潜力，提升企业的综合服务能力。这就对战略投资者有了相对明确的画像。另外，也要通过引入投资者的先进管理理念与运营经验，来提升企业的市场化运作水平，增强企业活力和市场竞争力。

一般我们在引战定价时，往往就是找一家评估公司，然后由评估公司按照合适的估值办法给出一个合理的价格。但中石化销售公司此次引战，却没有采用常用的评估办法，而是采用了多轮评选、竞争性谈判的方式。中石化销售公司让潜在投资者对公司的价值进行独立判断，并根据本次引战的进展先后提交非约束性报价及约束性报价，再由中石化和中石化销售公司共同成立由独立董事、外部监事、内外部专家组成的独立评价委员会，根据报价、拟投资规模等多项因素对投资者进行评议。我们认为，此举也是为了中石化更慎重地选择符合自己要求的战略投资人。

当然，也有一些声音在质疑这种模式，认为在行使股权转让定价主导权的过程中，中石化采用了评议制，没有采用更为市场化的公开竞价方式，也没有对具体的定价策略进行充分的信息披露。毕竟在高盈利能力的支持下，中石化销售公司的股权对民营资本而言具有相当程度的吸引力，在潜在投资者众多的情况下，通过公开的产权交易市场进行竞价应该会获得更高的价格，有助于中石化销售公司通过出让股权募集更多的资金；从另一方面来说，公开竞价也有助于规避谈判和评议过程中可能存在的寻租行为，从而提升整个交易定价的公允化水平。

最终中石化销售公司 25 家境内外投资者以 1070.94 亿元（含等值美元）认购销售公司 29.99% 的股权。按照 2013 年的情况来看，市盈率高达 13.75 倍，和中国石化目前 7 左右的动态市盈率比起来，这个价格其实已经不低了，投资者应该是很看好中石化销售公司混改后的业绩预期，才会接受这么高的估值。

虽然中石化销售公司定价策略争议很大，但我们也能够就此看到，在国有企业混合所有制改革过程中，国有资产和国有股权的定价及转让原则上依然需要通过市场化、公开化的方式进行，以保障国有股东和民营投资者双方的利益不受侵占，降低寻租空间。具体到操作上，就是要求在产权交易市场上进行挂牌交易，通过公开竞价的方式确定入围投资者，并在最终决策过程中通过聘请内外部专家组建独立评审团等方式充分发挥财务顾问的专业优势。

但是，这种方法也有其劣势，毕竟我们找投资人都是找的"战略投资人"，而不是纯粹的"财务投资人"。一家能给我们带来技术上支持的，或者能给我们带来更多市场渠道的，更有利于企业未来发展的战略投资人，和另一家报价略高的财务投资人，选择谁更有利于企业的发展，答案是显而易见的。因此，在定价方面，如何既保障国有资产得到一个合理的价格，确保不发生国有资产流失的情形，又保障企业能按照"高匹配度、高认同感、高协同性"的三高原则，找到适合自己的战略投资人，也是一件非常有挑战的事情。

总体而言，中石化销售公司的混合所有制改革是以改进现有业务为基本出发点的主动调整，目的性明确，使得这一改革从整体层面有了方向和原则。而中石化销售公司也正是在这一方向和原则的基础上，采取了评议制来确定合理的股权转让对象，以及规范并完成资产定价过程中实际操作层面的各项工作。

对于大多数拟混改企业而言，并不见得有中石化销售公司这么好的盈利状况和品牌效应，一旦要混改，就有很多战略投资人递来橄榄枝，希望达成合作意向。所以很多拟混改企业在前期规划时，感觉自己没有那么多的优势，吸引不到投资人，评估价格都尽量往低处评估。

但是，在MBA课堂上，有一个经典的案例，叫"货卖买家"。导师给学生一篮子品相不太好的水果，问他怎么能把这个水果卖出去，有的学生降价销售，只求卖掉；也有的学生把水果当作其他商品的赠品出售，提高其他商品的价值；还有的学生把水果切成果盘，装在精美的盒子中，再配上漂亮的小叉子和缎带，立刻价格就翻了十倍。

企业引战也是一样的，要把价格提上去，最关键的是要找准和战略投资人的合作点。一方面，战投能给企业带来最好的资源；而另一方面，也要找到企业能给战投增加的价值。只要找准这一点，就不愁价格上不去。因此，事前精准的战略和规划，是后续谈判最重要的基础。

原则三：用好中介，事中控制

前文提到，我们常用的资产评估方法主要有资产基础法、市场法和收益法三种。由于资产基础法和市场法的运用受到的限制条件较多，因此资产评估机构大多采用收益法对目标企业价值进行评估。

但是，收益法也有其劣势，主要就是在使用过程中会面临目标企业现金流量预测难度较大、折现率的选择对评估结果影响过大等问题。举个简单的例子，按照我们现金流的永续增长模型来测算企业价值，也就是说，假设企业每年都按照固定的增长率在增长，那么企业的价值就等于企业明年的股权现金流量除以股权资金成本与永续增长率的差。比如企业明年预测现金流是1000万，股权资金成本是10%，永续增长率是5%，那么企业的价值就是2个亿；但如果永续增长率是6%，企业价值就是2.5个亿。增长率调高1%，企业的估值就多了5000万。

当然我们评估机构实际操作中，对企业评估模型的设计和选择比这个例子要复杂得多，但管中窥豹，可见一斑。这也是为什么在国有企业资产评估中，跷跷板效应一直存在，总有企业和投资方在"想评多少"和"能评多少"之间博弈，各利益主体因动机不同而想方设法影响评估结果。

不过，我们要记住的是，在资产交易过程中，资产定价的本质就是当事双方就自身利益进行博弈之后对标的资产的价值所达成的共识。因此评估只是实现资产转让的过程手段，是保证国有资产不流失的底线，在整个资产转让和交易过程中，参与双方拥有决策权的领导班子才是最重要的角色。当然，选择一个具有丰富实战经验的财务顾问也是非常重要的。

财务顾问一般都拥有公司战略、业务发展状况、行业背景、专业知识等信息优势，以及非常丰富的实操经验，在资产定价及交易过程中发挥重要作用。比如中石化在推进中石化销售公司混改的过程中，在具体的股权定价方案设计、转让对象选取及最终确定转让价格等方面充分发挥了财务顾问的作用，通过对外聘请权威的专业财务顾问团队，同时与公司独立董事、外部监事相结合组建独立评价委员会的方式，既保证了评价机构的专业性，又提升了评价机构对于企业内部信息的掌控程度，从而有助于确定与执行科学合理的股权转让定价。

而我们在为企业做财务顾问的时候，也能感受到在混改过程中，作为财务顾问，主要体现三方面的作用。

首先，一个优秀的财务顾问，要同时站在企业和战投双方的角度上考虑问题，在设计交易方案中展现财务顾问的专业性，交易方案要将双方的利益最大化，而不是去帮助一方侵占另一方的利益。

其次，一个优秀的财务顾问，除了专业性之外，还要有出色的沟通能力。毕竟在混改中，除了企业与投资人之间的沟通外，还有后续的层层审批流程。比如我们做过的一个案例，企业和投资人之间都达成了良好的协议，但是在上会前发现，混改虽然对于企业而言是好事，但对于集团各个部门而言，是没有直接利益关系的，因此各个部门都抱着"多一事不如少一事"的态度，尽量避免签字担责。因此，我们花了很大精力，和集团各个部门负责人，以及董事会的独立董事进行沟通，阐述此次混改的可行性和必要性，对他们的疑问做出解答，这样在真正上会时，混改的议题很自然就得到了大家的支持，顺利过会。

最后，一个优秀的财务顾问，还需要出色的协调能力。财务顾问需要协调律师事务所、会计师事务所、评估机构等多家中介机构，协调他们的工作进度，以及和混改进程之间的对接关系，包括国有资产和国有股权转让过程中关于定价方式、认购价格、投资人信息以及相关操作流程、决策过程的信息披露程度。这样才能充分发挥外部独立公证机构的认证作用，以增加资产定价过程的透明度，接受社会公众的监督。

原则四：关注治理，事后保障

在混合所有制改革所涉及的国有资产及国有股权转让过程中，除了提前规划、制定价格之外，还有一个重要的问题，就是由于所有权性质差异而导致的国有企业与民营投资者之间价值观念的差异。

资产定价并不仅仅是商定价格本身，一个完整的定价体系既要保证国有资产在转让过程中不被侵占和流失，又要保护民营企业积极行使股东角色、参与公司经营并获取收益的权利。我们继续讨论中石化销售公司的案例，在中石化销售公司混改的股权转让过程中，中石化为协调股权转让完成后与民营投资者之间的合作关系，从公司治理及股权约定两方面进行了配套机制安排。

公司治理方面，在确定引资对象之前，中石化便发布公告称引资项目完成后将支持中石化销售公司建立多元化的董事会，除中石化派出董事外，还将引入社会和民营资本代表董事、独立董事和职工董事，董事会的重构有助于提升民营资本代表的话语权，进而为企业的经营管理带来新的活力。

股权约定方面，在最后签署的引资协议中，中石化与民营投资者就日后中石化销售公司的股权问题签署了协议，一方面通过转让后3年的限售期和上市后1年的限售期限制了民营投资者的套利空间，同时保留了中石化在民营投资者转让中石化销售公司股权的过程中具有优先赎回股权的权利；另一方面则以引资价格为标准确定了民营投资者对公司注册资本具有反稀释权。

第七章

信息对接的路径

问题一：没有正确的方向

问题二：路演渠道不熟悉

问题三：地方保护主义严重

路径一："一对一"定向路演

路径二：集中项目路演

路径三：自发组织路演

产权交易所的挂牌流程及相关问题

在寻找战略投资人这个问题上，不少国有企业的态度都有点"酒香不怕巷子深"，觉得我这么优秀的国企，找战略投资人还用费劲吗？去产权交易所披露一下信息，民营企业应该就趋之若鹜了吧。但实际一操作，才发现不是这么回事儿。有些国有企业混改方案都完成了好几年，偏偏卡在了寻找投资人这部分，迟迟推进不下去。

问题一：没有正确的方向

2021年4月，西北一家公司找到我们，希望帮他们的混改出出主意。他们是一家老牌化工企业，曾经利润非常好，但最近几年由于错误的投资，一直在走下坡路，已资不抵债。其实他们面临的已经不仅仅是混改，而是变相的破产重整。但因为这家公司本身的资源还是很好的，因此有不少公司来与他们进行对接。在与我们接触之前，他们已经出了两版重整及混改方案，但都被省里驳回了。

我们进行了走访和调研之后，向他们提出前述方案最大的问题，其实是没有厘清企业在重整及混改时最需要解决的问题是什么。管理学大师德鲁克曾经推荐过艾森豪威尔法则，又叫十字法则，简单地说就是画一个十字，分成四个象限，分别是重要而紧急的，重要但不紧急的，不重要但紧急的，不重要也不紧急的，然后把要做的事情放进去，先做最重要且紧急的事情。

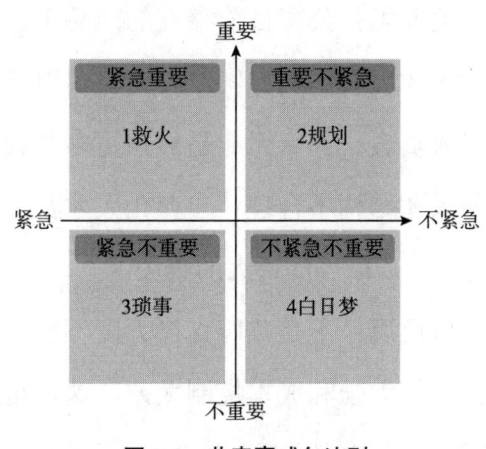

图 7-1 艾森豪威尔法则

我们本能地认为做事要先做既重要又紧急的事情，但是在企业运营上，如果总是优先做既重要又紧急的事情，你就会发现都是在频繁地"救火"，以至于没有时间去认真地做重要但不紧急的"规划"。就好比这家公司而言，虽然现在急需解决的是现金流问题，但也不能只顾现金流，不考虑其他。

调研之后，我们对公司的业务提出了四个反思。

第一，资源配置反思：公司走到现在这样，绝不是资源配置少的问题，不是政府给的支持不够，也不是集团给的支持不够；相反的，就是给的支持太多了，让整个公司就好像"富二代"一般，一直以来都是盲目大干快上，丝毫没有考虑成本的问题。比如他们上了一套化工设备，号称是全亚洲最大的设备，但是在运行过程中，频繁出问题，维修成本大大增加。但从公司的经营层面来看，其实这套设备的产能利用率并不高，完全不需要上这么大的设备。只是公司希望有"亚洲最大"这样一个名号在，所以强行上了这么一套并不适合自己的设备。所以我们说，不是资源给少了，而是给多了。

第二，技术攻关反思：公司目前存在的产品工艺和技术难关，很难依赖现有专业化人才获得解决方案，因此公司引战不能仅仅是引入资金，如果只是引入资金，那么无非是亏掉更多的钱而已。公司必须通过引战解决目前人才结构不合理、专业化人才及管理能力不足的问题，这些问题才是公司未来发展最大的难关。

第三，政府支持反思：不是政府支持力度不够，而是企业市场化经营意识不足，依赖性太强和成本控制太差。这也是我们很多国企的通病，就是凡事都觉得有政府在后面兜底，"不管怎么样，政府还能让我们破产吗"。

第四，投资决策反思：不是投资数额少，而是资金使用控制能力差，预算概念弱，存在申报项目的目的是争取资金而不是建设项目的问题。这家企业曾经收入和利润都非常出色，有很好的现金流，因此也使得管理层对于成本控制没有什么概念，很多可上可不上的项目都选择上，可投可不投的技术都选择投，但是再大的规模也架不住只出不进，坐吃山空。在访谈的时候有员工提到，十年前公司有非常充沛的现金流，那时候大家都说，就算从现在开始我们什么都不干，躺在账目上只拿工资，也可以拿到退休。结果才十年，企业就变得负债累累，资不抵债。

反思过后，就可以发现他们原有重整及混改方案有四个不现实。

第一，企业破产清算不现实。虽然已经资不抵债，但是这样一家大型企业，直接破产清算，一方面损害债权人利益，破坏循环经济产业规划，另一方面也会引发社会稳定问题。所以一定要争取通过混合所有制改革，引入民营企业，引入先进的管理经验，引入资金，盘活企业。

第二，让政府兜底不现实。原有的方案中提到希望可以用财政资金为企业兜底。但是，在没有明确的未来发展规划的前提下，用财政资金为企业兜底不符合财政资金使用规范。而且我们在改革中反复强调，要政企分开，国有企业要逐步走向市场，不能一有问题就想去抱政府的大腿，让政府给兜底。

第三，盲目追求达产达能不现实。企业达产达能的前提是有足够的技术人才和合理的人才结构，在人才缺乏的前提下，盲目下达尽快达产达能的指令，是脱离现实基础的。企业地处西北腹地，又缺乏足够的激励机制，僵化的体制如何能吸引来优秀的人才呢？当时访谈其中一名副总，当年在江苏读的大学，毕业后来到西北，问他怎么会想到来这个地方，他说，工资高啊，我毕业在江苏拿700块钱，在这里我能拿到2000多块，三倍呢！但是现在掉了个个儿，在这里拿3000块，在江浙可以拿10000块。这样的薪酬差异，又如何吸引新的人才加入呢？所以我们一直强调，改革是一项整体工程，是牵一发而动全身的，绝不是只做一个混改或者只做一个中长期激励就能够改变企业，它必须是一套成型的体系，由内而外、由上至下进行全面的重塑，才能真正让企业焕发生机。

第四，盲目引战不现实。缺乏体制机制的改变，不能增强造血功能，一直处于"失血"当中的企业，到市场上没头苍蝇一样地寻找战投，找到的可能性极小。资本都是逐利的，尤其是对于民营资本而言。有几家感兴趣的民营企业，暗地里打的算盘都是希望控股，控股之后就可以把企业的矿产资源卖掉，获利走人，这显然是不符合我们引战的最初诉求的。

因此，在这样的情况下，盲目去对接引战信息，只能是事倍功半。经过充分调研，我们给出了如下建议。

第一，国有经济为主，民营经济为辅。虽然他们希望通过混改来解决问题，但我们一再强调最终希望的是盘活国有资产，混改只是手段之一，不要本末倒置。不能为了混改而混改，把自己束缚住了。尤其对于他们这种大型化工类企业，可选择的民企并不多。可以尝试通过股权多元化，引入国有资本来帮助解决现金流的问题。

第二，运营主体为主，股东主体为辅。因为他们规模过大，在寻求战投无果的前提下，可以尝试分拆来盘活，能盘活一部分是一部分，没有必要一定要作为一个整体去引战。毕竟，比能力不足更可怕的，就是自我捆绑与消耗。

第三，产业投资为主，财务投资为辅。资金只能解决短期问题，协同发展才是能活下去的长期保障，引战一定要在解决资金问题的前提下，同时带来技术资源与人才资源，也有利于产业链的补充和完善，才能达到企业与战投的双赢。

这也是我们一直在强调的，想清楚企业的方向在哪里。有时候你觉得引战工作特别难，信息纷杂，不知道去哪儿对接战投，主要是因为你压根没想明白引战到底是为了什么，所以也就没想明白你要找什么样的战投。

问题二：路演渠道不熟悉

前两年，浙江一家企业找到我们，希望帮他们寻找战略投资人。这家企业是一家矿产企业，在西藏有一块待开发的矿区，储备量相当不错。但是由于矿产不是集团公司主业，因此按照现在"聚焦主责主业"的要求，集团无法再给他们追加投资，因此这块待开发的矿产资源因缺乏资金无力继续开发。他们自己在当地寻找了很长一段时间，但一直没找到合适的战投。

他们对战投的画像已经比较明确了，以财务投资者为主。因为他们自己有足够的技术团队，在矿业多年，经验和实力都有，现在只是资金所限，导致开采停顿。而他们所开采的矿产资源较为稀缺，销售也不成问题。因此，他们只需要有资金实力的财务投资者加入进来，当然，如果有对行业熟悉的战略投资人更好，可以进一步夯实他们的实力。

在有了明确的战投画像之后，就需要确定路演渠道，但是我们大多数国有企业，对路演渠道本身并不熟悉。

一般国有企业要混改，首选的都是先在自己的上下游合作企业中寻找战投。这样选择的理由无非以下几点：第一，上下游企业对公司比较熟悉，了解公司的实力，不需要花费很多精力去沟通企业基本情况等基础信息，对企业也有基本的信任感；第二，上下游企业都是常年合作的渠道，对企业本身而言，也不需要花更多精力去接触更多的人，从现有客户群中挖掘潜在战投，无疑是最省力的做法；第三，如果合作成功，上下游企业成为公司股东，可以给企业带来更多的资源，比如更物美价廉的上游原材料，或者更丰富的下游渠道等等，也给企业带来更好的发展机会。

这种方式有它的优势，但劣势也非常明显，就是渠道太过狭窄，无法形成规模效应。如果上下游没有合适的企业，基本上混改进程就卡住了。另外，也因为没有规模效应，无法形成多家竞价的局面，往往最终成交价格都不会太高。

第二种选择较多的方式就是参加政府或交易所组织的混改项目推介会。这几年各级政府或交易所都在积极举办推介会，比如2021年底，天津市国资委和天津滨海柜台交易市场共同举办了天津市国有企业混改招商引战专场推介路演活动，有五家企业现场进行混改项目推介，二十余家企业及投资机构代表参与本次推介路演并进行了对接交流。活动中，天津国兴医疗健康管理有限公司与中康养健康产业投资有限公司现场签署战略合作协议。

再比如，四川省国资委通过创新搭建国内跨区域"国企混改项目信息发布平台"，采取技术手段整合项目信息，实现混改项目"一网发布、全网获取"，充分发挥平台的阳光市场作用，支持国有企业通过市场化方式引入社会资本，为促进四川"混改"项目加速落地提供了强有力的资本市场支撑。自 2019 年 7 月 16 日该平台上线至 2021 年 10 月 31 日，累计发布国企混改项目 496 宗，涉及金额 819.01 亿元，其中成交 84 宗，成交金额 67.82 亿元。

从数据中可以看到，这类平台虽然资源很好，但是总体成交率不高，比如四川省的平台整体成交率在 10% 左右，如果是市级平台或者品牌稍微弱一些的平台，成交率往往更低。

因此，如果是优质的企业，通过信息平台发布项目，会获得更多的关注。但如果本身就"资质平平"，那么在信息平台上，往往就淹没在海量信息当中，很难真正与战投方达成有效率的对接。

第三种方式则是很多国企忽略的、少有人选择的方式，就是自己来组织具有针对性的项目路演。之所以被忽略，是因为一般拟混改企业都是首次接触资本市场，除了少数明星企业，大部分都对于资本市场没有什么概念，也不知道该去哪儿寻找投资人。比如刚才提到的那家矿产企业，他们自己寻找过上下游的客户，也参与过浙江产权交易所组织的混改项目推介会，但都没有找到合适的投资人。我们帮它梳理了企业现状之后，建议他们将投资人地域做一个细分，主攻两个市场，第一是以成都为核心的西南市场；第二是以上海为核心的江浙市场。之所以选择成都，是因为成都距离西藏较近，很多投资人喜欢投距离自己不太远的项目，这样可以随时去探查项目情况。因此，在成都投资圈内举办一场项目推介会，效率会非常高，成交几率也会很大。而选择上海，主要是因为企业总部在浙江，离上海很近，而上海的资本圈子也比较活跃，相对而言也更有机会。

问题三：地方保护主义严重

2022年4月10日，国务院发布了《中共中央 国务院关于加快建设全国统一大市场的意见》，其中指出，建设全国统一大市场是构建新发展格局的基础支撑和内在要求。意见明确，加快建立全国统一的市场制度规则，打破地方保护和市场分割，打通制约经济循环的关键堵点，促进商品要素资源在更大范围内畅通流动，加快建设高效规范、公平竞争、充分开放的全国统一大市场，全面推动我国市场由大到强转变，为建设高标准市场体系、构建高水平社会主义市场经济体制提供坚强支撑。

从某一个角度来说，这份统一大市场意见的发布，缘由之一就是要破除地方保护主义，进一步规范不当市场竞争和市场干预行为。《意见》从着力强化反垄断、依法查处不正当竞争行为、破除地方保护和区域壁垒、清理废除妨碍依法平等准入和退出的规定做法、持续清理招标采购领域违反统一市场建设的规定和做法等五方面作出明确部署，旨在打破各种制约全国统一大市场建设的显性、隐性壁垒。

地方保护主义存在于我们经济活动中的各个层面，混改也不例外。以环保行业为例，由于环保产业的公共属性，基本各地都存在不同规模的政府平台公司，对环保项目的获取有着天然的地域优势。由于地方保护壁垒的存在，导致具有技术优势、运营经验丰富的优质企业难以公开公平地获得项目，既不利于环保产业的转型升级，又增加了项目的投资成本，进而加大了政府购买服务的支出。即使是成立混改企业，基本也是"肥水不流外人田"，只选择本地民营企业内部消化了。

在这方面，央企在股权多元化方面做出了很多破除地方保护主义的努力，比如中国水环境集团分别与河北建投水务投资有限公司成立合资公司，与宁波水务集团成立合资公司，为当地引入具有自主知识产权的下沉式高品质再生水系统，共同推动当地水环境治理，达到了不同所有制资本共赢、央地共赢、政府与企业共赢的效果。

而在我们的实际操作中，也遇到过各种各样的案例。比如有一家民营企业，想找有市场渠道的国有企业进行"反向混改"，即国企通过增资扩股成为民营企业的股东之一。一家国企很看好民企的技术实力，而民营企业的产品也对国企形成了良好的补充，填补了国有企业在这一方面的空白。结果到报批落地时，就遇到了层层阻力，首先是国企所在地的国资委，要求控股并购类的投资原则上不许出省。后来在我们的沟通协调之下，国资委和集团终于同意了此次混改，但又要求需要本省内的其他民营企业共同参与，以规避投资风险。

除此之外，还有交易方面的地方保护主义。按照32号令《企业国有资产交易监督管理办法》的规定，无论是股权转让还是增资扩股，都需要在产权交易所挂牌交易。而涉及到地方上，往往会额外要求只能在本地的产权交易所交易。这在信息对接上也会造成一定的障碍。比如某国企A，在当地产权交易所的信息平台上路演之后，可能觉得效果不是很好，而下游客户又集中在B地，它本身希望去B地的信息平台上也登记信息进行展示，但是在这种"地方保护主义"的要求之下，它又不可以去 B 地产权交易所挂牌交易，B 地自然也不会为它展示信息，人为地割裂了信息对接的渠道。

路径一："一对一"定向路演

路演（Roadshow）这个词是个舶来品，最初是国际上广泛采用的证券发行推广方式，指证券发行商通过投资银行家或者支付承诺商的帮助，在初级市场上发行证券前针对机构投资者进行的推介活动，主要是为了促进投资者与股票发行人之间的沟通和交流，以保证股票的顺利发行，并有助于提高股票潜在的价值。

因此我们可以看到，路演的目的主要包括以下几方面：一是融资方通过路演的方式，让投资者了解自己企业的情况、商业模式、团队成员、财务预测、融资规划等等；二是了解投资者的需求情况，比如基金规模、拟投资方向、拟投资金额等等，如果意向投资者较多，那么更有利于企业未来的成交价；三是给融资方与投资方一个交流的平台，后续继续保持良好的合作关系。

路演的关键就是融资方与投资方的对接，而路演渠道的选择，就看通过什么样的方式来对接投资人。

"一对一"的定向路演是最直接的路演渠道，也是国有企业在拟进行混改时首选的路演渠道。如何邀请投资人呢？基本是以下几种情况。

　　一是上游的供应商和下游的客户。由于平时业务上合作较多，国企一般首先想到的是选择他们来参与混改。上游供应商和下游客户来参加混改的最大优势，就是他们对企业有基本的了解，不需要再花时间去沟通企业的情况；另外，一旦他们成为企业的股东，对于企业后续的业务，或多或少都有相应的助力，也更有利于企业混改后的发展。

　　二是企业潜在的合作伙伴。比如技术上的潜在合作方，在同类型其他产品上有销售渠道的销售方，在品牌推广上有成功案例经验的品牌方等等，他们的加入可以在技术、销售、市场等多方面给予企业相应的助力。我们之前帮一家民营企业对接过"反向混改"的事宜，这家民营企业在工程机械领域内做得非常出色，20世纪90年代和日本神钢合作生产挖掘机期间，引入了日本的精益管理体系并延续至今。后来日本神钢退出，他们也退出挖掘机领域，开始生产装载机。我们去他们的厂房参观过，他们仅用9个月就完成了7万平方米厂房的建设，设计生产能力达到20000台/年，平均生产效率100台/亩·年，远超过行业20台/亩·年的平均水平。这套精益管理体系对于工程机械领域内的国有企业是非常有价值的，因此在为他们对接战略投资人的时候，不少国有企业，包括工程机械行业的一些老牌国企等，都对他们很感兴趣。

　　三是以各类基金为主的财务投资人。早在2015年，中国信达资产管理股份有限公司和上海国有资产经营有限公司就共同发起设立了200亿元的混改基金，主要为上海国有上市公司筹集并购资金、选择优质标的资产、设计并购方案。再比如 2020 年底，中国诚通控股发起设立了中国国有企业混合所有制改革基金，总规模 2000 亿元，首期募资 707 亿元，主要投向混改概念及战略性新兴产业，重点布局国家战略领域、竞争性领域、科技创新领域和产业链关键领域。另外，各个地方资产管理公司也都纷纷成立了自己的混改基金，比如安徽国控投资有限公司联合蚌埠投资集团、中科院资本、蚌山区人民政府共同成立了 15 亿元的安徽国控壹号产业投资基金，重点投向混合所有制经济，挖掘新能源、新材料、新一代信息技术、高端装备制造等产业投资机会，并发挥好市场化资本资源的配置功能和双招双引作用，服务壮大实体经济，助力皖北地区高质量发展。

在具体的对接操作中，第一种是最容易对接的，毕竟是自己上游的供应商和下游的客户，他们是否具备成为企业战略投资人的实力和潜质，企业都比较熟悉。

第二种则需要企业对行业有非常深的理解和人脉资源。比如前文提到的那家工程机械行业的民企，虽然他们很清楚在这个行业内哪家公司规模最大，哪家公司技术最强，但真要对接，却少了一块"敲门砖"。而刚好我们在业内有熟悉的资源，就帮他们对接了几家工程机械的国企。在对接的过程中，我们也发现，对他们感兴趣的企业，要么是"查漏补缺"，就是本身虽然是工程机械领域的"大咖"，但旗下刚好缺少他们生产的装载机，就会对他们很感兴趣，希望收购回来，填补上缺失的这一块；要么是"壮骨强身"，就是本身虽然有装载机，但是技术实力不强，因此希望收购他们团队，增强企业的技术实力和管理能力。另外，也有不少基金表示，如果有业内知名国企领投，基金也非常愿意跟投进来。

第三种情况，往往需要在金融领域有比较强的资源。基金公司很少领投，往往都是在混改项目里面担任"跟投"的角色，即一家企业敲定了战略投资人之后，如果还有多余的募资份额，基金公司就作为财务投资人跟投进来。这类资源如果要"一对一"地寻找，对于企业自身有比较高的要求。如果是大型国企，往往投资人会主动找上门来，但对于很多中小型国企，在投资人的寻求上，就需要额外下一番功夫了。

路径二：集中项目路演

2021年6月22日，由国务院国资委产权管理局、北京市国资委和全国工商联经济部指导，北京产权交易所承办的"2021年混合所有制改革项目推介会"在北京举办。来自中央企业、北京市国有企业、民营企业、专业投资机构和服务机构的近300名代表参会，286个混合所有制改革及中央企业民营企业协同发展项目在推介会上集中亮相，拟募集资金超过1200亿元，来自信息技术、科技服务、高端装备制造及服务碳达峰碳中和目标的7个代表性项目进行了现场路演。

推介项目总体呈现出三个特点：一是项目紧扣国家战略和市场热点，多数项目围绕落实碳达峰碳中和、科技创新、京津冀协同发展等国家重大战略，涉及新能源、新材料和高端装备制造等战略性新兴产业的高新技术企业项目达到140余项，占比超过50%；二是各类试点、示范企业数量众多，推介项目中，重点领域混改试点企业22家，"双百企业"26家，"科改示范企业"18家，该类企业混改项目的亮相，将进一步发挥其在各项改革中的引领示范作用；三是混改形式多样，既有产权转让项目、增资扩股项目，也有投资新设项目。

从此次推介会的热门项目，可以看出投资者对什么样的混改项目更感兴趣，投资者的目光基本都集中在市场热点项目和科技类项目上。资金永远都是扎堆的，在混改领域也不例外。就好像前几年的一级市场投资，你出去见投资人，问他们投什么领域，99%都说自己在关注生物医药、先进制造和人工智能大数据。别的领域难道就没有赚钱的好项目了吗？但资本就是这样，具有很强的从众性。从另一个角度来说，从众也有一定的道理，毕竟资本越关注的项目，后期继续进入的资金也会越多，机会也会越多，退出的渠道也会越多。

以北京产权交易所为例，"十三五"以来，北交所完成各类国资交易项目27831项，交易金额近1.55万亿元。有870家国有企业通过北交所完成混改，引入社会资本3293亿元。2019年以来，北交所组织过两次中央企业混改项目推介会和央企·京企混改项目联合推介会，累计集中推介项目673项，其中，国电投青海黄河公司、南航通航、国投高新、首钢朗泽等一批企业通过北交所实现混改，企业市场竞争力得到极大提升。

这类大型的项目路演一般由各地政府、国资委或者产权交易所牵头举办。这对于拟混改企业而言是一个非常好的集中展示的官方渠道。近几年，各地都举办过大大小小的类似混改项目推介会。比如，2019年9月23日，北部湾产权交易所举办了广西国有企业与非公资本合作发展系列活动，旨在广泛吸引非公资本参与国有企业混合所有制改革，有效促进国有企业资源优势与民营企业社会资本精准对接，切实推进一批混改项目落地，推动广西国企混改取得实效。北部湾产权交易所网站上的国企混改专区也同步上线，在实现投资人资源共享和产权市场空间成倍增长的同时，为资本的跨地区配置与流动打通了"任督二脉"，充分利用产权交易平台在国企混改中规范交易、信息集散、价格发现、资本进退、资源配置等功能，发挥政策咨询、方案设计、信息发布、项目推介、撮合交易、资金结算等专业化一站式平台服务功能，有效促进资本的跨区域高效流动，为加速广西混改项目落地见效提供强有力的平台支撑。

由于国有资本转让的特殊性，产权交易所是混改企业所必经的渠道。我们研究院也一直重点关注全国各地区35家大型国有产权交易所的动态信息。以2021年为例，我们关注并收集的国有产权交易所产权转让项目中，成交项目6893个，比上年数量上涨117%，项目成交集中在制造业、科学研究和技术服务业、房地产、租赁和商务服务业。

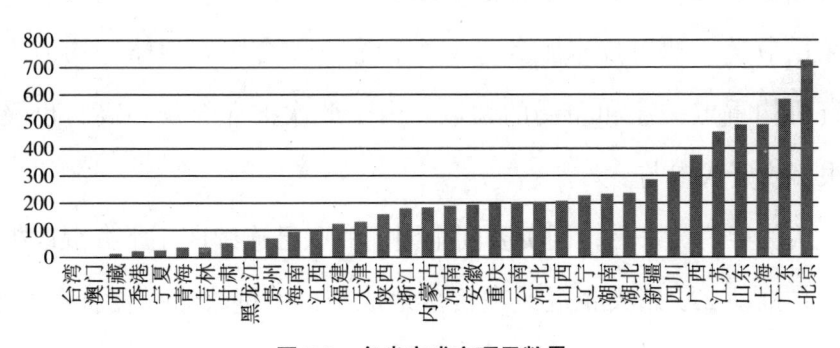

图 7-2　各省市成交项目数量

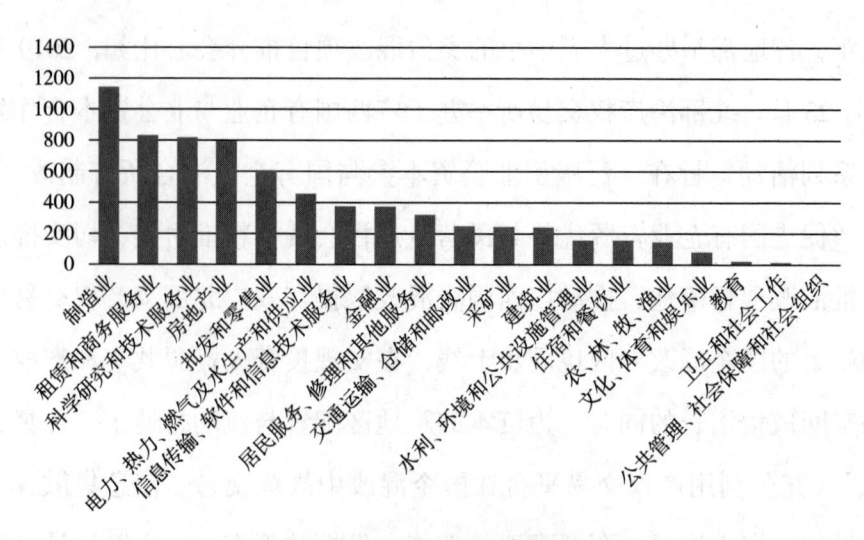

图 7-3　各行业成交项目数量

近几年，受疫情的影响，线下大规模的活动受到较大限制，路演活动也开始逐步向线上转移。比如 2022 年 11 月 11 日，由国务院国资委、全国工商联、上海市国资委指导，上海联合产权交易所承办的"2022 年混合所有制改革暨国企民企协同发展项目推介会"就同时在北京、上海两地以"双现场"形式举办。推介会共有 263 宗项目集中亮相，其中国企混改项目 141 宗，意向募集资金额超过 1200 亿元；国企民企协同发展项目 49 宗；民营企业引资项目 73 宗。路演项目涵盖工程医药、抽水蓄能电站设计、天然气全产业链运营、工业品供应链、油田技术服务等多个行业，契合国家战略，均为当前投资机构重点关注和布局的领域。由于此次推介会规格高，也吸引了很多投资人参与。

从往年情况来看，国资委同全国工商联已连续四年举办混改推介会，共推动 221 宗央企混改项目落地成交，引进战略投资者数百家，引资额超过 1268 亿元。中央企业和地方国有企业混合所有制企业户数占比分别超过 70% 和 54%。

这次推介会除了由线下转线上、两地同时召开外，还呈现三大特点。一是聚焦实体经济、绿色发展，通过产权市场集中推介国企民企项目，八成以上项目涉及装备制造、航空航天、新能源、新材料、信息技术等行业；二是首次推介民营企业引资项目；三是推介的混改项目均注重引入高匹配度、高认同感、高协同性的战略投资者，积极向投资者释放董事席位，合理设置股权结构，致力于发挥投资者在优化治理机制、提升产业链供应链现代化水平、健全市场化经营管理机制方面的重要作用。

虽然各地政府和产交所都在积极开展混改推介会等项目推介方式，但实际上，在混改信息对接方面，也存在很强的"头部效应"，规模大前景好的优质企业，如前文提到的东航物流这类，未来有非常明确的发展规划和资本运作规划，战略投资人趋之若鹜，拟混改企业可以从中挑选符合自己要求的战略投资人进行对接。但是，拟混改企业不仅仅只有央企，还有大量的地方国企，尤其是市县级国企旗下的拟混改企业，这些企业相对较弱，亟需民营资本带来的活力与支持，但是，在资本市场上，又很难发出自己的声音。虽然各地政府都在尝试搭建国企混改项目信息发布之类的网络平台，来解决混改信息孤岛与碎片化问题，但目前还没有看到成功的案例。

路径三：自发组织路演

除了"一对一"定向路演和参加有关部门组织的项目路演活动，企业也可以自己组织路演，一次性邀约多个有意向的投资人进行沟通，这样既提高了沟通效率，又增加了成功概率。

比如，中国宝武就曾经和上海联合产权交易所联合举办过一场21个项目的推介会，集中推荐包括宝武环科在内的下属拟混改子公司项目。该批项目聚焦与钢铁主业相关的新材料产业、智慧服务产业、资源环境产业和产业金融业，涉及原料矿产、环境资源、供应链服务、清洁能源、再生资源、金融产业等多种不同业态，拟通过增资扩股、改制上市等多方式、多渠道实施混合所有制改革，大多计划于2至3年内培育上市，其中部分公司即将接受上市辅导。

用中国宝武相关负责人的话说，就是围绕"完善治理、强化激励、突出主业、提高效率"这十六字要义，"宜混尽混、已混深混"，落实子公司混合所有制改革的"合金化"，大力推动子公司改制上市，充分激发内在动力活力，形成自我激励自我约束机制，不断提升市场竞争力。

而中国宝武最新发出的"混改邀请"，是经过深思熟虑的踏实步骤。2021年初，中国宝武就组织开展对子公司混合所有制改革情况的全面梳理。在梳理出一批"宜混"企业的基础上，制定混合所有制改革计划，分期分批、一企一策，推进混合所有制改革项目实施。同时，中国宝武搭建混合所有制改革推进体系，与相关金融机构、交易机构合作，为子公司推进混合所有制改革提供多方位、更具针对性的金融服务；与相关券商合作，对子公司混合所有制改革项目进行逐项梳理和诊断，进一步确定混合所有制改革的目标，并使子公司在制定混改方案初期就能获得更具专业性的指导。而此次和上海联合产权交易所的合作，更是进一步搭建混合所有制改革项目的推介交易平台，联合产权交易机构加大项目的"全周期推介"力度。

因此，在自己组织路演的时候，能否邀请到恰当的投资人至关重要。比如中国宝武，一方面自己有强大的推广渠道，另一方面，也有上海联合产权交易所这样强劲的合作伙伴，因此自己组织路演难度不高。但对于很多中小企业来说，组织路演的第一大难题，就是从哪儿寻找投资人的问题。尤其不少传统企业，很少接触资本市场，更觉得一头雾水。

自己组织路演，首先要解决的是路演什么的问题，也就是说，在路演的时候要陈述的材料，即前文提到的商业计划书。不然，好不容易将投资人请了过来，结果云里雾里说了一堆不着边际的话，让投资人摸不到头脑，不知道企业引战的目的是什么，未来的规划是什么，投资的收益又是什么，那不是浪费了资源和机会吗？

其次要解决的是投资人的问题。一般我们建议企业寻找一个有实力的第三方合作伙伴，比如产权交易所，或者金融公司、咨询公司等中介机构，共同来运营这件事情。企业负责路演的细节规划，而第三方合作伙伴则依赖自身的资源为企业招揽投资人。但需要注意的是，第三方合作伙伴往往需要一定的财务顾问费用。

最后要解决的就是路演的具体安排。这对于大多数国企而言都不是难事，就按照平常组织会议的流程，安排时间、地点、场地、播放PPT的设备，以及参会的人员、行程的安排等等。

当然，路演渠道的选择还有很多其他的情况，但最重要的，就是要根据企业自身特点，选择适合企业的方式，才能做到"事半功倍"。比如2020年开始，华建集团就准备进行"二次混改"，全面推进非公开发行路演工作，与资本市场各类投资者展开沟通，路演形式既包括线下的一对多和一对一沟通，也充分采用了线上的多种形式沟通，还包括跨国的一对一的和QFII（合格境外机构投资者）的路演沟通；路演对象包括大型国有企业、大型民营企业、公募基金、私募基金、QFII和个人等。截至2022年3月底，华建集团共开展了50余场路演沟通，最终，保证非公开发行于2022年4月21日全部完成，满额募集9.47亿元。

产权交易所的挂牌流程及相关问题

在完成了上述一系列工作之后，混改落地的最后一步，就是在产权交易所挂牌交易。因此我们在这里也简单介绍一下产权交易所的挂牌流程及相关问题。

（一）产权交易所挂牌流程

这一部分更多的就是按部就班地完成应该走的流程。进行挂牌交易时，主要的法律依据就是《企业国有资产交易监督管理办法》，即常说的32号令。

按照32号令以及相关规定的要求，在挂牌转让时，一般需要以下几个流程。

第一，是可行性研究和方案论证。按照32号令第十条的要求，转让方应当按照企业发展战略做好产权转让的可行性研究和方案论证。产权转让涉及职工安置事项的，安置方案应当经职工代表大会或职工大会审议通过；涉及债权债务处置事项的，应当符合国家相关法律法规的规定。转让方案及可行性报告主要包括转让标的企业国有产权/国有资产的基本情况介绍；受让方应当具备的基本条件（如资质、人员要求），一般情况下产权转让可结合实际需要设置条件，资产转让不得对受让方设定条件；转让的国有产权/国有资产转让价格确定方式（审计、评估价作为参考，合理定价）；转让国有产权/国有资产的合理性论证（必要性）；转让标的企业涉及的、经企业所在地劳动保障行政部门审核的职工安置方案（如有）；转让国有产权的，需明确标的企业涉及的债权、债务，包括拖欠职工债务处理方案；企业国有产权/资产转让收入预算支出方案；企业国有产权/国有资产转让公告的主要内容(交易方式、付款方式等)等。

第二，是需要形成内部有效决策。按照32号令第九条的要求，产权转让应当由转让方按照企业章程和企业内部管理制度进行决策，形成书面决议。国有控股和国有实际控制企业中国有股东委派的股东代表，应当按照本办法规定和委派单位的指示发表意见、行使表决权，并将履职情况和结果及时报告委派单位。这一步是开展资产转让事宜的前提工作，不仅需要符合法律规定的决策程序，还要符合国有企业自身及国有股东的内部规章制度，需要做到严格遵章行事。

第三，是将资产转让事宜报相关机构审批。一般由国资监管机构负责审核国家出资企业的产权转让事项，国家出资企业负责制定本企业不同类型资产转让行为的内部管理制度，并报同级国资监管机构备案。但有几项例外，一是如果因产权转让致使国家不再拥有所出资企业控股权的，须由国资监管机构报本级人民政府批准；二是涉及国家出资企业内部或特定行业的资产转让，确需在国有及国有控股、国有实际控制企业之间非公开转让的，由转让方逐级报国家出资企业审核批准；三是转让方为多家国有股东共同持股的企业，由其中持股比例最大的国有股东负责履行相关批准程序，如果各国有股东持股比例相同，则由相关股东协商后确定其中一家股东负责履行相关批准程序。

第四，是要经专业机构审计和评估。按照32号令第十一条的要求，企业国有产权转让事项经批准后，转让方必须委托会计师事务所对转让标的企业进行审计。涉及参股权转让不宜单独进行专项审计的，转让方应当取得转让标的企业最近一期年度审计报告。

而第十二条规定，对按照有关法律法规要求必须进行资产评估的产权转让事项，转让方应当委托具有相应资质的评估机构对转让标的进行资产评估，产权转让价格应以经核准或备案的评估结果为基础确定。而根据《国有资产评估管理办法》《企业国有资产评估管暂行办法》的要求，企业国有资产转让均需要进行评估，可以不评估的资产交易行为主要包括经人民政府或国有资产监督管理机构批准，对企业整体或者部分资产实施无偿划转；以及国有独资企业与其下属全资企业之间或其下属全资企业之间的合并、资产（产权）置换和无偿划转。

另外需要注意的是，企业国有资产评估项目实行核准制和备案制，除经国务院或省级人民政府批准实施的重大经济事项涉及的资产评估项目外，其他情形下的资产评估项目均实行备案制。企业国有资产评估项目应当事先报国有资产监督管理机构审批或收到评估报告后向国有资产监督管理机构或其所出资企业提出备案申请，经核准或备案的资产评估结果自评估基准日起，使用有效期为1年。

第五，是要通过产权市场公开挂牌交易。这是国有资产转让的最后一环，通过依法设立的产权交易所公开挂牌交易。可以不用公开交易，采取非公开协议处置只有两种例外情形：一是涉及主业处于关系国家安全、国民经济命脉的重要行业和关键领域企业的重组整合，对受让方有特殊要求，企业产权需要在国有及国有控股企业之间转让的，经国资监管机构批准，可以采取非公开协议转让方式；二是同一国家出资企业及其各级控股企业或实际控制企业之间因实施内部重组整合进行产权转让的，经该国家出资企业审议决策，可以采取非公开协议转让方式。

按照要求，转让方需要向产权交易机构申请挂牌交易，具体的申请材料要看当地产权交易机构的要求。申请受理后，根据企业实际情况和工作进度安排，采取信息预披露和正式披露相结合的方式，通过产权交易机构网站分阶段对外披露产权转让信息，包括转让标的情况、转让标的企业股东结构、转让获批情况、标的企业主要财务指标、受让方资格条件、交易条件、转让底价等等，公开征集受让方。一般正式披露信息时间不得少于20个工作日。

信息披露后，有意向的受让方可以向产权交易机构申请，最终确定受让方之后，产权交易机构会组织转让、受让主体签订产权交易合同，结算交易资金，并公告此次转让交易结果。到这里，企业国有资产转让的核心环节就基本完成了，后面的产权交割、工商变更等流程，根据协议完成即可。

以上海联合交易所为例，企业国有资产增资交易的基本流程如下。

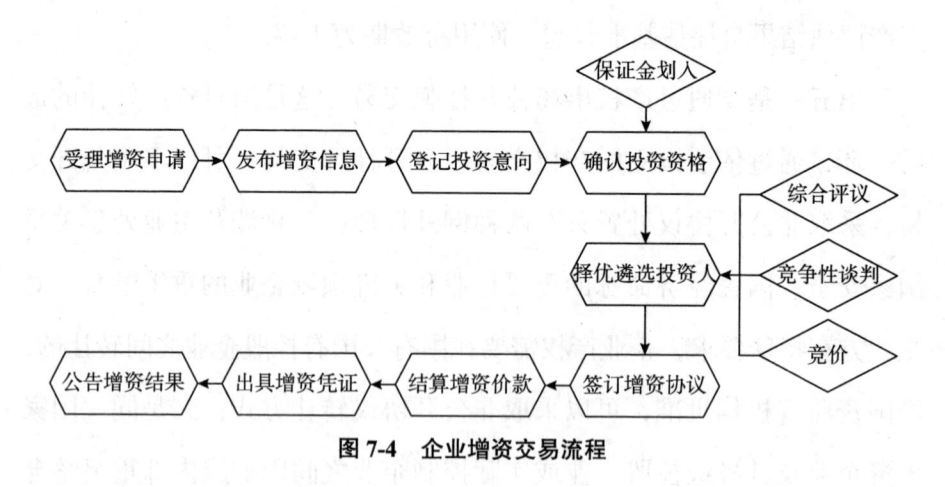

图7-4 企业增资交易流程

（二）需要关注的相关问题

问题一：在国有产权转让过程中，如何协调其他股东优先购买权的问题。

由于公开交易方式的竞价系统都是统一报价，价格最高者摘牌。一旦进入报价环节，往往只能出更高价而不能出相同价格，同等条件下优先购买权很难保证。因此在实践中，首先，应当提前向其他股东发函，沟通产权转让相关事宜，要求放弃优先购买权或通过公开进场竞价交易或明确限期内不进场交易则视为放弃优先购买权。其次，可以与交易所沟通调整竞价规则，不采用竞价系统，采取一次性报价或允许同等报价等方式。

问题二：国有企业产权转让能否对受让方资格、条件进行设置？

按照32号令的规定，国有产权转让原则上不得针对受让方设置资格条件，确需设置的，不得有明确指向性或违反公平竞争原则，所设资格条件相关内容应当在信息披露前报同级国资监管机构备案，国资监管机构在5个工作日内未反馈意见的视为同意。

但是很多时候，企业在进场挂牌之前，已经谈好了意向方，除了价格，对方往往在技术、品牌或者其他资源上对企业也有相应的助力，所以也会担心被部分可以出高价，但是在其他方面明显不足的意向方"横刀夺爱"，因此往往都需要额外设置一些资格条件。在设置资格条件时，主要会集中在以下方面：受让方受让后是否影响标的企业的持续经营；受让方在行业上下游影响力、资金支持、职工安置等方面需具备的条件；以及受让方资产规模、资质、偿债能力等。

问题三：国有产权转让是否只能在当地产权交易所进行交易？

我们在前文提到过一个案例，就是一家浙江的国有企业，下属的矿产主要在西藏，本来希望通过西南联交所挂牌，这样可以吸引更多西南地区的投资人，但可惜的是，按照我们国有产权转让的规则，省属、市属地方性国有企业进场，原则上只能进当地产权交易所进行交易，也就是说，这家企业注册在浙江，就只能在浙江产权交易所挂牌交易。

目前西南联交所是全国唯一一家跨省区的产权交易机构，主要为四川和西藏两地的企业服务。据了解，现在部分地区的产权交易所已经在尝试突破这种限制，通过"互联网+"的形式与其他区域的产权交易所合作，实现异地挂牌，但具体仍需要参考当地产权交易所的交易规则。比如2022年8月，宁夏回族自治区国资委就增加了浙江产权交易所作为宁夏区属国有企业交易业务定点机构，希望浙江产权交易所可以运用国有资产交易数字化平台"浙交汇"的规范化、智能化、市场化优势，充分发挥浙江产权交易市场的要素资源高效配置功能，高质量服务好宁夏回族自治区属国有企业国有资产进场交易，共同助力国资国企改革发展和全国统一大市场建设。

问题四：对外转让国有资产事前、事中、事后未经合法合规程序引发的法律风险如何对待？

转让国有资产过程中很容易发生合规风险，比如未提前根据涉及的不同事项制定不同处置方案，未经内部有效决策或者未依据相关规定上报审批等等。这就要求国有企业要建立健全自身内部合规管理体系及合规制度，完善决策程序。另外，必要时可以借助第三方中介机构的力量，通过第三方的经验和监督，查漏补缺，避免因流程不熟悉而导致合规风险。

第八章

市场化激励的抓手

问题一：转变理念，协助员工转换"人设"

问题二：正向激励，重塑薪酬绩效体系

问题三：市场导向，强化中长期激励

抓手一：任期制契约化与职业经理人

抓手二：中长期激励

对于混改企业而言，如何激发经理层的活力对企业未来运营发展十分重要。除了前文提到的，建议混改企业经理层推行职业经理人制度之外，我们还建议混改企业一定要加强对于经理层的中长期激励。

要想真正深入推动混合所有制改革的"转机制"工作，在实践中要切实解决三个关键问题。

问题一：转变理念，协助员工转换"人设"

国有企业职工普遍对身份有一种根深蒂固的执念，对非国有企业身份抱有天然的怀疑、排斥。而对于混改企业，这种执念也普遍存在。比如我们在进行混合所有制改革访谈的时候，很多员工都会问到同样的问题：混改后我们是什么身份？我们还有行政级别吗？公司是不是随时可以辞退我们了？

不得不说，我们不少国企都是新中国建立后就成立的老牌企业，而企业的员工往往都是"二代"甚至"三代",尤其西北或者东北部分国有企业,父辈们为了支援国家建设,背井离乡来到这里。比如我们当时在酒钢访谈,不少员工就是当年从东北千里迢迢去到大西北,在那边结婚生子,孩子们继续在酒钢工作。对于这些"二代""三代"而言,他们可能从小在"企业办社会"的幼儿园、小学、中学内长大,对企业有非常深厚的感情。这些企业如果要混改,员工首先面临的就是身份上的危机感,是不是没有"铁饭碗"了?企业不要我们了,那我们能去哪儿?

因此,在混改企业的市场化激励问题上,首先要做的就是协助员工转换"人设",不但员工要转换,管理层也要转换,不光要有市场化用工的制度,更要有市场化用工的意识。混改企业不是"大锅饭""铁饭碗",而是多劳多得,少劳少得,不劳不得,干部能上能下,人员能进能出,收入能增能减。

其次是落实干部的市场化选聘机制。除应由出资人管理和应由法定程序产生或更换的企业管理人员外,其他领导干部一律实行竞聘上岗。管理人员竞聘上岗应全面统筹内部、外部渠道,拓宽渠道,广纳贤才。企业应制定规范的管理人员竞聘上岗的标准、程序,并在党组织、董事会进行合理分工,确保公平、公正、公开。经理层人员要全面推行任期制和契约化管理,明确聘任条件,签订聘任合同,明确考核指标,签订业绩责任书,明确市场化进退、管理的条件。同时,在国有相对控股混合所有制企业、国有参股混合所有制企业应全面实行职业经理人制度,按照"市场化选聘、契约化管理、差异化薪酬、市场化退出"原则选聘和管理。而作为混改企业的董事会,更应广开招聘渠道，通过市场化方式大胆选聘德才兼备的职业经理人，从而在企业实现混改以后能够很好地去执行企业的既定战略，同时也要为职业经理人配套相应的市场化薪酬激励机制和经营业绩考核机制。

第三是落实混合所有制企业的市场化用工机制。企业要根据自身发展需要进行人力资源规划，合理预测人才需求，并据此编制人员招聘及配置计划。按照公平、公开、公正的原则，企业可以自主决定招聘渠道、招聘人数、招聘要求及相应的招聘程序等。要完善全员劳动合同管理，建立员工不胜任岗位的退出机制，做好相应的安排。要通过人才盘点，人才培养、选拔和晋升，及各类人才库的建设，打造混改企业的人才梯队机制。混改企业的优势不仅体现在股权和资本多元化带来的战略协同效应上，更要体现在混改后的人力资本价值的提升上。缺乏适应企业战略发展需求的源源不断的人才梯队，混改企业纵然有再好的其他机制和资源，也无法达成混改的目的。

问题二：正向激励，重塑薪酬绩效体系

混合所有制改革后，企业的经营还是要靠人。因此，对于干部职工的激励就尤为重要。一般来说，混合所有制改革后，职工收入的安全性、稳定性在降低，但激励性在增强。也就是说，干与不干、干好

干坏绝对收入不同，并且干得不好还可能下岗，因此职业的风险性较大，当然干得好收入肯定高。因此，混改企业薪酬绩效体系的设计至关重要。但是在推行过程中，也存在种种"糊弄"的现象，比如任期制和契约化这套体系，很多企业就是在"走过场"。

2020年初，国务院印发了《"双百企业"推行经理层成员任期制和契约化管理操作指引》，经理层的任期制契约化改革逐步在全国的国有企业实施开来。国资委要求按照"一个抓手、四个切口"和"可衡量、可考核、可检验、要办事"的要求，在2021年年底前完成三年改革任务的70%以上，要求企业倒排工期、加快推进，以钉钉子精神抓好重点专项任务落实落地，确保国企改革三年行动各项任务按期保质保量完成。但不少国有企业存在应付改革任务、做表面文章的问题，"交作业"心态非常严重，该项改革"虚"声一片。

任期制契约化改革方案相对容易，且不需要走很长的审批流程，牵涉利益也少，也有往年的"任务书""责任状"作为基础，最重要的是实施过程也比较简单：经理层班子成员一切不变，草草签订"两书"，完成了形式上的改革任务，交差十分方便。甚至于部分国企领导对于任期制契约化改革的认识还是比较粗浅的，比如我们接触到的一些国企领导就认为，任期制契约化和原来的管理制度大同小异，无非换个名字或者提法而已。至于说刚性兑现，制定目标的时候尽量低一些，让大家都能完成就行。某些国企经理层成员在签订两书前甚至都没怎么看过协议内容。

"我是闭着眼睛签的"，有的国企干部签过"两书"之后如是说。

也有的国企干部对于其中觉得疑惑的地方，想着后续再说吧。多年来旧模式下的惯性依然引导着他们的行为，显然改革前的思想导入是不足的，对改革的认识也不够深入。

临近改革任务节点"交作业"，导致仓促实施，很多措施根本难以落实到位。比如，缺乏董事会对经理层的充分授权，没有授权清单，经理层"法无授权"不敢为，拿什么完成业绩目标？业绩目标仓促制定，如何评判其合理性，更如何去评判考核与激励的公平性？管理层的改革牵一发而动全身，与整个公司的改革如何匹配？

诸如以上问题，如果没有考虑清楚，制定合适而详细的方案，那就为后续的实施埋下了隐患，注定改革难以取得良好的成效。我们认为这种"假"改革不仅对企业发展没有好处，还会大大伤害企业管理者经营管理企业的积极性。这绝不是国务院国资委改革的初衷，经理层成员任期制契约化改革是国企改革三年行动的"标志性改革动作"，是改革的一个重要支点，通过这项改革希望撬动国有企业整体改革大局，拉开改革序幕。这不是草草签订几个协议就能完成的。经理层成员任期制契约化改革要做到实处，其意义远不止"一纸协议"，把改革落到实处，不是一件简单的事情，重要的是要我们的国企干部或者有关部门进一步明确任期制和契约化这项工作，我们到底要达到什么目的，通过这项改革能带来哪些方面的变化。

而对于混改企业而言，重塑薪酬绩效体系，重点要关注三个层面。

第一个层面，是经理层的薪酬绩效体系。

经理层属于企业经营的"关键少数"，压力大、责任重，对企业发展的影响大。因此，应该根据"业绩与薪酬"双对标的原则，给予市场化的正向激励。而经理层的市场化薪酬机制，在混改企业中往往也就是与职业经理人制度相配套的薪酬机制。比如在职业经理人的年薪中浮动年薪的比例一般应占到 50% 以上，与年度经营业绩直接挂钩，还可以设计年度超额目标奖，以激励混改企业的经理层努力超越年度的经营目标。此外，对职业经理人还要设计与任期经营业绩相挂钩的任期激励薪酬及相关约束机制，并确保实现刚性兑现，实现"能增能减""能进能出"。

第二个层面，是员工的薪酬绩效体系。

要合理设计内部薪酬分配的机制，进行横向、纵向的科学薪酬结构设计。横向上，要考虑不同序列（如管理序列、研发序列、营销序列、技能序列）对公司的价值，合理设置其分配比例，纵向上要考虑不同职位等级（高层、中层、基层）的贡献及价值，合理设计薪级薪等，从而解决激励性问题和公平性问题。其中需要关注的是混改企业的工资总额决定与增长机制。

混改企业的工资总额要实现功效联动，与主要业绩指标如营收、利润等挂钩，也要与人均劳动生产率等效率指标密切结合，从而激发团队的整体活力和员工工作积极性。对于混改企业的人员编制管控，也可以一改传统的定岗定编做法，通过薪酬总额管控让混改企业自主实现减员、增效、提薪，即所谓"3个人，干5个人的活，拿4个人的钱"。混改企业也完全可以参考一些优秀民企的做法，如华为的"获取分享制"，即通过赚取"薪酬包"的方式，一个业务单元的薪酬激励额度完全与其所创造的效益直接挂钩，充分通过市场机制来调节，实现有效的自我激励和约束。

另外，还需要设计以岗位价值、绩效及能力为基础的宽带薪酬体系，并且设计员工多职业晋升通道，从而让员工通过个人努力有更多的薪酬晋升和发展机会，以有限的薪酬资源取得更大的激励效果。在绩效考核方面，混改企业要设计各层级可量化、可衡量化的绩效考核指标体系，通过对公司年度经营目标由上而下逐级分解、结果考核与过程考核相结合、绩效管理过程完整闭环来实现公司经营业绩的跨越性提升。

第三个层面，则是经理层与员工之间的关系。

市场化激励的一个重要目的就是通过改革激励经理层成员，提高他们的积极性，促进企业经营发展。把经理层的收入和公司业绩深度挂钩，若想获得更高收入，必须以完成业绩为前提，这就倒逼经理层去调动全体员工积极性，提高工作绩效，推动三项制度改革。

经理层是一个团队，有总经理、副总经理等不同成员组成。这个团队中，每一个人的责任和贡献是不同的，对应的每一位成员的激励和收入应当也是不同的。在改革之前，我们看到不少国企在这点上是吃大锅饭，搞平均主义，往往是副总经理的薪酬都取总经理薪酬的80分位。实际上每一位副总的分工是不同的，在不同时期不同业绩下他们的贡献和责任也是不同的。如此的薪酬现状，很容易影响他们工作的积极性，"出工不出力"现象时常发生。经理层成员间激励的公平性和合理性是一个不可不解决的难题。

通过薪酬绩效体系设计，我们可以把经理层成员业绩工作指标分为共担指标和分管差异化指标两类。其中共担指标是指经理层成员作为公司经营决策层共担的公司经营业绩任务和成果。分管差异化指标是结合经理层成员不同的分管领域实际情况，突出不同的考核重点，科学设置业绩考核指标及权重，并合理确定差异化考核标准。每一位成员的考核指标都由这两部分组成，而两部分的权重则根据各自的分管领域（职能、业务）分别制定，确保公平、合理。每个人的绩效考核和激励与各自具体工作高度结合，是确保经理层成员工作积极性的有效保障措施之一。

通过薪酬绩效改革，把公司业绩和经理层每一位成员深度绑定。一旦经理层的担子重了，压力就会向下传递，企业内部的市场化机制就会顺势建立，三项制度改革就能落到实处。

如何在员工间建立有效的绩效考核机制，又是一大难题。绩效的公平和合理一直是困扰企业员工绩效考核的核心问题，"吃大锅饭"，"干好干坏一个样"是国企的常态，有损于企业的长远发展，绩效改革迫在眉睫。有了经理层成员薪酬绩效改革作为样板，公司全体员工绩效改革的推动阻力就大大降低了。"干部能上能下"做到了，"员工能进能出"自然也不远了。更何况经理层的绩效目标完成有赖于公司全体员工的共同努力，这就迫使经理层必须理顺员工的绩效考核，落实三项制度改革。

问题三：市场导向，强化中长期激励

对于企业经营来说，人力资本的价值越来越大，因此应该充分将核心人才与企业长期捆绑，推动企业的持续发展。因此，混合所有制改革后，混合所有制企业需要灵活运用多种中长期激励方式，根据混合所有制企业所处的行业、发展阶段及战略要求，综合运用股权激励、分红激励、员工持股、超额利润分享、虚拟股权、项目跟投等激励方式，激发各类人才的积极性，推动混合所有企业的发展。

在中长期激励中，尤其国有控股上市公司、国有控股科技型企业、国有控股混合所有制企业有明确的政策规定，可以依法操作。对于国有控股非上市公司则可以根据企业实际情况探索实行虚拟股、超额利润分享等基于利润的中长期激励方式。当然，国有参股公司不必依据这些政策，可以更市场化地采取依法合规的中长期激励方式。

但是在混改企业中长期激励的推行过程中，我们也看到如下问题。

第一个问题，就是推行速度缓慢。

在我们走访过的企业中，大家对于推行中长期激励政策总是顾虑重重。尤其对于员工持股和股权激励，比如有些资源型的企业觉得企业的效益都是靠资源来的，和员工没有什么关系，为什么要给员工做激励？也有些企业觉得，做员工持股，到时候分配不均衡，大家有意见怎么办，多一事不如少一事。还有一些企业，在更早的时候曾经做过员工持股，但因为当年政策不明确，或者方案本身有问题，最终激励失败，导致层层问题难以解决，现在已经失去了再做员工持股的信心。

比如我们接触过的一家企业，十多年前做过员工持股，效果也不错，企业利润得到快速增长，员工也都拿到了不菲的分红。但是其他兄弟公司看到他们业绩好，分红高，竟然有人举报了他们，说他们员工持股涉及国有资产流失。上面派人来查，一查二查，虽然没查出来有问题，但认为还是有隐患，于是强行终止了员工持股，把资金原价退回给员工。一次本来很好的改革尝试就这样夭折了。现在集团上下一提员工持股都有点"谈虎色变"，不想再做过多尝试，免得又触到政策红线，平白惹事。

而员工持股的进展缓慢，从上市公司的数据也可见一斑。根据我们的统计，从2018年到2020年三年间，A股一共有1160家上市公司的员工持股方案通过了股东大会审议，其中2018年411家，2019年320家，2020年429家，相对比较稳定，但2021年前三季度，已经有658家上市公司的员工持股方案通过了股东大会审议，可以说是出现了一个小的爆发性增长。

但是，央企和地方国企的数据一直都没什么变化，2018—2020年三年间，央企通过员工持股方案的分别有12家、23家和23家，地方国企分别有21家、34家和34家。从中可以看出，央企和地方国企实施员工持股的进展是远远低于一般民企的。

从上市公司的公开数据我们能看到，虽然央企和地方国企实施员工持股方案的家数不多，成效却相当显著。我们统计了每家上市公司在实施完员工持股后三个会计年度净利润增长率的表现，平均值远超过同类上市公司平均水平。

2018年实施员工持股的地方国企，2018年当年平均净利润增长率为-4.04%，实施员工持股一年后的2019年，平均净利润增长率就达到18.86%，2020年达到41.34%，2021年前三季度更是达到惊人的204.97%。

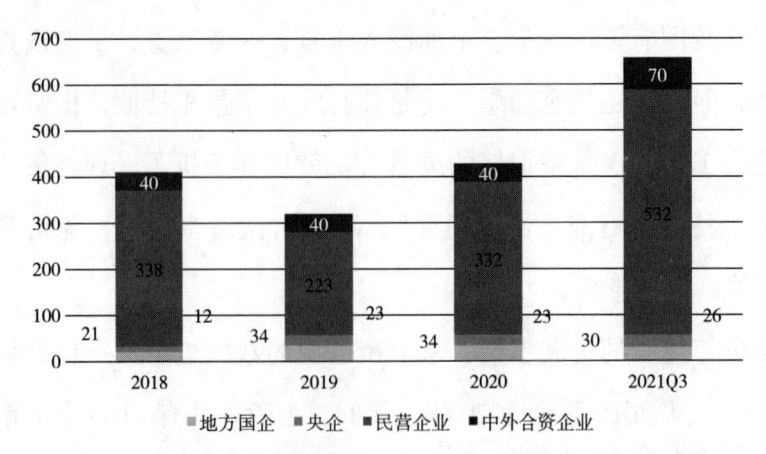

图 8-1 历年实施员工持股的上市公司家数（已通过股东大会审议）

2019 年实施员工持股的地方国企，当年平均净利润增长率为 –123.71%，实施员工持股后，2020 年即出现反转，达到 37.57%，2021 年前三季度达到 160.01%。

而 2020 年实施员工持股的地方国企，当年平均净利润增长率为 21.87%，2021 年前三季度净利润增长率翻了整整四倍多。

那么，如此显著的成效，到底是受益于员工持股，还是受益于整个大环境的转暖呢？

我们仅从数据来看，2019 年，地方国企上市公司整体平均净利润增长率为 –30.62%，2020 年为 –427.76%，2021 年前三季度为 129.26%。虽然 2021 年整体有明显好转，但实施员工持股的地方国企上市公司的表现依然明显高于整体平均水平。

从央企数据来看，2018 年实施员工持股的央企上市公司，2019—2021 年前三季度的平均净利润增长率分别为 40.14%、23.81%、35.75%；均跑赢央企上市公司的整体平均水平，即 –22.57%、–40.86%、–282.17%。

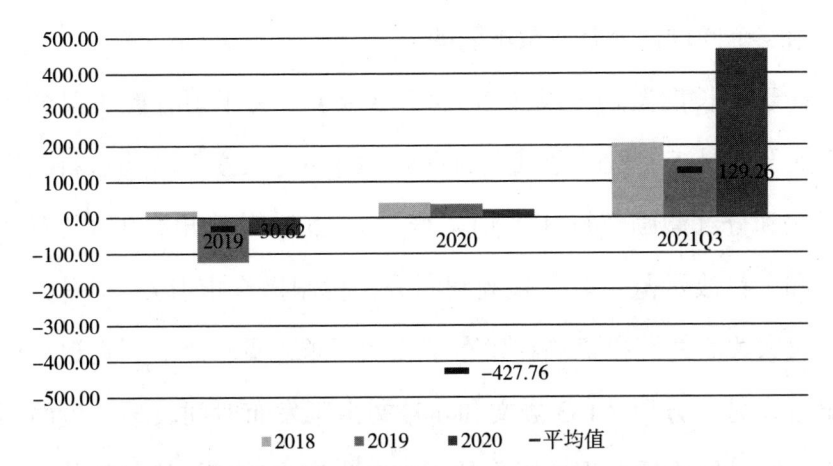

图 8-2　地方国企上市公司实施员工持股后平均净利润增长率

2019 年实施员工持股的央企上市公司，当年平均净利润增长率为 22.66%，实施员工持股后的 2020 年和 2021 年前三季度分别达到 26.88% 和 132.81%，依然明显高于整体平均水平。

而 2020 年实施员工持股的央企上市公司，当年平均净利润增长率为 22.62%，2021 年前三季度净利润增长率达到 78.04%。

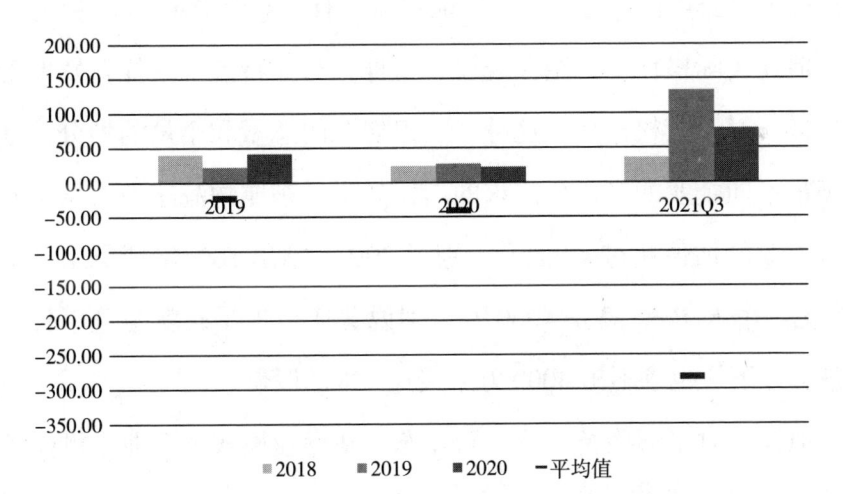

图 8-3　央企上市公司实施员工持股后平均净利润增长率

第二个问题，就是政策不明朗。

关于中长期激励，虽然 2016 年出台了《关于国有控股混合所有制企业开展员工持股计划试点的意见》（133 号文）和《国有科技型企业股权和分红激励暂行办法》（4 号文），2021 年又出台了《"双百企业"和"科改示范企业"超额利润分享机制操作指引》，但是，一方面，大家关心的跟投机制在发布了几次征求意见稿之后，迟迟未能正式出台，另一方面，133 号文和 4 号文由于发布时间较早，里面不少规定其实已经不适合现在国企的需求，大家也迫切期待更新版本的政策发布。

我们前文也提到，在国资发改革 [2016]133 号文中，第三条"企业员工入股"的第四点"持股比例要求"中规定，员工持股总量原则上不高于公司总股本的 30%，单一员工持股比例原则上不高于公司总股本的 1%。企业可采取适当方式预留部分股权，用于新引进人才。国有控股上市公司员工持股比例按证券监管有关规定确定。

但在实际操作中，企业规模不一样，行业特点不一样，发展阶段不一样，对于股权比例，这种"一刀切"的总量和个量的划分，是不能满足不同企业的多样化需求的。比如对于东航物流这种大型企业而言，混改的估值超过 40 亿元，别说 30%，拿出 10% 给到员工，就是 4 个亿。个人 1%，就是 4000 万，别说普通员工了，就是董事长、总经理，一下子也拿不出 4000 万来买这 1% 的股份。

但是，对于那些新产业、新业态、新商业模式类企业，可能整体估值也不过几千万，甚至更低，高管个人持股不超过 1%，起不到太好的激励作用。2019 年 6 月我们在甘肃某研究院调研的时候，该院院长就明确指出，上面的这个关于1%最高比例个量分配，他本人没有兴趣，相信他的团队也不会认为能起到什么激励的作用。

但这个数值能不能突破呢？答案是：能。记得我们在给某市政设计院向上争取更多个量股份激励比例的时候，理由是这样阐述的。第一，《关于国有控股混合所有制企业开展员工持股试点的意见》的通知（国资发改革[2016]133号）中规定，"员工持股总量原则上不高于公司总股本的30%，单一员工持股比例原则上不高于公司总股本的1%"。该文件在总量和个量比例的前面用了一个"原则上"。"原则上"可以理解为既不提倡也不追究，最理想的状态是基本符合这个比例规定就可以了。因此，适当突破这个规定，还是属于在"原则上"的。第二，自从该《试点意见》出台后，一系列的政策、会议精神，都是提倡在国企改革上有所突破，有所创新。比如2019年9月18日八部委的《混改九条》关于员工持股的新规定指出，混改试点企业数量可以不受"国资发改革[2016]133号"规定的数量限制。第三，现实中的诸多案例，在总量和个量的突破上，已经为后来的改革者提供了范本。比如江苏高投在毅达资本股份比例的设置上，比如深圳市国资委对深圳市某建筑设计企业员工持股的个量批复上，都大大突破了"国资发改革[2016]133号"的限制。

因此，政策上是否能够得到突破，更多依赖于审批单位是否有突破的意愿。再比如股权激励4号文中，关于股权激励进退的价格，其实也有不合理的地方。按照4号文的规定，员工实施股权激励时，"企业实施股权出售，应按不低于资产评估结果的价格，以协议方式将企业股权有偿出售给激励对象"。而员工退出时，则"取得的股权应当在半年内全部退回企业，其个人出资部分由企业按上一年度审计后净资产计算退还本人"。这一进一出，评估值与净资产值之间就存在一个价格差，带有变相的惩罚性质，而员工离职本身不是错，这样的设计合理与否，值得商榷。

总之，在混改的同时，一定要坚持"完善治理、强化激励、突出主业、提高效率"十六字方针，要建立健全中长期激励机制，利用好骨干员工持股、上市公司股权激励、科技型企业股权和分红激励、超额利润分享等多种中长期激励工具。国企改革三年行动方案虽然已经结束，但改革并没有画上休止符，国有企业一定要抓住时间窗口，在深入调研、摸清情况、吃透政策的基础上，以试点示范为抓手，推动国企混改及员工持股等中长期激励改革的不断深化，以取得改革的更大实效。

抓手一：任期制契约化与职业经理人

（一）任期制契约化的基本要求

2020年初，国务院国有企业改革领导小组办公室同时发布了两个重量级的文件，即《"双百企业"推行经理层成员任期制和契约化管理操作指引》和《"双百企业"推行职业经理人制度操作指引》，这两份《操作指引》基本成为这几年来国有企业推行任期制契约化和职业经理人的标杆文件。

任期制契约化并不是什么新概念，早在2013年11月，党的十八届三中全会上就提出，要健全协调运转、有效制衡的公司法人治理结构。建立职业经理人制度，更好发挥企业家作用。深化企业内部管理人员能上能下、员工能进能出、收入能增能减的制度改革。并且明确要深化干部人事制度改革，构建有效管用、简便易行的选人用人机制。

2015年9月，中共中央国务院印发了《关于深化国有企业改革的指导意见》，要求推行企业经理层成员任期制和契约化管理，明确责任、权利、义务，严格任期管理和目标考核。2017年5月，国务院办公厅印发《关于进一步完善国有企业法人治理结构的指导意见》，提出要对经理层成员实行与选任方式相匹配、与企业功能性质相适应、与经营业绩相挂钩的差异化薪酬分配制度，国有独资公司经理层逐步实行任期制和契约化管理。2019年8月，国务院国企改革办印发《关于支持鼓励"双百企业"进一步加大改革创新力度有关事项的通知》。针对市场化用人机制问题，要求各中央企业和地方国资委要指导推动"双百企业"全面推行经理层成员任期制和契约化管理，并积极推进职业经理人各项工作。

在任期制契约化操作指引发布之后，中央深改委审议通过了《国企改革三年行动方案（2020—2022年）》，其中将全面推行经理层任期制和契约化管理列为所有国有企业改革的必选项，经理层任期制和契约化管理由此进入全面推进阶段。2021年3月，国务院国企改革办印发《关于加大力度推行经理层成员任期制和契约化管理有关事项的通知》，明确要统筹推进落实董事会职权、加大市场化选聘力度、管理人员竞争上岗、末等调整和不胜任退出等相关改革工作。

所谓"任期制契约化"，就是对企业经理层成员实行的，以固定任期和契约关系为基础，根据合同或协议约定开展年度和任期考核，并根据考核结果兑现薪酬和实施聘任（或解聘）的管理方式。其中提到了此次操作指引与之前实施的任期制契约化不同的四个方面，即固定任期、契约关系、刚性兑现和依规解聘。

首先看固定任期，打破了干部终身制的惯例。在操作指引中明确提出，经理层成员的任期期限由董事会（或控股股东）确定，一般为两到三年，可以根据实际情况适当延长。经理层成员任期期满后，应重新履行聘任程序并签订岗位聘任协议。未能续聘的，自然免职（解聘），如有党组织职务，原则上应一并免去。

其次，是契约关系。要由企业董事长负责与经理层签订两个双方都要遵守的合同，一个是经理层岗位聘用合同，另一个是年度和任期目标责任书，也就是我们俗称的"两书"。其中，经营业绩责任书一般包括以下内容：双方基本信息；考核内容及指标；考核指标的目标值、确定方法及计分规则；考核实施与奖惩；其他需要约定的事项。

第三，是刚性兑现。要求企业严格遵守聘用合同和考核责任书的约定，该付的奖金一定付到位，该罚的部分一定要罚。企业对经理人进行绩效薪酬的兑现，包括年度考核薪酬和任期考核薪酬的发放。

最后，是依规解聘。也是刚性兑现的组成部分，要加强对经理层成员任期内的考核和管理，经考核认定不适宜继续任职的，应当中止任期，免去现职。原则上也会同时免去党内职务，成为企业内部一名普通员工。

经理层成员任期制契约化改革看似简单，但真要落到实处，远远不是签订几个协议就能完成的。我们认为这项改革其实是撬动国有企业整体改革大局的一个重要支点，其意义远不止"一纸协议"。经理层成员任期制契约化改革要做到实处，把改革落到实处，不是一件简单的事情，需要国企干部或者有关部门进一步明确任期制和契约化这项工作，到底要达到什么目的，通过这项改革能带来哪些方面的变化。我们认为，任期制契约化改革只是一个契机，我们更希望通过这样一个契机，来完成改革路上的三个"倒逼"。

第一个倒逼，是通过对经理层的责任落实倒逼董事会对经理层充分授权。

根据《"双百企业"推行经理层成员任期制和契约化管理操作指引》的精神，通过明确任职期限、到期重聘、签订并严格履行聘任协议和业绩合同等契约、刚性考核和兑现等要求，强化经理层成员的责任、权利和义务对等。

"两书"中的岗位聘任协议主要明确经理层成员任期、行为规范及双方的责任、权利和义务，约定奖惩依据、离职或解聘条件、责任追究等条款；经营业绩责任书根据岗位职责和工作分工，主要明确经理层成员的考核内容及指标。

实施任期制和契约化的企业，管理层面对"离职或解聘"的风险，当然会感觉到这个责任。而责任和权利是对等的：没有权利，就没有责任；反之，没有责任，也就没有权利。在过度强调其他治理主体责任和权利的时候，我们往往忽略管理层的经营自主权，"执行董事会决议"是经理层的天职，但拥有经营上的自主权，也是公司法赋予的一项重要权利，否则，市场化主体难以建立。在实施任期制和契约化的企业，不赋予经理层权利，而让其承担契约到期后的"刚性考核和刚性兑现"，谈何容易。

对于经理层的定位，国企改革三年行动方案作出比较明确的定义："经理层谋经营、抓落实、强管理。"董事会向经理层授权，根据公司法的有关规定，经理层的权利一般包括财务管理、人力资源管理、安全生产管理、市场营销管理、技术研发管理、招标采购管理、行政后勤管理等日常生产经营管理需要的具体权利。

关于经理层行使权利的具体形式，一般情况下，经理层实行经理负责制。一家国有企业召开总办会，其他参会的副总经理等经理班子成员所提出的议案意见，只是给公司总经理提供建议和参考，最终是否采纳、如何采纳，要看总经理的意见，最终的会议决定，是按照总经理的意见表达为准。

综上，任期制和契约化本质上要求经理层的"责权利"三者关系的平衡和对等，就倒逼着那些在授权不明的企业，董事会必须按照国企改革和公司法的要求，向经理层授权，明确他们之间的权责界面，完善市场化经营机制，充分发挥经理层的积极性和能动性。

第二个倒逼，是通过对经理层的充分授权倒逼董事会职权落实，从而完善公司治理结构。

国务院办公厅2017年4月印发的《关于进一步完善国有企业法人治理结构的指导意见》提出，到2020年，国有独资、全资公司全面建立外部董事占多数的董事会等目标任务,并且从理顺出资人职责等五个方面规范了各个治理主体的权利和责任。国务院办公厅还印发了《关于开展落实中央企业董事会职权试点工作的意见》,根据文件规定,国资委将把中长期发展决策权、经理层成员选聘权、经理层成员业绩考核权、经理层成员薪酬管理权、职工工资分配管理权、重大财务事项管理权等六项权利授予企业董事会。

由于存在体制机制的诸多因素,董事会的六项职权事实上很难落实到位。尽管国资国企在一些重大问题上进行了积极探索。比如,在探索坚持党管干部原则与董事会依法选择经营管理者有机结合的有效途径上,试点企业一方面把党管干部原则贯穿选人用人全过程,充分发挥党组织领导和把关作用,在确定标准、规范程序、参与考察、推荐人选等环节,党组织发挥了主导作用,董事会做好协同配合;另一方面,在选聘环节,充分尊重法律赋予董事会的权利,由董事会最终确定人选并签署聘用协议,维护了董事会在法人治理结构中的法定地位。

不论何种原因,现状就是本应授予董事会的权利难以下放。当董事会的职权不能落实到位,那么,董事会对于经理层的授权就是"无本之木、无源之水"。

因此,在实施经理层任期制和契约化的企业,完成对经理层授权的前提必须是董事会有权能授。这样的要求就倒逼着董事会职权的落实,倒逼着国有资产管理体制的改革,否则,这项改革措施就难以闭环。如果董事会职权落实到位,董事会就会把自己的重心放在本该属于他的六项职权,呈现有权状态,而不是霸占经理层的生产经营权不放，经理层授权就能到位。这一环套一环的改革，是一件系统工程，需要各方努力。

第三个倒逼，则是通过对经理层成员的激励倒逼公司的三项制度改革。

经理层成员的激励改革是公司三项制度改革成败的关键，解决经理层成员薪酬激励的公平性和合理性至关重要。经理层成员任期制契约化改革的一个重要目的就是通过改革激励经理层成员，提高他们的积极性，促进企业经营发展。把经理层的收入和公司业绩深度挂钩，若想获得更高收入，必须以完成业绩为前提，这就倒逼经理层去调动全体员工积极性，提高工作绩效，从而推动三项制度改革。

比如之前国投集团推行任期制和契约化管理的实践中，对于薪酬激励考核就做出了非常好的示范。国投集团是中央直接管理的国有重要骨干企业，也是中国最早设立的综合性国有资本投资公司，首批国有资本投资公司改革试点单位。

2020年底，国投集团成立任期制和契约化管理工作领导小组，由国投集团总经理任组长，人力、战略、运营、财务、党群等部门为领导小组成员单位，负责指导、推进所属子企业开展经理层成员任期制和契约化管理工作，并研究制定了《国投集团任期制和契约化管理指导意见》，对岗位、任期制、契约化、考核、薪酬、退出、监督等各环节进行了规范，同步调整综合考核评价管理办法、薪酬管理办法；搭建与战略规划相衔接的任期考核体系，制定聘用合同、绩效合约等参考范本，构建形成"一个指导意见、一个合同、两个合约、两个办法"的"1+5"制度框架。2021年3月，国投集团又制定了《任期制和契约化管理工作领导小组议事规则》，进一步明确了领导小组的议事范围、各部门工作职责，规定了会议召开、讨论和执行等内容。

在薪酬激励部分，国投集团坚持强激励、硬约束的薪酬体系，在促进国有资产保值增值、提高企业效率的基础上，经理层报酬得到相应的体现，真正体现"业绩升，薪酬升；业绩降，薪酬降"。同时，坚决杜绝仅签契约就变相涨薪、借机涨薪；建立薪酬追索扣回制度，构建强激励、硬约束的薪酬分配机制。

首先，坚持薪酬与业绩直接联动。在契约中明确业绩贡献与薪酬兑现的关联规则，改变"事后算账"做法，让每位经理层成员"看得懂、算得明"，真正体现"业绩是干出来的，薪酬也是干出来的"价值导向。其次，坚持薪酬刚性兑现。严格按照契约约定刚性兑现薪酬，不搞变通，不打折扣。对于年度考核结果不合格的，扣减当年全部绩效年薪；对于超额完成考核目标任务或做出突出贡献的，该奖就奖，确保激励到位。合理拉开经理层成员间薪酬差距，打破"高水平大锅饭"。最后，坚持灵活开展多种中长期激励。对经理层成员灵活开展中长期激励，不断丰富完善经理层成员薪酬结构。坚持物质激励与非物质激励相结合，调动经理层成员干事创业的积极性和主动性。

（二）职业经理人和任期制契约化的差异

要比较职业经理人和任期制契约化的差异，我们首先来看一下职业经理人操作指引有什么特点。

按照职业经理人操作指引，可以总结为"四大前提"和"四大基本做法"。

四大前提：一是业务类型充分竞争，即企业要处于国资划分的商业一类公司，或者从事新产业、新业态、新商业模式，如果是商业二类或者公益类企业，或者虽然是商业一类，但公司收入大部分来自于功能性业务，而非市场化业务，原则上是不支持推行职业经理人制度的。

二是人才市场发育成熟，一方面要求职业经理人需要从公开市场上容易找到，具备市场化的基础条件，另一方面也要求职业经理人退出时有相应的人才公开市场可退。在有些行业，中国有企业基本处于垄断地位，比如钢铁，大部分都是国有企业，职业经理人如果没有完成考核指标需要"回到市场中去"的话，只能从一家国企跳到另一家国企，那也失去了职业经理人的意义所在了。

三是董事会要独立有效，即建立了权责对等、运转协调、有效制衡的决策执行监督机制，董事会职权能够充分落实到位，尤其是经理层的选聘权和经理层的薪酬考核权充分落实到位。

四是公司内控到位，即公司内部从治理、管控到运营，组织和流程架构清晰，同时具备核心的风险管理和控制体系。

只有满足了这四大前提要求，企业才可以继续向下推进职业经理人项目。职业经理人的核心简单地用四句话来表示，就是市场化选聘、契约化管理、差异化薪酬和市场化退出。

一是市场化选聘。按照操作指引的要求，职业经理人可以采取竞聘上岗、公开招聘、委托推荐等方式产生，要坚持任人唯贤，无论是本企业内部人员，还是股东推荐人员、社会参与人员、人才中介机构推荐人员等，只要具有过硬的专业素质和治企能力，熟悉企业经营管理工作，以往经营业绩突出，在所处行业或相关专业领域有一定影响力和认可度，并且符合企业选聘职业经理人的要求，就可以参加竞聘，不受企业内外、级别高低、资历深浅限制。

二是契约化管理。契约化管理这部分和任期制契约化的要求类似，即也要实行聘任制，聘任期限由董事会决定，原则上不超过三年，可以根据实际情况适当延长。董事会授权董事长与职业经理人签订劳动合同、聘任合同和经营业绩责任书（年度和任期）。这一部分最核心的内容就是考核指标的设置，要根据岗位职责和工作分工，确定每位职业经理人的考核内容及指标，考核指标目标值设定应当具有较强的挑战性，力争跑赢市场、优于同行，结合本企业历史业绩、同行业可比企业业绩情况等综合确定。

三是差异化薪酬。差异化薪酬是职业经理人的"重头戏"之一，明确薪酬总水平可以按照"业绩与薪酬双对标"原则，根据行业特点、企业发展战略目标、经营业绩、市场同类可比人员薪酬水平等因素，由董事会与职业经理人协商确定。职业经理人薪酬结构可以包括基本年薪、绩效年薪、任期激励，也可以实施员工持股、股权激励、超额利润分享、虚拟股、跟投等多种方式的中长期激励，具体均由董事会与职业经理人协商确定。

四是市场化退出。市场化退出也是职业经理人操作指引中的亮点之一，就是要求建立职业经理人市场化退出机制。因为国企一般没有开除高管的先例，因此才有"铁饭碗"之称。但是在职业经理人操作指引中，明确提出了"从市场中来，到市场中去"，依据职业经理人聘任合同约定和经营业绩考核结果等，如果考核不合格，或者不称职，以及出现违纪违法等行为的，要坚决解除（终止）聘任关系。在职业经理人解除（终止）聘任关系的同时，如有党组织职务应当一并免去，并依法解除（终止）劳动关系。

由此我们看到，任期制契约化与职业经理人的异同简单地说就是"三同三不同"。三同，是岗位相同，对标相同，考核相同；三不同，是身份不同，薪酬不同，管理方式不同。

岗位相同。任期制契约化和职业经理人都实行岗位制，以特定岗位为基础，有明确任期。期间，国企经理人如果被证明不合格，就要免去岗位职务，终止岗位聘用合同，同时免去党内职务。也就是说，要打破"能上不能下"的壁垒。

对标相同。任期制契约化和职业经理人都提出要优化分配制度，向市场看齐，向业绩对标。任期制契约化提出要合理拉开经理层成员薪酬差异，而职业经理人薪酬总水平则提出要按照"业绩与薪酬双对标"，打破了"能多不能少"的壁垒。

考核相同。任期制契约化和职业经理人都要进行年度考核和任期考核，且都规定了刚性兑现的基本原则，解决硬约束机制缺位的问题，打破"能进不能出"的壁垒。

三个相同点，对应的是国有企业"能上不能下、能多不能少、能进不能出"的人力资源管理弊端。接下来我们看三个不同点。

身份不同。一个是在任期间的身份不同，任期制契约化管理的干部，依然保持国有企业原有的身份不变，而职业经理人的身份完全是市场化的，是通过市场化选聘的方式进入企业。另一个，则是退出时的身份不同，任期制契约化是"下来了，但没出去"，虽然离开了领导岗位，但依然可以作为员工留在企业内部，而职业经理人是"下来了，也出去了"，一旦考核不合格被解聘后，就要直接从企业离开，回到人才市场中去。

薪酬不同。任期制契约化操作指引中提到要合理拉开收入差距，但更多地是"结合历史，打破平均"。而职业经理人则是与市场行业绩效进行双向挂钩与对标，通过市场化薪酬来确定个人的薪资水平，"市场水平，协商确定"。

管理方式不同。从干部的管理角度来看，任期制和契约化管理的干部依然是由上级党组织管理，授权给董事会签订聘任合同的管理形式，是干部管理的一种新的延伸。而对于职业经理人的管理是完全市场化的，董事会成为管理主体，依法选聘和管理职业经理人。

（三）如何打造具有企业家精神的职业经理人

落实国企改革中的职业经理人制度，我们认为，最重要的，就是要打造职业经理人的企业家精神。我们要职业经理人，更要具备企业家精神的职业经理人。而打造职业经理人的企业家精神，必须把握三大原则。

第一，是国有企业普通化。

国有企业只是一家普通企业，而不是国家机关。尽管国有企业和国家机关都归国家所有，具有一定的社会属性，承担相应的社会责任，但是，他们的不同点却是显而易见的：国有企业是普通企业，国家机关是行政机关；国有企业需自负盈亏，国家机关是财政供养；国有企业以盈利为主要目的，国家机关则行使公共职权。

根据《国有企业公司章程制定管理办法》第四条规定，国有企业公司章程的制定管理应当坚持党的全面领导，坚持依法治企，坚持权责对等原则，切实规范公司治理，落实企业法人财产权与经营自主权，完善国有企业监管，确保国有资产保值增值。这和有关政府（国家机关）组织法中赋予国家机关的职能是存在明显区别的。

因此，作为政府或者代表政府行使国有资产管理和监督职能的相关机构，应当按照管理企业的逻辑来管理国有企业。比如国家针对国企的各项政策的落实，就应当召集国企干部参与；涉及国家机关事项的会议或者学习，则由政府工作人员参加。这样既增加了效率，也压实了责任。

第二，是国企干部经理化。

国企干部只是公司经理，而不是公职人员。国家机关工作人员通过其行为的实施，实现其社会公共职能；国企干部通过其行为，提高企业的经营效益。二者行为的目的和方式存在明显差异，作为管理者，无论政府还是代表政府的职能部门，对于国企干部的要求，应该也必须围绕着企业的经营目标和效益来进行。

实践中我们遇到一个案例。一个省属国有企业上报国资委的审批方案中，涉及核定所属企业管理层差旅费这个事项，国资委限定经理层的差旅费总额，其中总经理的当年差旅费不能超过两万元。这样的规定明显是管理国家机关工作人员的思路，即防止公职人员的无谓浪费，防止借机游山玩水的道德风险，故应当限制其差旅费支出。但对企业而言，管理层的差旅费发生是企业经营的需要，比如对接外部资源、营销企业产品等等。限制差旅费支出，就是限制企业的经营活动。我们可以加强对差旅费使用的监督，但不能一刀切地限定数额。再深入一点，差旅费这种事情的决策，完全应该授权给企业的董事会或者经理层，而不应该由国资委来下指令。

第三，是三项制度落地化。

要把三项制度改革当作一件事情来落地，而不是只交作业。新一轮的国企改革和国企改革三年行动方案，"三项制度"改革是一项重要内容。通过三项制度改革，达成"干部能上能下""工资能增能减"和"员工能进能出"的"三能"目标，进一步加快市场化程度，调动经营者的积极性和增强企业的活力。特别是在职业经理人的中长期激励方面，朝着培养企业家精神的方向迈进。

职业经理人制度作为三项制度改革的核心，在很多国企都展开了试点，相对于任期制和契约化，职业经理人制度的改革更加深入，至少形式上比任期制和契约化多签了"一书"——《劳动合同书》。但现实中的这项改革，很多企业没有把好关，看起来形式上签了"三书"，却毫无实质性进展，根本无从谈起市场化薪酬和市场化考核，更难实现市场化退出。

所以，从调动职业经理人积极性出发，从压实职业经理人责任出发，也从培养职业经理人的企业家精神出发，我们要把这项改革进行到底，真抓实干，而不是交作业，流于形式，要真正让国企的领导愿意改革创新，将领导者的企业家精神充分激发出来。

下面讲一个我们实操过的职业经理人的案例。A公司成立于2013

年，目前是某"双百行动"试点单位全资控股的二级国资平台公司，公司主业属于新兴产业，产业类别和业务模式为典型的新产业、新业态、新商业模式，核心主业处于充分竞争行业和领域。

根据《"双百企业"推行职业经理人制度操作指引》等文件精神和有关政策规定，秉承打造具有企业家精神的国企职业经理人制度的原则，我们在方案设计上，集中在以下四个方面。

1. 完善法人治理结构，优化董事会职权

实施职业经理人制度的前提是要求完善董事会建设，高标准建设董事会，落实董事会授权。按照职业经理人方案，A公司设置了由7名董事组成的董事会，由2名内部执行董事、1名内部职工董事、3名外部股权董事及1名外部独立董事组成。引进外部独立董事，有利于提高董事会专业决策能力，实现外部董事占多数。董事主要选配具有企业战略管理、财务管理、人力资源管理经验，或者具有法律、会计、金融、资本运营等方面专业知识的人员。

科学设置董事会专门委员会，充分发挥外部董事业务专长，确保各专门委员会的专业性和独立性。通过薪酬和考核委员会制定董事和高级管理人员薪酬方案，对高级管理人员实施考核评价，组织对董事的考核评价。

落实集团授权放权，董事会依法行使重大决策、选人用人、薪酬分配等权利，包括中长期发展战略规划制定、高级管理人员选聘、业绩考核、薪酬管理、工资总额备案制管理和对重大财务事项的管理。

2.落实以差异化考核为核心的契约化管理

职业经理人实行聘任制。职业经理人聘任期限由公司董事会确定，每届任期不得超过三年。职业经理人任期届满，由董事会依据法律法规、《公司章程》及公司管理制度对职业经理人进行任期考核评价，根据考核评价结果决定是否续聘，符合续聘条件的，按流程由董事会审议批准续聘。职业经理人任期届满后未能续聘的，自然免职（解聘）。

公司与职业经理人签订劳动合同、聘任合同和经营业绩责任书。董事会授权董事长与职业经理人签订聘任合同，协商确定聘任岗位、聘任期限、任务目标、权利义务、考核评价、薪酬标准、履职待遇、续聘和解聘条件、保密要求等内容。

董事会在明确职业经理人岗位职责分工及合理划分权责界面的基础上确定各职业经理人任期目标，并与其签订经营业绩责任书。董事会下设薪酬与绩效管理委员会，具体组织实施考核指标制定、绩效过程管理和考核评价等工作。对于不同岗位，实施共担指标与分管差异化指标相结合的差异化指标考核体系。其中共担指标为经理层班子成员作为经营决策层共担集团下达的年度经营业绩任务，分管差异化指标则由财务指标和综合指标组成，权重根据公司年度经营业绩指标和分管业务领域实际情况一岗一策确定。比如对于总经理，按照100%共担指标考核，对于副总经理，则按照30%~40%的共担指标与60%~70%的分管差异化指标相结合的方式考核。

根据职业经理人年度经营业绩考核和任期经营业绩考核结果分为S、A、B、C、D五个级别。除总经理外，其他职业经理人考核结果为

S级占比原则上不超过30%，考核结果为A级及以上占比原则上不超过60%。职业经理人的最终考核等级由薪酬与绩效管理委员会根据考核结果提出建议，提交董事会审议后确定。

3. "双对标"的差异化薪酬

A公司通过与外部行业市场化薪酬水平对标，提升A公司薪酬外部竞争力，吸引优秀人才，服务A公司战略发展需要。A公司作为商业一类国企，所处行业属于充分竞争领域，对于高端人才的争夺愈发激烈，应适用偏积极的薪酬策略，职业经理人薪酬建议对标市场五十分位至七十五分位水平，以提高战略核心业务对人才的吸引力。

基于薪酬策略，将职业经理人薪酬由基本年薪、绩效年薪、任期激励收入和中长期激励四部分构成。

（1）绩效年薪

职业经理人绩效年薪以基本年薪为基数，计算公式如下：绩效年薪 = 绩效年薪基数 × 年度经营业绩考核系数 × 绩效年薪调节系数。

其中：绩效年薪基数占年度薪酬基数（基本年薪与绩效年薪基数之和）的60%；年度经营业绩考核系数依据年度业绩考核等级确定。年度经营业绩考核等级为S级时系数为1.2，A级时系数为1.0，B级时系数为0.8，C级时系数为0.7，D级时系数为0。

表8-1　　　　　　　　绩效年薪考核系数表

考核目标达成率（X）	考核等级	考核系数
X ≥ 100%	S	1.2
90% ≤ X < 100%	A	1
80% ≤ X < 90%	B	0.8

续表

考核目标达成率（X）	考核等级	考核系数
70% ≤ X < 80%	C	0.7
X < 70%	D	0

总经理绩效年薪调节系数为1。其他职业经理人绩效年薪调节系数依据分管领域性质、数量及难度，由董事会进行适度调整，系数向上调整最高不超过1.05。

职业经理人年度综合考核评价为D（不称职）的，不得领取绩效年薪。

（2）任期激励

职业经理人任期激励收入以该任期（3年）内年度薪酬合计数的5%为任期激励收入基数，计算公式如下：任期激励=任期激励收入基数×任期经营业绩考核系数。

职业经理人任期经营业绩考核系数依据任期经营业绩考核等级确定。

表 8-2　　　　　　　　任期激励考核系数表

考核目标达成率（X）	考核等级	考核系数
X ≥ 100%	S	1.0
90% ≤ X < 100%	A	0.9
80% ≤ X < 90%	B	0.8
70% ≤ X < 80%	C	0.7
X < 70%	D	0

职业经理人任期综合考核为D（不称职）的，不得领取任期激励收入。因本人原因导致任期未满，不得实行任期激励；非本人原因（含到龄退休）导致任期未满，根据任期考核评价结果并结合本人实际任职时间及贡献发放相应任期激励收入。

任期激励收入在任期考核结束后当期支付50%，次年支付50%。若职业经理人在任期激励收入100%发放后12个月内发生严重违法违纪等行为，则任期激励收入全额退回。

（3）中长期激励

按照国务院国有企业改革领导小组办公室《关于支持鼓励"双百企业"进一步加大改革创新力度有关事项的通知》精神，积极探索实施各种形式股权激励，不断完善公司中长期激励政策。

A公司本质上承担着新兴产业发展动力源、孵化器的功能，在数据资源汇集的基础上将不断孵化出新的产业应用项目，有条件有必要探索研究项目跟投。

4. 容错纠错机制保障监督有序

公司应当建立健全对职业经理人的监督体系，党组织、董事会、监事会、审计、纪检、巡视等部门根据职能分工，做好履职监督工作。坚持以预防和事前监督为主，建立健全提醒、诫勉、函询等制度办法，及早发现和纠正其不良行为倾向。

一是做好风险防控。完善风险防范机制，加强重要业务与事项、高风险领域与环节内部控制，确保不存在重大缺陷。二是落实审计监督。对职业经理人履职中的重大财务异常、重大风险隐患、重大投资项目等开展专项审计。三是加强纪检监察和法律监督。加强职业经理人重大经营活动法律审核把关，对职业经理人违反国家法律法规、企业规章制度及合同约定的，依据法律法规或合同约定追究相应责任。

完善董事会、党委会、监事会、经营管理层运行机制，充分发挥董事会决策作用、党委的政治核心作用、监事会的监督作用、经营管理层的经营管理作用；强化纪委监督、审计监督、职代会监督和社会监督作用，加强对职业经理人在经营管理过程中的全方位监督。

坚持以经营业绩为主要评价内容，实行经营业绩与职业生涯、职业声誉直接挂钩机制，充分发挥市场对职业经理人的评价、选择、淘汰功能；加大公共舆论和新闻媒体的监督作用，促使职业经理人自觉地约束职业行为。

按照尽职免责原则，建立健全符合本企业特点的容错纠错机制。容错纠错机制是建立在授权放权清晰的基础上，通过合理科学的企业管控体系，明晰管理界面，规范董事会和职业经理人的权利范围和责任边界，做到责权利统一，充分调动管理层的积极性和能动性。

抓手二：中长期激励

（一）中长期激励全景图

党的二十大报告提出"高质量发展是全面建设社会主义现代化国

家的首要任务"，而关于国企改革，则提出要"深化国资国企改革，加快国有经济布局优化和结构调整，推动国有资本和国有企业做强做优做大，提升企业核心竞争力"。

无论是"构建高水平社会主义市场经济体制"，还是"高质量发展"，所离不开的就是"人才红利"，从二十大报告中可以看出一个重要的变化，就是将科技、教育、人才等工作列为专章阐述，突出强调科技是第一生产力、人才是第一资源、创新是第一动力。

未来企业竞争靠什么？产品、技术、服务固然很重要，是构成企业竞争的重要因素，但企业竞争最终还是人才的竞争，人才是企业的核心。二十大提出的"提高企业的核心竞争力"，我们理解就是对人才的重视和激励。

因此，从二十大报告的角度出发，下一步国企的改革中，科技与人才将成为改革的关键，"科改示范行动"将继续成为改革的重点持续扩大推进，科技创新体系、科研管理机制、科技的"放管服"改革、科技创新的激励机制、成果转化机制、人才引进机制、人才培养考核机制、人才的中长期激励等各类关于"科技""人才"相关的改革，未来会成为改革的热点和突破口。

从2015年到现在，关于中长期激励方面，已经出台了相当多的政策来支持。我们可以从激发创新和激发活力两个维度来理解。激发创新，更强调科技创新，更针对于技术骨干等中坚力量，在落地政策方面包括技术入股、科技成果收益分红、岗位分红，以及跟投等等。而激发活力，更强调激发大多数员工的内生动力，在落地政策上更倾向于员工持股、股权激励、超额利润分享、虚拟股等等。

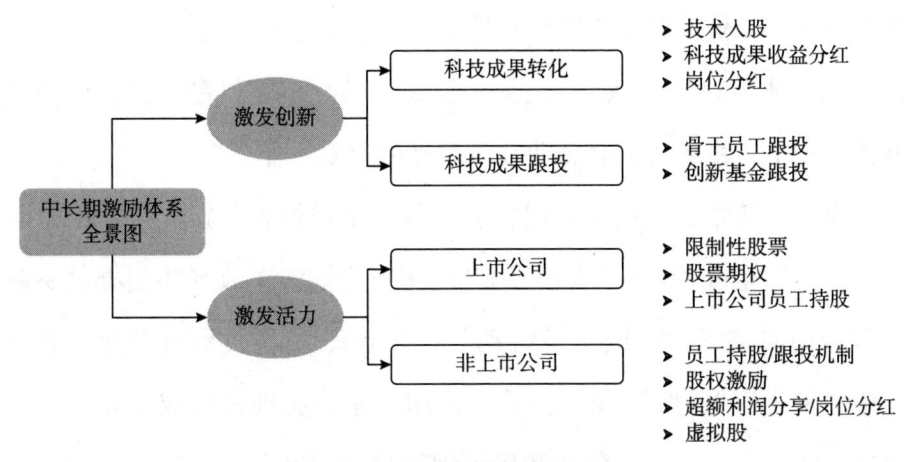

```
中长期激励体系全景图
├─ 激发创新
│   ├─ 科技成果转化
│   │   ▸ 技术入股
│   │   ▸ 科技成果收益分红
│   │   ▸ 岗位分红
│   └─ 科技成果跟投
│       ▸ 骨干员工跟投
│       ▸ 创新基金跟投
└─ 激发活力
    ├─ 上市公司
    │   ▸ 限制性股票
    │   ▸ 股票期权
    │   ▸ 上市公司员工持股
    └─ 非上市公司
        ▸ 员工持股/跟投机制
        ▸ 股权激励
        ▸ 超额利润分享/岗位分红
        ▸ 虚拟股
```

图 8-4　中长期激励全景图

我们在改革过程中涉及到中长期激励最常用到的政策，就是员工持股和股权激励，这些主要依赖的政策就是《关于国有控股混合所有制企业开展员工持股试点的意见》（国资发改革 [2016]133 号）和《国有科技型企业股权和分红激励暂行办法》（财资 [2016]4 号），我们在第二章已经详细讲过，在此不做赘述。

另外常用的包括科技成果转化、跟投、超额利润分享、虚拟股和岗位分红等等。其中科技成果转化主要依赖于《中华人民共和国促进科技成果转化法》，超额利润分享主要依赖于《"双百企业"和"科改示范企业"超额利润分享机制操作指引》，跟投、虚拟股、岗位分红等在多个改革相关政策中都有所提及，但尚未有专门的文件出台，因此我们更多地是借鉴成功企业的实际操作经验。

（二）科技成果转化

2022 年 10 月 25 日，科技部印发了《"十四五"技术要素市场专项规划》，明确提出了"把科技成果转化绩效作为核心要求纳入国有企业创新能力评价体系"，完善科技成果转化体制机制，提升科技成果转化效率，将成为国有企业改革发展的重要工作。

为了加快培育一批国有科技型企业改革样板和创新尖兵，2020年初，作为国企改革专项工程，国务院国有企业改革领导小组办公室就专门启动实施了"科改示范行动"。几年来，"科改示范企业"充分发挥"种子""头雁"和"尖兵"作用，累计实现科技成果转化收入6327.5亿元，企业经营效益和质量创新高。2021年，示范企业营业收入、净利润分别较2019年增长34.5%和45.9%，科技人员占比平均达到50.7%，全员劳动生产率、人工成本利润率分别较2019年提高30.5%和20.8%。

2021年，我们曾经为一家科改示范企业做过咨询项目，主要改革的目标就是科技成果转化。这家科改示范企业成立于2016年12月，是以股东集团原技术发展部为基础，并引入几家外部单位，共同成立的一家矿冶产业专业研发服务型企业。公司秉承集团科技管理主体的初心使命，以"科技服务生产一线"为宗旨，以解决集团生产经营过程"节能降耗、技术升级和产业提升"技术难题以及为集团发展储备新技术、新装备、新产品为目的，致力于充分发挥科技支撑引领作用，助推集团经济效益持续提升。

这家公司在取得成绩的同时，其主业经营面临一些发展瓶颈，经过调研，我们发现导致企业困境的主要原因有三点。

一是企业发展定位不甚明确。公司作为一家背负科技创新"初心"的企业，目前在尚未形成科技创新核心竞争优势的情况下便背负着较重的市场化经济效益指标，一方面不符合科技类企业发展规律，另一方面也违背了公司成立的初心——通过科技创新对集团产业进行赋能的内部平台机构，而非通过开拓市场，销售自身产品/服务来赚取经济效益的市场化企业。因此，现阶段公司应把明确企业定位作为首要解决的问题，在企业资源有限的情况下对内部科技赋能和外部市场开拓合理设置优先度，避免各种不同的企业目标及相关管理观念形成冲突，对公司的业务运营和机制建设造成影响。

二是科研人员价值没有完全发挥。科研人员是公司的核心资源和第一生产力，公司的业务模式和机制建设应遵循有利于发挥科研人员最大价值的方向持续完善。目前，公司在绩效分配环节仍以平均主义为主，尽管形成了一定制度探索经验，但科技创新所需的奖优导向环境仍未形成。在企业发展的层面上，充分调动各级各类技术人员的积极性，引导公司人才队伍有效发挥主体意识和创新意识，是公司实现质量变革、效率变革、动力变革的重要一步。

三是科技成果效益仍需进一步实现。这家公司是集团唯一的科技资源整合平台，是集团大量科技成果的管理者。但如何将理论可行的科技成果实现转化，落实为推动集团产业发展的经济效益、社会效益、环境效益，突破国有经济科研单位普遍存在的发展瓶颈，需要企业在科技成果转化机制建设上的持续探索。

因此，我们给出的建议可以总结为一句话：以产业研发为支点，以科技成果转化为杠杆，激发科技人才活力，撬动科技赋能新平台。

基于此，我们为这家公司制定了四方面的重点工作。

第一，以产业研发为支点，明确企业核心价值功能。

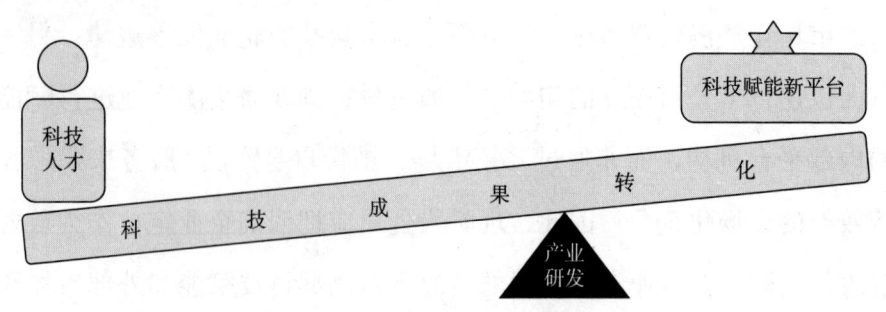

图 8-5　公司定位"杠杆图"

首先，要基于公司发展定位，集中发力集团内部产业研发工作，明确主要工作内容。一方面，公司将聚焦集团优势产业重点领域，开展相关产业关键共性技术研发和工程化研究，强化集团整体的科技人才队伍建设和科技成果落地等功能，着力提升产业关键共性技术供给能力；另一方面，公司将重点打造促进集团内部科技创新资源要素高效流动、集聚转化的连接器和加速器功能，为今后集团科技创新提供覆盖全链条和各环节的服务保障。

其次，要制定中长期发展规划，明确阶段发展重点和工作任务。着眼公司中长期发展需要，结合科改企业发展导向，制定企业三阶段发展规划，明确公司在各阶段的发展重点和工作任务。第一阶段，作为公司中长期发展的重点和出发点，围绕服务于集团产业的科技赋能平台建设，重点落实科技成果转化"杠杆"建设，全力推动公司人才要素、技术储备、成果转化的融会贯通，有机结合，实现公司为集团产业科技赋能的阶段性目标。第二阶段，依托公司的产业赋能实力，重点塑造面向集团的科技创新全链条服务，积极将优质科技成果转化项目培育为产业公司，并优中选优，寻求将具备发展前景的产业公司进一步培育为细分行业的上市公司、龙头企业，有力推动以集团为枢纽的产业生态建设。第三阶段，依托产业生态基础，公司推动生态链企业形成、汇集，深化产业聚集。

再次，相应调整公司与集团权责边界，明确公司经营自主权。依据企业定位和经营方向优化，对目前公司与集团间的权责边界进行相应调整，制定出台公司作为集团科技创新赋能平台的权责清单，落实企业自主经营环境。根据企业科研平台建设需要，以选人用人、财务管理、薪酬管理等方面工作为重点，合理突破集团对下属企业的传统管理框架，有力支持公司做好技术人才队伍建设、科技成果转化效益分配等工作。

最后，要优化公司考核指标体系，引导企业聚焦科技赋能创新。同步配合企业定位提出，将集团对公司的经营考核工作，从传统的企业财务表现导向，向科研成果转化应用成效的方向转变。将企业功能定位细化为技术转化能力、科技管理能力、产业服务能力、团队建设能力和企业经营能力等五个维度，作为公司考核体系顶层设计，指导公司考核指标库建设和优化。以公司层面考核指标制定工作为指导，跟进落实公司管理人员和科研人员两个层面的个人考核指标制定优化，实现企业考核管理工作的整体优化。对于公司管理人员，充分运用科改示范企业的政策包，相应优化任期管理和考核目标，完善责权利对等、风险共担的激励约束机制。对于公司科研人员，落实科技成果转化法，以生产一线存在技术难点为导向，激发科研人员的内生动力。

第二，以科技成果转化为杠杆，进一步体现科技赋能作用。

首先，要深化科技成果转化制度建设和机制创新。立足公司实际，结合国家现行相关法规条例，抓住"科改示范企业"机遇，深入建设更为完善、更有激励性的科技成果转化制度，体现该项制度在落实科技赋能目标中的枢纽核心作用。以《中华人民共和国促进科技成果转化法》《国有科技型企业股权和分红激励暂行办法》等法规和政策文件为指导，细化科技成果转化模式分类，优化科技转化收益分享力度，完善科技成果转化评价。根据公司现行制度探索，成果转化认定及后续效益产出仅限于生产线经济效益转化这一个场景。在集团科技成果转化制度建设中，转化场景将在此基础上，进一步扩展至成果转让许可、成果作价投资和成果投产销售等多个场景，相应认可成果转让许可费用收入、成果作价股权投资分红、成果投产销售提成等不同类型转化收益。

其次，增加对科技成果转化收入的激励力度。依托科技成果转化机制建设，引导转化收益向项目团队、项目负责人、技术骨干倾斜，引导科研项目团队获得更充分的项目选择权和分配自主权。一是扩展激励周期，科学体现技术人员科研创新工作。对于内部生产效益转化和成果商品化销售两类成果转化场景，将成果转化收益的统计周期按类别扩展至3~5年范围，加大激励统计口径，体现国家政策导向。同时，在新的收益统计周期下，可实行阶段递减的激励比例，更科学地体现科研人员在科技成果转化项目中的作用和地位。二是重点提升项目负责人的成果转化收益分配比例。依据《中华人民共和国促进科技成果转化法》等有关条例，将科技成果转化服务单位与科技成果转化实施单位的转化收益分配比例调整为5∶5，将成果转化项目团队与其所属科技成果转化服务单位的转化收益分配比例调整为1∶1。在项目团队内部，项目负责人的收益分配比例原则上不低于50%。

最后，科学制定科技成果转化的评价体系和冲突解决机制，为客观衡量科技成果转化经济效益、科学评价科技成果投入产出状况提供必要依据，有效促进科技成果转化的推广应用。围绕新产品投产投用形成的新增利润和新应用技术工艺所带来的收益提升或成本节约成效，结合若干科技成果转化效益计算原则，客观衡量科技成果转化所带来的直接经济收益。在组织方面，设立集团科技成果转化工作领导小组作为集团科技成果转化效益评定的最终裁决机构，明确领导小组及其下属办公室的工作职责，并建立科技成果转化效益评定流程，为成果转化服务单位与成果转化实施单位双方就科技成果转化效益规模达成共识提供有力支持。

第三，完善科技人才队伍建设，提升高技术人才数量与质量。

首先，要建立前瞻性的科技人才队伍建设规划体系。打造形成一支结构层次合理、研发能力强、具有一定影响力，约150人规模的科技创新研发团队，系统推进人才队伍建设规划工作。一是定期制定核心人才专项规划和配置计划。根据公司发展战略、目标及内外环境的变化，分析、预测下阶段科技人才资源需求和供给状况，及时发现供需缺口。二是建立科学、规范的核心人才培养与选拔机制。营造公平、有序的竞争环境，促进优秀人才的脱颖而出，实现人才资源的优化配置。制定核心人才培养与引进计划，核心人才以自我培养为主，注重在中坚人才和骨干人才中培养选拔。三是加大后备人才培养力度，服务核心人才队伍的建设。公司对后备人才进行有计划、有针对性的培训，持续培养和提高后备人才的素质，加强后备人才队伍建设。四是围绕公司人才招聘工作开展，推进集团授权负面清单建设。

其次，建立动态管理的科技人才任职评价体系和能力评价体系。

依据公司科技战略发展要求，实行科技类职位的分层分类管理。相应制定与完善职位说明书体系，规范各科技类职位的任职资格和素质能力，并通过科技类职位的任职资格管理台账、任职资格等级考试等形式进行业务素质能力的动态管理，以此作为人岗匹配、核心员工合理配置的依据。

最后，建立分层分类的科技人才培训开发体系。根据公司的发展目标和科技人才队伍建设规划要求，建立相应的科技人才培训开发体系，完善培训需求分析、培训评估、培训激励相结合的基础运行机制。系统分析各科技职位所应具备的知识与技能，根据科研人员的技能与企业要求的差距来组织培训，提高其胜任能力，建立针对岗位和能力要求的培训机制。

第四，撬动科技赋能型平台，促进各业务板块全面发展。

依托公司科技成果转化机制建设，推进集团范围内更多科研创新成果走向产业应用，联动公司各项业务板块高质量发展，发挥科技赋能作用，建设平台型企业。一是围绕科技成果转化目标，加强项目培育层面的产学研合作，形成生产企业和研发平台的双赢格局。二是引导销售业务从价差盈利向科技成果转化盈利的方向转变，提高本项业务技术附加值。三是结合历史经验，进一步探索完善项目孵化培育机制。通过控股持股新设公司、专利持有等方式，进一步落实其企业科技赋能型平台的发展定位。对于相关新设产业公司，积极探索员工持股/股权激励制度应用、企业科创板上市等工作，推动团队骨干成员在集团范围内形成激励示范效应。四是加大子公司市场化改革力度，通过混改，激发内生发展动力。

科技成果转化与员工持股、股权激励等改革路径项目，具有一定的复杂度，主要是因为没有成型系统的政策文件，需要项目负责人对各类政策非常熟悉，包括国家层面的、省里颁布的，以及对科技人才的一些专项政策，同时结合企业自身的发展状况，才能设计出一套符合企业科技人才需求的恰当方案。

另外需要提及的是，目前除了员工持股、股权激励、跟投等投资类收益有明确政策不纳入工资总额之外，其余中长期激励手段，比如超额利润分享、岗位分红等等，所获得收益都要计入工资总额，所以在设计方案时我们还需要额外考虑这一部分如何突破。否则员工做出了成绩，却因为某些限制而无法获得相应的奖励，反而打击了员工的积极性，适得其反。

（三）超额利润分享

2021年1月26日，国务院国有企业改革领导小组办公室印发了《"双百企业"和"科改示范企业"超额利润分享机制操作指引》。早在2019年11月印发的《中央企业混合所有制改革操作指引》中，就首次明确提出了"超额利润分享"的概念，提出"鼓励混合所有制企业综合运用国有控股混合所有制企业员工持股、国有控股上市公司股权激励、国有科技型企业股权和分红激励等中长期激励政策，探索超额利润分享、项目跟投、虚拟股权等中长期激励方式，注重发挥好非物质激励的积极作用，系统提升正向激励的综合效果"。

而后来的"科改示范行动"中也提到，"支持科技型企业按照风险共担、利益共享原则,建立健全中长期激励机制,用好用足《国有科技型企业股权和分红激励暂行办法》(财资[2016]4号)、《关于进一步做好中央企业控股上市公司股权激励工作有关事项的通知》(国资发考分规[2019]102号)和国资委支持中央企业加快关键核心技术攻关若干激励政策等,大力推行股权激励、分红激励、员工持股、超额利润分享、虚拟股权、骨干员工跟投等中长期激励方式,不受相关试点的限制。"

在国企改革三年行动方案中,明确提出"鼓励商业一类国有企业以价值创造为导向,聚焦关键岗位核心人才,建立超额利润分享机制",将超额利润分享的范围从混合所有制企业、科改示范企业扩展到了所有的商业一类国有企业。

在这份《操作指引》中,我们可以看到四大亮点。

首先,明确"对谁分享",重点倾向市场化企业及其技术骨干。

对于参与企业而言,与之前出台的其他操作指引相比,对于企业战略首次提出了明确要求,必须是"战略清晰,中长期发展目标明确"的企业才能实施超额利润分享方案。鉴于2021年是"十四五"规划元年,要求企业也要有相对明确且合理的"十四五"规划,先要有清晰的战略,再有健全的法人治理结构,才能谈中长期激励机制的建设与完善。另外一个细节要求,就是除了当年实现利润之外,往年的未分配利润也需要是正值,即刚刚完成扭亏为盈的企业是不能参与超额利润分享的。

对于参与员工而言,要求管理、技术、营销、业务等核心骨干,不得超过在岗职工总数的30%,也就是明确超额利润分享一定不是"大锅饭",而要向重点员工重点倾斜。另外针对国有企业领导经常在多家企业兼职的现状,《操作指引》明确提出,兼职人员可以按照岗位职责参与超额利润分享机制，也是充分考虑到了国企的特性。尤其值得注意的是，在分享比例方面，《操作指引》提出，"企业高级管理人员（或经营班子）岗位合计所获得的超额利润分享比例一般不超过超额利润分享额的30%"，也就是至少70%的超额利润分享必须分配给骨干员工，尤其是做出突出贡献的科技人才和关键科研岗位。

其次，明确"怎么分享"，强调"真实"超额利润。

在确定目标利润方面，《操作指引》再次提出，要与战略规划充分衔接，年度目标利润要以"企业利润考核目标、按照上一年净资产收益率计算的利润水平、近三年平均利润、按照行业平均净资产收益率计算的利润水平"孰高来确定，尤其是最后一条"行业平均净资产收益率"，也就是要求企业不但自己要盈利，还要处于行业内的领先水平，才能获得超额利润分享。不是自己纵向比较，比往年做得好就可以，更要横向比较，比其他企业也要做得好，可以说是考虑得非常全面。

在确定超额利润方面，明确必须是企业的真实经营利润，非经营性收益、并购重组产生的当年利润、外部政策性因素产生的利润等等，都不能纳入超额利润计算中，也就是堵上了"投机取巧"产生的非经营性利润的口子。但同时也提出，研发投入可以视同利润加回，这对于科技型企业，尤其是"科改示范企业"是极大的利好，也避免企业为了要超额利润而压缩研发投入的短期行为。

第三，明确"怎么退出"，在位者得其薪，不在位者不得薪。

一般企业实施中长期激励，最担心的就是员工拿了奖金就懈怠了，今年发的多，来年就丧失斗志了，或者干脆"落袋为安"，辞职享受生活去了。因此企业往往更愿意采用员工持股或者股权激励，来实现对员工的长期绑定。在《操作指引》中，第一采用了递延方式来实现对员工的长期绑定，即分三年兑现完毕，第一年支付比例不超过50%；第二提出如果来年出现了大幅递减或亏损，企业有权对未兑现部分进行扣减，并追回已兑现部分，从而保障企业的长期稳定增长，避免"为超额而超额"的短期行为。

在退出机制方面，《操作指引》区分了主观离职和客观离职两种情形，对于调动、退休、死亡等客观原因解除或终止劳动合同的，按照在岗任职时间比例予以兑现，未兑现部分按照递延支付安排逐步支付。但对于考核不合格、受到处分、主动离职、被解聘等主观原因，相关员工不得继续参与超额利润分享，递延支付部分也不再支付。可以说非常严谨，也非常人性。

最后，明确"谁来负责"，审批权限下放。

《操作指引》提出，《超额利润分享方案》报中央企业集团公司、地方国资委监管一级企业履行决策程序，明确将审批权下放给了集团公司。国有资本投资、运营公司可以授权出资企业审批子企业的《超额利润分享方案》，报国有资本投资、运营公司备案即可。但地方国资委监管一级企业自身的超额利润分享方案还需报国资委审核。

而对于《实施细则》和《兑现方案》，只需报控股股东同意即可。这也是对于审批权限下放的一大进步。

（四）跟投机制

跟投机制作为国企改革的重要机制之一，自2019年开始，就逐步在国家级别的重要国企改革政策文件中得到体现，但一直未有正式的操作指引出台。之前出过几次征求意见稿，但是截至本书成稿日，正式稿依然没有发布。但从征求意见稿的突破力度来看，我们还是非常期待跟投制度正式稿的出台。

因此，目前不少企业推行的跟投制度，都还是结合了部分国有企业实施跟投制度的成功经验，逐步摸索探究而形成。2020年9月下旬，国务院国资委在海康威视召开了"科改示范行动"现场推进会，表示国有企业必须把科技创新摆在更加重要的位置，科技型国有企业应切实学习海康威视的有效经验。

海康威视最突出的经验就是以改革促进创新、以创新带动改革、以改革创新实现高质量发展。除了海康威视的股权激励体系、科技创新和成果转化体系之外，海康威视的跟投机制也非常值得我们学习。

海康威视成立于2001年，由时任中国电子科技集团第五十二所副所长的陈宗年和副总工程师胡扬忠等人，带领五十二所的一批技术骨干，在华科校友龚虹嘉以及五十二所的资本帮助下正式成立。由于其深厚的技术积累，海康威视在成立后不久就推出了基于MPEG4标准的板卡产品，当年即占领了我国60%的市场份额。

2010年5月28日，海康威视在深圳证券交易所创业板上市，以68元/股的发行价发行5000万股，融资34亿元。上市当日收盘，公司总市值达到409.7亿元。此时，我国的安防市场和视频监控市场也迎来了新一轮的爆发期。随着我国城市化水平的不断提高，教育、金融、交通、能源等多个行业的安防需求也在不断增长。再加上公安等政府部门对于安防的需求持续增加，我国安防行业的市场规模由2010

年的约2400亿元增长至2018年的近7600亿元。作为安防行业龙头的海康威视抓住发展良机，收入和利润都得到飞速增长。到目前为止，海康威视的市值已经超过3000亿元。

2016年6月，公司正式实施《核心员工跟投创新业务管理办法》，开启了公司内部员工创业的先河，建立了内部创业、创新的风险共担、利益共享的长效机制，也打开了公司进一步成长的新空间。根据跟投管理办法，公司持有投资设立创新业务子公司60%的股权，员工跟投平台跟投40%的股权。并且，跟投平台根据适用对象分为A、B两个计划，A计划由公司及全资子公司、创新业务子公司的中高层管理人员和核心骨干员工组成，强制跟投各类创新业务，形成共创、共担的业务平台；B计划由创新业务子公司核心全职员工组成，参与跟投某一特定创新业务，旨在进一步激发跟投业务子公司员工的创造性和拼搏精神，建立符合高新技术企业行业惯例的高风险和高回报的人才吸引、人才管理模式。这一办法的实施，不仅使得公司的创新业务获得稳定的资金来源，还可以通过跟投模式形成长期激励机制，使员工的创造性和积极性得到充分发挥。

同时，海康威视还引入了股权动态管理机制，确保激励作用充分发挥。对于特殊情况下的退出情形设计了对应规则，确保股权可管理。通过员工跟投机制的实施，充分发挥国有资本竞争和管理优势，带动并促进跟投企业的快速发展。

跟投管理办法颁布当年，旗下就孵化了萤石网络、海康机器人、海康汽车电子以及海康微影等多家创新子公司。其中萤石网络已经成功登录科创板，其主业竞争优势明显，利润表现抢眼，2019年、2020

年及 2021 年，萤石网络的营业收入分别达到 23.64 亿元、30.79 亿元及 42.38 亿元，净利润分别达到 2.11 亿元、3.26 亿元及 4.51 亿元，利润稳定增长。2022 年 12 月，海康机器人也发布了创业板上市的预案，其 2019 年、2020 年及 2021 年的净利润分别为 0.45 亿元、0.65 亿元、4.82 亿元。可以说，海康威视跟投制度的成效非常显著。

跟投制度最大的特点就在于"上持下"的突破，一般国企员工持股时都是严禁"上持下"，但对于部分科技型企业，上级股东单位技术骨干及管理人才的支持非常重要，很希望通过跟投制度来将他们与企业绑定在一起。而这一点，我们从最近出台的"科改十条"也可见端倪，其中提到，对科改示范企业的科技骨干，如确有必要持有子企业股权的，可以报经中央企业或地方一级企业集团公司批准后实施，并报同级国有资产监管机构备案。

跟投制度的另一个特点就是有明确的周期性和退出机制。员工跟投往往基于项目及运作周期，设定明确的退出机制。对于周期性、项目制明显的项目，一般跟投主体在项目结束时随领投主体"同时间、同条件、同比例"退出，如房地产项目、基金投资项目等；非项目制的跟投项目，一般会共同约定一个 3~5 年左右的合理退出周期，退出约定条件及股东回购条款可与实现业绩标准、实现上市等挂钩。

跟投制度的第三个特点就是跟投主体通常仅享有收益权，不具备决策权。跟投主体虽然在项目公司中占有一定股权比例或投资份额，但一般不参与新项目或新投公司的公司治理；不介入重大事项决策及经营管理，仅享有投资收益权。

第九章

差异化管控的案例

问题一：知其然，未知其所以然

问题二：管资产，还是管资本

问题三：怕放权，还是怕担责

案例一：中国建材的差异化管控设计

案例二：差异化管控的"四个有别"

案例三：差异化管控的三个步骤

混合所有制企业尤其是国有相对控股混改企业的管理，是国企改革中一大难题。国资委反复强调，混改不能"为混而混""一混了之"，重点是完善公司治理，关键要转换经营机制，要以差异化管控为突破口，推动混改企业全面建立灵活高效的市场化经营机制。

经过几十年的发展，国有及国有绝对控股企业已经形成自己的一套管理体系。但是，如果只是简单地把这一套管理办法套用在国有相对控股企业上，显然行不通，也违背了混改的初衷。

2020年5月出台的《中共中央 国务院关于新时代加快完善社会主义市场经济体制的意见》明确提出，对混合所有制企业，探索建立有别于国有独资、全资公司的治理机制和监管制度。对国有资本不再绝对控股的混合所有制企业，探索实施更加灵活高效的监管制度。而国企改革三年行动方案中也提到，支持对国有相对控股混合所有制企业实施更加市场化的差异化管控。

Z公司是一家国有数据公司，从事智慧城市数据开发和运用。为了公司在数据领域更好地发展，Z公司准备并购一家民营公司H，该公司主要从事房地产数据的开发和应用。

为了让并购的效益最大化，Z公司设计了一套"三位一体"的并购模式，即并购H公司＋引入战投＋员工持股。在并购的同时引入其他战略投资人，进一步夯实公司发展基础；并实施员工持股，让H公司的高管都成为Z公司的股东，继续负责H公司的日常经营。

完成混改之后，公司经过半年左右的"试车"，发现存在下列问题。

第一，虽然Z公司已经是混改企业，但Z公司的上级公司依然按照原有国企管控模式管理，业务审批流程已经不符合Z公司市场化的需要；

第二，原有董事会虚设的习惯和民营股东要求强化董事会作用之间的冲突；

第三，市场化业务需要员工的动力与积极性，但受工资总额的限制，员工的付出与最终落实的激励不成正比。

Z公司找到我们，希望为他们设计一套差异化管控的方案。当时差异化管控刚刚被正式提出，我们的这套方案是Z公司所在省份第一份正式的差异化管控方案。在设计方案前，我们做了大量的调研工作，也结合我们历年国企改革的实践经验，发现差异化管控之所以特别难，主要症结在以下几个方面。

问题一：知其然，未知其所以然

要正确地理解并落实差异化管控，我们首先要理解，为什么混改企业必须要实施差异化管控。

　　管控模式是指由各种管控机制和手段构成的具有一定特征的母子公司管理体系，选择有效的管控模式是企业发挥协同作用实现企业战略目标的前提。随着企业规模扩大，业务类型增加，大型企业集团对不同类别的子板块进行分类管控是基本的趋势和要求。经典的管控理论一般将管控模式分为财务管控、战略管控和操作管控三种，它们的核心区别就在于上级单位对下属企业授权力度的大小。

　　我国国有企业由于受限于计划经济管理模式的惯性和管理理念的认知水平，普遍都带有行政管控的烙印，这就使得在国企集团管控中，又衍生出了行政型管控和治理型管控两种模式。

　　在行政型管控的模式下，母公司往往越过子公司的管理层，对子公司的职能部门直接进行管控，子公司的独立法人地位被虚化，表现得更像母公司的一家分公司。而治理型管控则按照市场经济原则，基于现代企业产权制度和法人治理结构，充分尊重子公司的独立法人地位，子公司的股东会、董事会、监事会等应当充分发挥其应有的作用，母公司股东通过派出股东代表、推荐董事和监事等治理手段来实现组织管控。

　　在2019年底出台的《中央企业混合所有制改革操作指引》中，对于治理型管控提出了明确的方向，提出中央企业要科学合理界定与混合所有制企业的权责边界，避免"行政化""机关化"管控，加快实现从"控制"到"配置"的转变。

　　但是，由于国企的实际控制人是政府机构，长期以来，受到政府行政管理的影响，不管下属企业是子公司还是分公司，是独资企业还是控股企业，上级单位往往习惯采用红头文件、行政指令的方式对下属企业进行管理。即使子企业完成了混改，但母公司往往还是采用"一刀切"的管控模式，继续简单沿用原有的管理方式，不能达到提高企业市场竞争活力的目的，反而会阻碍企业的发展。比如我们曾服务过的一家从事矿业的民企客户，通过混改引入一家国有企业作为控股股东，本想借助国企的力量让企业在行业发展赛道中超速前进，结果混改之后，作为国企的控股子公司，不得不按照国企"行政型"管控模式来管理，新上项目投资需要上级层层审批，一批就是几个月。由于决策迟缓，导致企业在市场复苏期丧失了好几个机会，反而远远落后于原来的同类企业。这类只"混"未"改"的案例，在实践中比比皆是。

对混合所有制企业实施差异化管控，既是主动的选择，也是必然的选择，主要是由以下原因决定的。

一是股权结构的差异。混改前，多数国有企业都是由上级单位绝对控股的，甚至是独资或全资的，大多采用行政管控的方式，经营管理全部由股东单位直接派出的人员来负责，即使有董事会、监事会、经理层，往往也是虚设，只是履行法律的规范要求。但混改后，引入了其他股东，企业的股权结构发生了变化，利益主体多元化了，如果还延续以前的管控模式，就会侵犯到其他股东的合法权益，而企业治理得不到改善，也无法适应现代企业高度变化和竞争的经营环境。

二是股东组成的差异。国企混改，无论是引进民营资本还是实施员工持股，股东组成的性质发生了变化。原先在上级单位的要求下，企业除了正常的生产经营活动，可能还要承担相当一部分功能性任务，这就使得企业不能只关注利润率和股东分红,还要考虑社会效益、国企担当等等。但混改后,资本本身就是逐利的,民营股东对企业经营的要求往往就是简单直接的利润率和分红,持股员工一般会更关注每年的分红情况。如果还是延续以前的行政式管控模式,股东之间就容易产生矛盾,往往会导致混改失败。

三是企业发展的差异。为了解决国有企业所有者缺位的问题,从中央到地方,国家对国企的管理制定了很多政策,这样虽然规范性提高了,但是企业经营灵活性差,活力不足,企业领导往往是面向上级,面向政府,背朝客户,不能适应市场竞争的需要。这对垄断性、资源型的国企问题不大,但是实施混改的企业,基本都属于市场竞争比较激烈的行业,混改的目的就是为了促使企业可以更好地面向市场,面向客户,提高市场竞争力,如果还是延续以前的管控模式,也就违背了混改的初衷。

问题二:管资产,还是管资本

2021年,山东省国资委发布了《关于省属国有相对控股混合所有制企业差异化管控的指导意见(试行)》,其中在"进一步规范国有股东履职行权"章节中提到:

①完善相对控股企业法人治理结构。相对控股企业是独立市场主体，应建立协调运转、有效制衡的法人治理结构，规范股东(大)会、董事会、监事会、经理层的运作。股东(大)会、董事会、监事会依据企业章程独立决策，独立行使职权。

②国有股东建立管资本为主的管控模式。国有相对控股企业国有股东作为出资人，要发挥公司章程在公司治理中的基础性作用，以资本为纽带、以产权为基础、以管资本为主线，对相对控股企业实施监管。对于企业重大决策事项，按出资比例或公司章程履行出资人职责，主要通过股权代表体现意志，不干预企业日常经营活动。

③明确国有股东决策事项清单。省属企业结合实际授权放权情况，对相对控股企业需要国有股东决策事项实行清单管理。清单内事项，按省属企业相关规定，事前征求国有股东意见，国有股东代表依据国有股东意见独立发表意见；其他事项，由国有股东代表独立发表意见。

④充分发挥非国有股东作用。相对控股企业非国有股东与国有股东按出资比例享有平等股东权利。相对控股企业应切实维护全体股东合法权益，建立科学合理的投资回报机制，及时披露相关经营财务信息，充分保障股东知情权。发挥各股东作用，经股东协商一致，可在公司章程中明确股东(大)会特别决议事项、决议程序和决议通过的比例。非国有股东依照投资比例或协议约定，按分配席位推选董事、监事，鼓励实行独立董事制度。建立与各股东日常沟通机制，加强交流沟通，及时回应股东建议质询。

其中尤其提出，国有股东建立管资本为主的管控模式。也就是我们改革中强调的，要从"管资产"向"管资本"转变。2018年，

《国资报告》曾经刊登国投公司是如何"管资本"的案例。

国投从成立至今，先后进行了五次大的改革：1996年构筑了母子公司的基本框架，提出将公司建设成为中国特色的国家投资公司；1999年实行全员劳动合同制，推行项目经理责任制，实施专业化管理；2002年开展管理咨询，初步建立与市场匹配的体制机制；2009年推进集团化、专业化、差异化管理；2014年成为国有资本投资公司试点后，推行了"四试一加强"的综合改革。

可以看到，国投从2009年就开始试水差异化管控，总结下来，主要就是一句话，"对内自我革命，向下充分授权"。

长期以来，国投在实践中形成了总部—子公司—控股投资企业的三级管理架构，管理层级相对较短，效率相对较高。对总部而言，实施"自我革命"，通过下放部分职能、整合交叉职能、推动服务共享、加强核心职能，完成了总部职能重塑优化，构建了"小总部、大产业"的管理架构。2016年8月，总部职能部门由14个减少为9个，处室由56个减少到32个，管理人员控制在230人以内。

对子公司而言，则是做到"向下充分授权"，选取了外部条件、公司治理、人才队伍建设和企业竞争力4个维度的14个指标，对所有二级子公司进行全方位测评，将其划分为充分授权、部分授权、优化管理三类，并实施分类授权。

其中，国投电力和国投高新为充分授权试点，将原来由总部决策的70多个事项，包括在选人用人权、自主经营权、薪酬分配权等事项上授权自主决策，"能放则放，应放全放"。随后又对国投矿业、国投交通、国投资本等9家子公司实行分类授权。国投电力和国投高新除了党委书记、董事长和纪检书记是国投任命外，经营班子都是职业经理人，档案放在人才交流中心，普通干部员工更是如此。公司相关负责人表示，授权之后，大家的身份变了，责任重了，效率高了。

薪酬待遇和业绩考核方面，除了国有独资的国投创益之外，国投高新的其他几家基金管理公司基本实现了向市场看齐。国投高新公司管理团队的薪酬则在基金公司和国投总部之间找到了平衡点，即薪酬与所投资项目的总市值挂钩，市值增加则薪酬上升，市值下降则薪酬减少。

但是，向下授权，并不意味着国投总部就撒手不管，放任自流了。相反，在国有资产监管方面，国投的手段更加科学了，力度更大了，效果更好了。

之前，国投向下派出的董事是兼职董事，总部代行决策。现在，国投从全集团内推荐选拔，建立一支包括专职董事长、行业战略管理、人力资源管理、审计与风险管理专家在内的专职股权董事人才队伍，通过派出股权董事，对所出资企业履行出资人职责，行使股东权利，全面落实国有资本经营责任，股权董事独立决策并对决策终身负责。

如此一来，股权董事深入一线的多了，听汇报的少了，主动分析行业风险、寻求对策的多了，被动听指令的少了。加上一支日渐强大的独立董事队伍，确保二级公司的授权"授得下、接得住、行得稳"。

同时，国投建立了以审计为中心的大监督体系，将专业监督与职能监督、业务监督与纪检监督结合，变"专科检查"为"全科会诊"，确保授权到哪里，监督就跟到哪里。

这也就是我们所认为的，混合所有制企业要进行差异化管控，首先要做到"三个转变"。"三个转变"是落实混合所有制企业差异化管控的基本原则，也是基本前提。国企集团要由上至下先从思想上完成"三个转变"，才能更好地落实混合所有制企业的差异化管控。

第一，由"上下级"模式向"合作"模式转变。这种合作既体现在股东间的合作，也体现在"国有"与"民营"的合作，以及股东与经营层的合作，变长臂管理为取长补短、优势互补。

第二，由管理向监督转变。以监督代替管理，以契约代替要求，以结果考核代替过程控制，缩小范围，简化流程，抓住主要矛盾及关键节点，加强监督，以充分授权代替大包大揽。

第三，由事项审批向备案管理转变。以充分获得知情权的备案管理代替事项审批，以风险的可视可控避免替企业决策带来的权责不清。

问题三：怕放权，还是怕担责

前文提到的 H 公司，在被 Z 公司收购之后，整个管理模式就要从原来民营企业的粗放型管理模式向国有企业管理模式转变，H 公司的原老板有次和我私下吐槽，说你看，我就一个小项目，已经上了 16 次会了，还没有批下来，我们做的都是市场化的项目，等集团批完了，这边项目招标都结束了，这种效率，我的业务还要不要做了？

他说，我理解国有企业和民营企业的管控模式不一样，比如说，以前我给员工发奖金，如果哪个员工拿到一个特别难拿的单子，我就可以拍板给他额外增加10个点的奖金，现在别说给员工发奖金了，我连请客户吃饭都改成自己掏腰包了。出点钱无所谓，但你得放权让我做业务啊。

这个问题，也是大多数混改企业面临的最直接的问题。一方面，混改企业想要经营自主权，另一方面，国有股东担心放权后"一放就乱"出问题。层层管控的模式，到底是集团不乐意放权，还是子公司不能担责？

我们曾经对挪威国有企业做过一些研究。国有企业并不是中国的特色，欧洲不少国家，比如挪威政府在一些有关国计民生的领域依然掌握着一批"国家队"。在电力领域，国家拥有挪威国家电力公司和国家电网公司百分之百的所有权；在邮政、通讯和交通领域，国家拥有挪威邮政公司和国家铁路公司百分之百的所有权，拥有挪威电信公司大部分股权和北欧航空公司部分股权；在石油天然气领域，国家拥有挪威国家石油公司绝大部分股权和海德鲁公司近一半的股权；在医疗领域，挪威地方政府完全拥有医疗卫生机构；在金融领域，国家拥有挪威最大的商业银行——挪威银行近一半的股权。

挪威政府对国家持股企业的监管原则基于两个出发点。

一是国有股增值，为了这个目标，国家投资的返还、企业资金构架、企业董事任命以及奖惩措施都非常重要。

二是必须强调国家监管的基础和确保股东权利。对于个人股东来说，国家在许多企业中是控股人，因此政府不能做有损于其他股东权利和经济利益的事；公平对待股东、国有利益透明以及股东大会作用的发挥都十分重要。如果处理好这些问题，就能保证国有资产增值。

挪威政府根据以上两点制定了10个监管原则。

①平等对待所有股东；

②企业中的国有权益透明化；

③企业所有权的决定和处理方案由企业股东大会决定；

④国家与其他股东一起为企业设立经营目标，董事会负责完成目标；

⑤企业的资金构成应与企业的状况及所有权目标相一致；

⑥董事会的组成应具有多样性、竞争性，与能力相适应，并能反映企业的不同特征；

⑦合理的补偿和鼓励措施能促进企业价值的创造；

⑧董事会代表企业所有者行使独立的经营管理权利；

⑨董事会应为自己的工作制定计划，从提高自身竞争力的角度出发努力工作，并对工作成绩进行评估；

⑩企业确认自己对所有股东和债权人的责任。

对比国外国有企业的运行体制，不管是挪威，还是我们很多国有企业都专门学习过的淡马锡，我们可以发现他们最大的特点，就是国有大股东作为实际控制人做到不缺位，不越位。

比如我们一提到淡马锡，往往都会提到在淡马锡管理模式中的"一臂之距"。什么叫"一臂之距"呢，首先就是股东在对企业的管理中，要保持"一臂之距"，其次，企业在对下属子企业的管理中，也要保持"一臂之距"，完全按照市场竞争规则进行商业化模式运作管理。

首先，财政部与淡马锡之间保持"一臂之距"。淡马锡虽全资隶属于新加坡财政部，但二者具有明确的职责划分。新加坡财政部作为政府机构，担当的是政策制定者和市场监管者的角色；淡马锡作为一家私人公司，以盈利为目的进行投资，持续追求股东的最大回报。因此，在具体运营过程中，财政部虽然是淡马锡的股东，但并不会干涉其日常运营，而是严格按照公司治理体系，通过董事会来落实管理权限，只有在涉及股份并购、出售等重大事项时，才会以股东身份参与进来。这一机制真正实现了公司所有权和经营权的"两权分立"，给淡马锡提供了一个几乎完全市场化的环境，使其能够遵循市场规律最有效地决策。

其次，淡马锡与下属企业之间也保持"一臂之距"。淡马锡对下属企业的管理与财政部对淡马锡的管理方式类似。淡马锡作为参股甚至控股股东，并不干预下属企业的日常运营，而是通过设置盈利要求、考核财务指标等方式对企业进行监管。若企业无法达到淡马锡的标准和要求，淡马锡会通过减持股份等市场化的方式进行处理。

我们很多企业担心放得太宽松会导致企业出现各种各样的"失控"。但至少从淡马锡的案例来看，我们完全可以通过监管手段来避免。比如淡马锡就是通过四层监管体系来避免企业在运营过程中的风险。

第一层，政府监管。政府委派官员进入淡马锡董事会，影响和监督公司的重大决策；定期审核淡马锡的财务报告，监督公司的财务及运营状况；不定期派遣专员到淡马锡或其子公司了解情况；淡马锡因资金不足需要政府注入新的资本时，须报请财政部审批。

第二层，外部监管。淡马锡主动编写并披露经审计的财务报表和年度报告，供公众监督；政府鼓励媒体对国有企业违法违规行为公开曝光；新加坡法律规定，国有企业无论是否上市，都应公开一些基本情况，任何机构或个人可以低成本地在注册局查阅任何一家企业的资料。

第三层，下属企业监管。下属企业董事长、首席执行官任命须报请总公司批准，任期不得超过6年，且两者原则上不可由同一人兼任；下属企业董事会必须保留一定比例的外部董事；下属企业开拓新业务须经总公司审核批准；总公司定期对下属企业进行业绩考核，不同行业和情况的公司设立不同的考核标准。

第四层，内部监管。董事会负责对公司管理层进行监督和约束，董事会内设执行委员会（ExCo）、审计委员会（AC）和领袖培育与薪酬委员会（LDCC），由董事会成员分别领导，各司其职。公司不另设监事会。

多元化的监管方式使淡马锡以及下属企业的运作和管理尽可能地保持稳健和透明，避免这一庞大的国有资产体系失去控制和滋生腐败。

案例一：中国建材的差异化管控设计

笔者在准备这一章内容的时候，有个朋友发来了一份诉状，请求笔者从律师的角度予以帮助。这是一家非常典型的只"混好"未"改好"的案例。混改之前，国企非常看好该民企的业务模式，因此入股民营企业，成为第一大股东。但是混改之后，民企在经营中一直无法与国企达成很好的融合，不习惯国企的管控方式，开展业务时处处受限，三年对赌期之后，未能完成对赌业务，于是国企将民企股东，也就是笔者这个朋友告上了法庭，要求其按照协议约定向国企补偿净利润缺额1300余万元。但民企股东也很委屈，认为很多本应顺利开展的业务，都是因为国企层层审批汇报的限制，耽误了业务进度，甚至丢掉了很多原有的市场化的业务，因此认为并不应该由自己完全承担这个责任。

从我们的经验来看，这个案例并不是个案，类似的问题在各个混改企业中多多少少都有存在。民营企业宽松的经营模式，与国有企业严格条理的管控制度，天然就存在差异。比如在民营企业，如果一个员工业绩出色，给公司拉来一单5000万元的业务，占公司收入的10%，老板为了奖励他，也许一拍板就额外奖励他200万元的提成。但同样的事情发生在国有企业，别说额外的提成了，原有的提成都有可能因为工资总额的限制发不出来。类似的事情还有很多，包括上面这个案例，民企想开展的业务，在国企这边光审批可能就要两三个月，对于"商场如战场"的市场经济而言，几个月足够错失发展良机。

但从另一个角度来说，国企也是一肚子委屈，毕竟现行的国企管控模式并不是一家企业所决定的，子公司上面有集团公司管控，集团公司上面有国资委管控，层层都有制度，层层都有规则，国企股东也想放手，但是一方面，有心无力，很多事情也不是自己说了算的；另一方面，按照我们"一放就乱"的老话，万一放权后真出了什么问题，那风险又由谁来承担呢？

随着混合所有制企业越来越多，民企参股国企、国企并购民企的案例越来越多，差异化管控已经成为横在混改企业面前一道不得不解决的障碍。置之不理，往小处说，影响一家企业的经济指标；往大处说，伤害了民营企业混改的积极性，也伤害了国企改革的信心。长此以往，势必影响到国企改革全局。

但是，到目前为止，差异化管控并没有明确的政策或者操作指引作为指导，我们只能从各个企业的实操案例中去摸索经验。

而提到差异化管控，就不得不再次提到中国建材。2021年，在中国企业改革与发展研究会组织的中国企业改革发展优秀成果评选中，中国建材撰写的《对国有相对控股混合所有制企业实施差异化管控的思考与实践》获得一等奖，而我们撰写的《混改企业差异化管控方案设计》只拿到了二等奖。因此在这里，首先和大家分享一下中国建材的差异化管控案例。

中国建材的情况在前文已有提及，公司成立于1984年，历经近40年的改革发展，目前已成为全球最大建材制造商，世界领先新材料开发商和综合服务商。拥有二级公司11家，全级次法人企业1377家，旗下上市公司13家（包括2家海外上市公司），设立并拥有26家国家级科研设计院所，拥有海外企业（机构）172家，从业人员达20余万人。在建筑材料与无机非金属新材料领域科研实力雄厚，位居行业领先地位。

首先，中国建材明确了相对控股混合所有制企业的界定。以股权性质和股权比例为划分标准，判断一个企业是否为国有相对控股混合所有制企业需要同时满足以下三个标准：一是国有股东与非国有股东共同出资，这是成为混合所有制企业的基本条件，即国有股东持股比例达到100%的国有独资/全资企业以及国有股东持股比例为0的非国有企业被排除在外；二是国有股东单独或合计持股比例未超过50%，但为单一第一大股东，并纳入集团公司合并报表范围的中国境内法人单位，国有股东持股比例超过50%且国有股东为第一大股东的为国有绝对控股混合所有制企业，国有股东持股比例不到10%且国有股东非第一大股东的为国有参股混合所有制企业，并不在考虑范围内；三是非国有资本股东在董事会中占有董事席位，作为参与公司治理的积极股东。

基于此，国有相对控股混合所有制企业是指国有集团公司或成员企业（简称国有股东）与非国有资本股东共同出资，国有股东单独或合计持股比例未超过50%，但为单一第一大股东，非国有资本股东在董事会中占有董事席位，并纳入集团公司合并报表范围的中国境内法人单位。

其次，明确了实施差异化管控的原则。在对相对控股企业的管控中，应坚持和加强党的全面领导，坚持市场化方向，坚持管资本理念，坚持权责对等，积极行使股东职权，维护股东合法权益。要把握以下原则。

一是依法合规。严格遵守国家有关法律法规和国有资产监管政策的有关规定，加快形成有效制衡的公司法人治理结构、灵活高效的市场化经营机制。

二是有序推进。在推行差异化管控时，既要注重增强企业效率与活力，也要做好风险防控，健全完善风险防控、内控和合规体系，确保各项授权放权接得住、行得稳。

三是事前管理。集团公司及相关企业将加强事前管理，对混合所有制企业的公司治理水平等行权条件、投资类授权放权事项的计划性进行充分审核，提升决策质量。

四是应授尽授。将应由企业依法自主决策的事情归位于企业，最大限度减少对企业日常生产经营活动的干预，更多依靠公司法人治理结构行使股东职权，同时加强备案管理和事后监督。

五是分类授权。结合混合所有制企业的治理能力、管理水平等实际情况，分别明确差异化管控事项。

六是动态调整。集团公司将加强跟踪督导，定期或不定期评估差异化管控的执行情况和实施效果，采取扩大、调整或收回等措施动态调整差异化管控事项。

第三，加强混合所有制企业党的领导和党的建设。坚持国有企业发展到哪里，党的建设就跟进到哪里，确保混合所有制企业党组织作用有效发挥，党建工作持续加强。混合所有制企业要遵守《中国共产党章程》和党内有关法规，把党建工作基本要求纳入公司章程，在公司章程中明确党组织设置方式、职责定位、基础保障等有关内容。党组织的建立符合《国有企业基层组织工作条例》要求。混合所有制企业设立党委的，党委应在把方向、管大局、促落实方面发挥作用，按照混合所有制企业"三重一大"决策事项清单，对相关事项进行前置研究。混合所有制企业设立党委的，应同时设立纪委；设立党总支、党支部的，委员中应有纪检委员。符合条件的，推行党组织书记与董事长"一肩挑"。

而关于差异化管控企业的治理结构和治理方式，中国建材在报告中提出，混合所有制企业是独立市场主体，应发挥公司章程在公司治理中的基础作用，明确股东（大）会、董事会、监事会、经理层和党组织的权责关系，建立健全协调运转、有效制衡的法人治理结构。

股东（大）会是混合所有制企业的权力机构。国有股东依照有关法律法规和公司章程履行股东职责，实现国有资本保值增值，不干预企业日常经营活动。

董事会是混合所有制企业的决策机构，对股东（大）会负责，执行股东（大）会决定，依照有关法律法规和公司章程行使职权。国有股东加强对股权董事的履职支撑服务和监督管理，通过股权董事实施对混合所有制企业的治理型管控。

监事会是混合所有制企业的监督机构，依照有关法律法规和公司章程，对企业的经营活动及董事会、经理层的职务行为进行监督。国有股东加强对股权监事的履职支撑服务和监督管理，通过股权监事实施对混合所有制企业的监督。

经理层是混合所有制企业的执行机构，接受董事会管理和监事会监督。经理层对董事会负责，依照有关法律法规和公司章程，履行日常生产经营管理、组织实施董事会决议等职责。

混合所有制企业的股东（大）会、董事会、监事会及经理层应依据公司章程行使职权。混合所有制企业应为股东、董事、监事及经理层履职提供必要条件。混合所有制企业召开股东（大）会，应按照公司章程等有关规定将会议材料提交国有股东。国有股东应该根据议案内容履行内部审议程序，并将审议结果在会议召开前通知股东代表，股东代表应按照国有股东的审议结果在股东（大）会上进行表决。

混合所有制企业董事会研究决策的下列事项，股权董事应报国有股东决策，并根据国有股东的决策结果在董事会上发表意见。

①需提交股东或股东（大）会审议的事项。

②导致国有股东持股比例或控股地位发生变化的事项。

③决定年度投资计划和经营方案。

④聘任或解聘总经理、副总经理、财务负责人等经理层成员，确定经理层的薪酬。

⑤单笔投资需提交国有股东党委会、总经理办公会或董事会审议的。单笔投资是指对混合所有制企业投资管理授权放权的投资事项以外的其他投资。

⑥对外担保事项（含资产抵押、质押）及对外拆借。

⑦董事会关于重大事项的内部授权方案。

⑧股权董事认为需征求国有股东意见的事项。

其他事项是否需要征求国有股东意见，由国有股东根据实际情况规定。股权董事履职时，应清晰明确地陈述国有资产监管相关规定，提请董事会决策时充分考虑。

对以上八类事项，混合所有制企业召开董事会或监事会时应按照公司章程及实施细则将会议材料提交股权董监事的同时报送国有股东。国有股东应根据议案内容，结合权责分工，履行内部审议程序，并将审议结果在会议召开前通知股权董监事。股权董监事与国有股东对议案的意见不一致时，国有股东应于会议召开前积极协调。

除以上八类事项以外的其他事项，由国有股东推荐的股权董事按照独立、客观、审慎原则在董事会会议上发表意见，股权董事个人独立表决、独立承担相关责任。混合所有制企业应为股权董事提供充分的履职支持；股权董事表决前也可征求国有股东的意见。该类事项需混合所有制企业召开监事会审议的，国有股东派出的股权监事个人独立表决、独立承担相关责任；股权监事表决前也可征求国有股东的意见。

案例二：差异化管控的"四个有别"

我们在《混改企业差异化管控方案设计》中，关于差异化管控的具体执行层面，提出了通过"四个有别"来落实混改企业的差异化管控，即要做到决策方式有别、授权体系有别、激励模式有别、监督管理有别这"四个有别"。

（一）决策方式有别

对混合所有制企业，必须改变上级单位主要直接通过红头文件、行政指令对下属企业进行管理的行政管控方式，不能直接发文就让子企业照办，而是要通过董事会、监事会或者股东大会来发表意见。如果有董事席位的，就通过派出的董事参与下属企业的决策管理，有监事席位的，就通过派出的监事参与下属企业监督管理，什么都没有的，就通过股东会行使自己的权利。

因此，我们建议混合所有制企业首先规范股东会运作，要求出资人股权代表在股东大会发表意见，履行股东义务，出资人机构要根据其"三重一大"决策要求，在规定时间内审核需有股东决定的事项。

另外，建议混合所有制企业的上级单位建立专职股权董事制度，董事会议案提交上级单位派出董事时，根据上级单位《贯彻落实"三重一大"决策制度细则》履行决策程序，除界定的重大事项，派出董事依据自己的判断对需要决策的事项在企业董事会独立发表意见，缩短决策链条，提高决策效率。

当然国企治理结构中还有党委会，上级党委还可以通过对下级党委的领导行使管控的权利。在治理型管控模式下，主要通过下属企业的治理结构实现管控，必须把下属企业的治理结构做实，落实下属企业党委把方向、管大局、保落实，董事会定战略、作决策、防风险，经理层谋经营、抓落实、强管理的职能定位，建立各司其职、各负其责、协调运转、有效制衡的公司治理机制。

（二）授权体系有别

无论采用什么样的管控模式，最终都需要落实在企业经营管理的具体事项上，作为上级企业，哪些需要管，哪些不需要管，要根据下属企业的股权结构、业务特点将权责事项在上级企业和下属企业间划分清楚。在治理型管控模式下，一方面要加大授放权力度，清楚界定股东会、党委会、董事会、监事会的权限，最好将权限在公司章程中明确，严格按照章程进行决策；另一方面，还需要明确派出的董事、监事的权限，什么事项可以直接进行表决，什么事项需要事先征求股东单位的意见，如果派出的董事没有实质的表决权，事事都需要上级单位各部门先审核一遍，最后再由上级单位领导审批通过，决策事项迟迟不能上董事会表决，反而会大大降低企业决策效率。

因此，混改企业需要明确董事会对经理层的授权范围，充分发挥经营活力和效率。根据我们的咨询经验，加大对下属企业的授权，划清管控界面，采用负面清单也是一个比较好的方式。我们在给某航运企业做混改咨询时，根据企业特点和相关政策要求，经过反复研究讨论，最终确定了十条关键的负面清单事项，加上公司法规定的股东会的十条具体职权，除了这二十条事项，其余事项均由企业党委会、董事会、经理层等治理机构按照内部程序作出决策，大大提高了企业的决策效率。

（三）激励模式有别

对于混改企业，需要建立更加市场化的用人制度，更加市场化的薪酬分配制度和更加市场化的中长期激励体系，才能将混改的效用最大化。

比如，在混改企业中，除了国有股东派出或者推荐的党组织领导班子成员、董事会成员等，其他人员应严格实行市场化选聘管理。经理层应积极推行职业经理人制度。通过落实职业经理人制度，发现和激励企业经营管理人才，最大化地激发管理者的内在动能，支持企业突破式发展。

另外，企业需要建立行之有效的中长期激励机制，通过员工持股、股权激励、岗位分红、超额利润分享、科技型企业股权和分红激励等多种激励手段，使员工与企业利益趋于一致，形成利益共同体，以此保证员工的长期回报和提升员工对企业的忠诚度。

（四）监督管理有别

中国企业改革与发展研究会会长宋志平提出当前混合所有制已经有了"出生证"，但他认为这还不够，还要有"身份证"，也就是政策的支持，使混合所有制企业与独资、全资国有企业在监管上有区别。

比如，从信息披露的角度，对于国有企业公司治理而言，信息公开制度发挥着关键的制衡作用。无论是否是上市公司，国有企业都应该建立事前报告制度、事后报告制度和总体报告制度。

再比如，以监督代替管理，以契约代替要求，以结果考核代替过程控制，缩小范围，简化流程，抓住主要矛盾及关键节点，加强监督，以充分授权代替大包大揽。而其中的核心就是对派出股权代表、股权董事的监督管理。

最后，还要建立完善配套机制。比如追责机制和容错纠错机制。责权要统一，该谁承担的责任谁来承担，如果没有一个好的追责机制，下属企业出问题，都让上级企业来承担责任，这样上级企业领导就不敢放权。同样，如果没有一个好的容错纠错机制，下属企业领导积极努力做事，却时刻担心要被追责，那么下属企业领导也就不敢用权了。当然还有一些企业领导是不想担责也不想要权，实质就是不想干事，这样的领导就该挪位置了。

案例三：差异化管控的三个步骤

"四个有别"是我们在实施差异化管控时需要把握的四个方向，但到具体的实施过程中，还需要"一企一策"地根据企业的具体情况来分析设计。2022年4月，西安市国资委邀请我们去调研了西安的几家国有企业，并针对企业的情况做了一次关于差异化管控的培训。后来，我们又为其中一家公司专门做了差异化管控的项目。在项目实施过程中，我们针对企业的具体问题，提出了三个实施步骤。

S公司在进行混合所有制改革之后，按照《公司法》的基本要求，成立了股东会、董事会。董事会共5个席位，其中国有股东委派3人，民营股东委派1人，员工持股平台委派1人，董事长由国有股东提名，董事会选举产生。同时，实施了经理层任期制和契约化管理，董事会对经理层实行授权经营。在我们的尽调过程中，发现公司主要存在以下几个问题。

问题1：董事长与总经理兼任问题。

S公司董事长兼任党支部书记，同时还兼任总经理。虽然从法律上并无障碍，但是从公司治理的角度来说，董事长是对公司业务活动进行决策和领导的专门人才，是代表股东会落实公司战略的最高代表。而总经理则是负责公司经营决策的具体执行之人，统一主持公司的日常生产经营和管理活动。二者兼任，不利于公司的长远发展。

问题2：董事会组成中缺乏职工董事。

董事会组成中缺失通过职工代表大会产生的职工董事。根据《公司法》第四十四条规定，两个以上的国有企业或者两个以上的其他国有投资主体投资设立的有限责任公司，其董事会成员中应当有公司职工代表；其他有限责任公司董事会成员中可以有公司职工代表。同时，《中国共产党国有企业基层组织工作条例（试行）》第十七条提出"坚持和完善职工董事制度、职工监事制度，保证职工代表有序参与公司治理"；第三十九条明确"本条例适用于国有独资、全资企业和国有资本绝对控股企业"。因此S公司应当依照法律法规，坚持和完善职工董事制度，配备职工董事。

问题3：管控模式"一刀切"的问题。

在调研过程中，S公司提出，国有股东对控股混改企业的管理方式未发生根本性改变，管控模式存在"一刀切"现象，对控股混改企业基本照搬国有独资公司的管控模式。对于S公司的管控事项以及可以授权 S 公司决策事项的界面，存在模糊和灰色地带，导致相关配套规则制度与市场化经营机制要求不适配，如固定资产处置、车辆购置等事项的管控要求等等。

问题 4：股权董事缺乏履职清单。

国有股东对 S 公司的管控导向和体系尚不明确，授权与监管、管控与放权之间的矛盾有待解决，股权董事也基本就是国有股东的"传声筒"，很难在董事会上按照一定的规则自主表达意见。

问题 5：人才招聘及考核指标等细节问题。

S 公司工资总额和员工招聘由国有股东统筹，希望在工资总额方面能够松绑，落实市场化的激励约束机制，自主完成人员招聘。另外，国有股东每年对 S 公司分配业绩指标，按当年度的实际完成值作为基数确定下一年度的任务指标，其主营的工程业务本身存在波动，当年业务完成比较好，下一年度压力更大，相对不太合理，希望以每年的计划指标为基数。

针对以上几个问题，我们具体建议如下。

（一）以明确董事会权责界面为基石，压实 S 公司治理主体责任

1. 明确 S 公司的独立市场主体地位

很多国有企业习惯了上级对下级的管控模式，在管理混改企业的时候，依然按照这种"上下级"的模式来管理。很多混改企业最常遇

到的问题，就是控股股东对混改企业的管理方式没有发生改变，依然按照国有独资公司的管理模式，"一竿子插到底"，大到投资并购、财务预算，小到购置车辆、出差报销，大事小情全都管。因此要落实 S 公司的差异化管控，首先就需要国有股东充分认识其在公司治理和管理中的角色定位，明确 S 公司是独立市场主体，国有股东应该尊重混改企业法人财产权和经营自主权，通过股东会及董事会履行股东职责，做到行权"不缺位、不越位"。

2. 明确股东会是 S 公司的最高权力机构

混改企业的重大事项的决策权应当归于股东会，国有股东依照有关法律法规和公司章程履行股东职责，不干预企业日常经营活动，最终实现国有资本保值增值。对于控股混改企业而言，股东应从事前干预转为事后监督，混改企业需定期召开股东会，按照公司章程等有关规定，将会议材料及时提交国有股东。国有股东应该根据议案内容履行内部审议程序，并将审议结果在会议召开前通知股东代表，股东代表按照国有股东的审议结果在股东会上进行表决。

对于参股混改企业，股东有权查阅公司章程、股东大会会议记录和财务会计报告，对公司的经营提出建议或者质询；对于涉及员工利益，但未经职工代表大会讨论的事项，国有股东可以设置一票否决权。

3. 明确董事会是对股东会负责的决策机构

混改企业的董事会对股东会负责，执行股东会决定，依照有关法律法规和公司章程行使职权。对于充分竞争类混合所有制企业，要着力打造战略决策型董事会。在国务院国资委下发的《国有企业公司章程制定管理办法》(国资发改革规 [2020]86 号)第十条中明确规定,国有独资公司、国有全资公司要求外部董事人数超过董事会全体成员的半数,即"外大于内"。而国企改革三年行动方案中也做出了同样的要求。因此,根据 S 公司规模,可设置 5~7 个董事席位,并确保外部董事过半。

我们在给不少外部董事讲课的时候常常说,要理解外部董事制度,首先要理解为什么要建立董事会。19 世纪末以前,人们普遍认为,股东大会是公司的最高权力机构,而董事会仅是公司内的一个为员工大会中的股东设立的代理机构。到 1906 年,英国首次明确了董事会和股东大会的权利划分,公司的管理权归董事会,而股东大会不能干扰他们合法的行为。这最后形成了一种共识,"只有董事才能管理公司"。到今天,按照公司法的解读,董事会是股东会或股东大会这一权力机关的业务执行机关,负责公司或企业和业务经营活动的指挥与管理,对公司股东会或股东大会负责并报告工作。股东会或股东大会所作的决定,董事会必须执行。

如果从价值创造的角度来理解董事会的作用,主要就是三点:集中管理、团队决策、监督管理层。集中管理,指的是董事会是对股东会负责的决策机构,执行股东会决定;团队决策,就要求董事会成员应来自多元化的利益相关方,代表不同的股东或组织,以确保利益诉求和决策出发点不能完全一样,甚至是针锋相对,这样才能避免在决策过程中有失偏颇;监督管理层指的是董事会向上对股东会负责,向下则需要监督经理层的日常生产经营管理。

在具体的操作层面，建议 S 公司编制相应的内控权限列表，围绕规范和落实 S 公司董事会六项职权，清晰国有股东和 S 公司的权责界面，区分管控事项、监督事项和报告事项，管控事项需由股权董事提报国有股东决策，监督事项由 S 公司董事会决策；国有股东进行监督；报告事项由 S 公司董事会决策，报国有股东备案。

4. 明确经理层是 S 公司的执行机构

经理层对董事会负责，依照有关法律法规和公司章程，履行日常生产经营管理、组织实施董事会决议等职责，并接受董事会管理和监事会监督。建议 S 公司也编制相应的经理层决策负面清单，厘清董事会与经理层的权责边界。

5. 明确党组织在 S 公司的法定地位

2021 年 5 月中共中央办公厅发布的《关于进一步完善国有企业法人治理结构的指导意见》中明确规定了国有企业党组织法定治理主体的地位，党组织要"把方向、管大局、促落实"。对于公司重大经营管理事项，党组织是"前置研究"，而非最终决策或代替决策，党组织研究是为了更好地保障董事会决策的方向性和可行性。然而实践中很多企业难以区分两种职权的差异，甚至为了避免被认为"弱化党的领导"，一刀切地将董事会的决策事项全部由党组织进行决策。对于国有独资企业，这种差异导致的矛盾还不是特别明显，但对于 S 公司而言，由于董事会中有民营股东的席位，党组织与董事会的权责不明就成为比较大的障碍所在。因此，我们建议 S 公司还是要详细制定《"三重一大"决策事项清单》，明确党组织前置研究的程序，确保党组织作用有效发挥，并且把党建工作基本要求纳入公司章程，在公司章程中明确党组织设置方式、职责定位、基础保障等有关内容。

（二）以建立股权董事履职制度为核心，提高S公司决策效率

1. 建立股权董事履职规则

"股权董事"一词首次出现在国家部委文件是2019年1月23日财政部发布的《关于印发〈金融机构国有股权董事议案审议操作指引〉的通知》（财金[2019]6号）。2019年11月国资委发布的《关于印发〈中央企业混合所有制改革操作指引〉的通知》（国资产权[2019]653号）再次运用了"股权董事"这一概念。在《中央企业混合所有制改革操作指引》中规定："国有出资方强化以出资额和出资比例为限、以派出股权董事为依托的管控方式，明确监管边界"，"通过股东（大）会表决、推荐董事和监事等方式行使股东权利，实施以股权关系为基础、以派出股权董事为依托的治理型管控，加强股权董事履职支撑服务和监督管理，确保国有股权董事行权履职体现出资人意志。"

在股权董事具体履职过程中，我们认为最大的问题就是，股权董事应该对公司负责，还是对派出方股东负责？笔者应江西省国资委的聘请，担任江西大成国有资产经营管理集团有限公司的外部董事，也可以理解为江西省国资委作为股东向江西大成派出的股权董事。那么，

我在董事会表决的时候，到底是应该对江西大成负责，还是对江西省国资委负责呢？

按照笔者个人的意见，股权董事首先的身份是董事。按照我们前文提过的，按照公司法的基本原理，董事会是受公司股东会委托开展经营管理的经营者，负责对公司的经营管理事务进行决策和管理。董事会对股东会负责，依法行使相应职权，对公司负有忠实义务和勤勉义务。公司董事是公司股东慎重推选，并经股东会选举产生的。因此，董事需要站在公司利益角度，审议决策经营管理重大事项，做好公司经营管理。股权董事在表决过程中，应当体现自己的独立人格，以其个人的专业素质、专业经验、职业技能和职业操守，参与董事会决策和行权履职，并对个人行为负责。

除了公司董事身份之外，股权董事的第二重身份才是股东派出的董事。如果股权董事在审议议案时只能严格按照国有派出机构的指示和要求进行表决，只作为股东的"传声筒"，那么，股东与其选派董事这样的专业人才，还不如差遣一名司机、一个"跑腿"的小伙计呢。

因此，S公司要建立股权董事的履职规则，切实发挥好外部董事"决策专家、执行督导、运营顾问、沟通桥梁"等方面的重要作用，把规范股权董事管理作为发力点。为此我们建议，《股权董事履职规则》可以包括以下五部分内容。

一是规范股权董事的职责。通过调研、调阅资料、询问S公司管理层和相关部门、参加董事会专门委员会、董事沟通会以及与其他董事沟通等方式深入研究议案，以维护国有股东利益为原则，对议案进行认真分析和判断，提出合理的议案审议意见；及时将董事会会议通知、需要国有股东决策的董事会议案及议案审议意见以书面形式上报国有股东。

二是细化股权董事的任职条件。任职条件要与国有股东赋予股权董事的职责和要求相匹配，在遵守国有股东干部任职要求的基础上，要求股权董事熟悉企业经营管理。

三是对议案进行分类管理。通过股权董事决策负面清单的形式，界定需国有股东决策的事项，保障股权董事在决策过程中发表独立意见；除此之外，股权董事依据自己的判断对需要决策的事项在混改企业董事会自主决策，提高决策效率。

四是明确议案的审议程序。对需国有股东决策的事项，股权董事收到董事会正式会议通知后，至少在董事会会议召开10个工作日之前及时将董事会会议通知以书面形式报送国有股东。国有股东将结合股权董事提交的审议意见，对相关议案进行审议。在董事会会议召开前，及时向股权董事反馈意见。如在董事会正式会议开始前，国有股东未形成反馈意见，股权董事有权就该议案自主发表意见，进行表决，如股权董事不进行表决，则视为同意。

五是严格股权董事报告机制。股权董事应在S公司董事会及其专门委员会会议后3个工作日内，以书面署名形式向国有股东报告会议情况，并详细报告董事会各董事发言及表决情况；股权董事应参加派出机构定期组织召开的工作报告会，重点报告履行职责情况和下一步工作建议；股权董事应对董事会决议的落实情况进行跟踪督促；畅通汇报渠道，保障国有股东知情权，提升股权董事履职能力。

2. 建立股权董事决策授权清单

在明确了股权董事的履职规则之后，还需要确定股权董事决策授权清单。如前文提到的，股权董事不能只是"传声筒"，股权董事是受国有股东委托，通过参加 S 公司董事会贯彻国有股东意图，参与 S 公司决策事项的讨论与表决。因此，需要由国有股东制定《S 公司股权董事授权清单》，决策授权清单内的事项，股权董事提交国有股东决策，股权董事按国有股东最终决策参加 S 公司董事会表决。

《股权董事授权清单》可以包括三个方面。

一是人事管理事项，在 S 公司经理层实施任期制、契约化管理的前提下，经理层成员选聘决策权归国有股东，在 S 公司推行职业经理人制度之后，经理层成员选聘权转移到 S 公司董事会，由股权董事自主决策。

二是投资管理事项，加强对 S 公司投资计划的管理，主业范围内，超过 S 公司上一年度经审计净资产 10% 的投资项目，投资方案需国有股东审批。

三是资金、资产管理事项，加强对产权转让（固定资产、资源的出租出售等）事项的管理，规范大额度资金运作，与国有股东"三重一大"决策内容保持一致。等等。

对于授权清单以外的其他事项，我们建议由国有股东推荐的股权董事按照独立、客观、审慎原则在 S 公司董事会会议上自主发表意见，充分发挥股权董事在一般经营事项的独立决策作用，缩短决策链条，提高决策效率。股权董事个人独立表决、独立承担相关责任。S 公司应为股权董事提供充分的履职支持；股权董事表决前也可征求国有股东的意见。

另外，股权董事应于会议结束后2个工作日内将会议决议和表决情况向国有股东报告。

3. 建立子公司董事会授权管理体系

作为国有股东，还应建立子公司董事会授权管理办法，按照"分类实施、分步推进、分级落实"的原则，"应授尽授、可授尽授"，建立健全集团范围内多层次授权管理制度体系。坚持以权责清单为基础，指导和督促旗下混改子公司制定和完善党委前置事项权责清单、董事会决策事项权责清单和经理层决策事项权责清单。分批分类有序落实子企业董事会六项重点职权，特别是优先做实董事会的重大投资决策权、对经理层的业绩考核和薪酬分配权。

坚持对各类授权事项"可授可收"。以"行权评价+动态调整"为手段，强化对混改子公司董事会适度授权、分类管理、有效监督的动态授权管理机制，形成授权、监管、评价、调整的闭环管理体系，通过扩大、调整或收回等措施，动态调整差异化管控事项，确保"放得下，接得住，管得好"。

（三）以完善市场化经营机制为支点，撬动S公司员工内生动力

企业之所以要推行混合所有制改革，主要目的就是为了实现国有

企业资源优势、组织优势与民营企业市场机制优势的有机结合，因此，混合所有制改革要引入市场机制。

1. 完善任期制契约化管理的基本要求

S公司要把党管干部原则与董事会选聘经理层成员有机结合，实行市场化管理机制，董事会对经理层全面实施任期制和契约化管理，相关材料及考核结果报国有股东备案。因业绩考核或其他原因，导致经理层成员不胜任退出或需免职的，由S公司董事会决定，退出或免职后报国有股东备案。

S公司董事会行使对经理层的薪酬管理权，制定经理层成员薪酬管理办法，建立市场对标机制，合理确定经理层薪酬结构。履行决策程序后，报国有股东备案。S公司董事会依据业绩考核结果，结合经理层成员业绩考核办法和薪酬管理办法，确定经理层成员薪酬兑现事项，兑现结果报国有股东备案。

S公司积极探索推行职业经理人制度。按照"市场化选聘、契约化管理、差异化薪酬、市场化退出"原则进行选聘和管理，突出选人用人的市场导向，强化考核、激励与市场同业对标，不断提高职业经理人市场化、专业化、职业化程度。

2. 完善以员工持股为基础的中长期激励机制

前文提到过淡马锡在管理上的"一臂之距"，除此之外，淡马锡的中长期激励也做得非常出色。在激励措施方面，淡马锡的薪酬框架兼顾短期业绩与长期价值创造，员工的基本薪酬与市场基准持平，并设置短期、中期、长期相结合的激励机制。短期有现金奖励分红；中期奖励是与公司整体业绩绑定的增值花红储备，按照每年花红的结余派发给全体员工，职级越低获得的增值奖励反而越高；长期奖励是与公司股权相类似的联合投资单位，让员工变成独立"股东"，以此共同分享收益，并承担对应的风险和损失。

首先，淡马锡通过科学方法设立资产收益的基准，用来衡量资产管理团队和相关人员的业绩。把经过风险调整后要求的资本回报作为衡量投资回报的标准，即投资收益等于投资回报减去经过风险调整后所要求的资本回报水平。在科学准确地衡量了业绩之后，管理人员的激励体系就可以完全基于市场化原则基础上。

其次，奖励花红（奖金），由公司的投资收益决定。当公司收益为正时，管理人员就会按照事先约定好的规则获得花红分配；而在公司资产收益为负的年份，他们就得不到花红。年度现金花红，是一种短期激励；风险回报花红，是一种中期激励。

最后，建立回拨制度。回拨的意思是，实际的回报水平低于经过风险调整后所要求的回报水平时，管理人员要向公司"赔钱"，以示承担责任。这个给公司赔钱的过程，在淡马锡叫回拨。

淡马锡为它的管理人员和每一位员工都开设了财富增值花红储备账户。当花红是正数时，这笔财富就会被派发至经理人和员工的储备账户中。不过，它是递延发放的，每年只发放其中的一部分。始终保证这个账户里有余额，有余额就有了回拨的可能性。当财富创造是负数时，花红就可以从这个账户被回拨出去。

递延激励和回拨机制成为把管理者、员工和公司在利益上紧紧捆绑的制度。特别是递延机制，达到了高效锁定的效果。而且，级别越高的管理者，被锁定的时间越长。这样就创造了高级管理者更关注长远激励，心态近似于股东的效果。

总之，淡马锡的激励体系，客观形成了两个重要的结果：第一，有助于吸引、选拔和保留优秀人才；第二，有助于激励员工在选择投资组合的时候，建立长远的观念，从股东长期利益最大化的角度出发想问题，做决策。通过塑造激励，为董事会和管理层创造内在动机，进而促进企业的成长，管理者的企业家精神才会被充分激发。

因此，我们建议S公司要完善现有的员工持股方案，解决新员工的激励和老员工的持续激励问题，鼓励持股员工通过员工持股平台参与公司治理，完善员工持股分红制度及动态退出制度，确保真正实现"风险共担、利益共享"。

探索实施超额利润分享等其他中长期激励手段，形成多层次立体化激励机制，对不同维度不同层级的员工进行精准激励。针对S公司主业受多因素影响，存在年度波动较大的特点，设计好递延支付和分红回拨机制，以满足企业在不同年度对员工的激励需求。

3. 完善工资总额决定机制，建立市场化薪酬体系

S公司主要资质为市政公用工程施工总承包二级，在市场竞争中处于劣势，需要大幅度引进专业技术人才，改善人员结构，提升业务资质，增强市场竞争力，因此工资总额决定机制需要进一步完善。根据《关于贯彻落实省政府关于改革国有企业工资决定机制实施意见的通知》，明确对企业工资总额增长实行分类调控。特别是主业处于充

分竞争行业和领域的企业,工资总额增长原则上可在与经济效益同步的范围内安排。

编写《××集团工资总额建议》,争取对S公司工资总额实行预算备案制管理、单独管理、工效联动等监督管理的可行性,实行与经济效益和劳动生产率挂钩的工资总额决定和增长机制。以上年度工资总额清算额为基础,根据当年经济效益和劳动生产率的预算情况,参考劳动力市场价位确定工资总额决定机制,合理编制年度工资总额预算。